FACHBUCHREIHE
für wirtschaftliche Bildung

Fokus Einzelhandel 2025
Kaufmann/Kauffrau im Einzelhandel
Lernsituationen

2. Ausbildungsjahr

Beckmann   Bittger   Huse   Meißner   Meyer gen. Potthoff
Sauthoff-Böttcher   von Wildemann

2. Auflage

VERLAG EUROPA-LEHRMITTEL
Nourney, Vollmer GmbH & Co. KG
Düsselberger Straße 23
42781 Haan-Gruiten

Europa-Nr.: 91938

Autorinnen/Autoren

Felix Beckmann	58730 Fröndenberg
Eva Maria Bittger	40223 Düsseldorf
Dr. Karin Huse	50996 Köln
Patrick Meißner	40591 Düsseldorf
Axel Meyer gen. Potthoff	49086 Osnabrück
Stefan Sauthoff-Böttcher	26605 Aurich
Christoph von Wildemann	40476 Düsseldorf

Verlagslektorat

Anke Hahn

Externes Lektorat: Stefan Sauthoff-Böttcher

ISBN 978-3-7585-9333-8

2. Auflage 2024
Druck 5 4 3 2 1

Alle Drucke derselben Auflage sind parallel einsetzbar, da sie bis auf die Korrektur von Druckfehlern identisch sind.

Alle Rechte vorbehalten. Das Werk ist urheberrechtlich geschützt.
Jede Verwertung außerhalb der gesetzlich geregelten Fälle muss vom Verlag schriftlich genehmigt werden.

© 2024 by Verlag Europa-Lehrmittel, Nourney, Vollmer GmbH & Co. KG, 42781 Haan-Gruiten
www.europa-lehrmittel.de

Umschlag, Satz: tiff.any GmbH & Co. KG, 10999 Berlin
Umschlagkonzept: tiff.any GmbH & Co. KG, 10999 Berlin
Umschlagfoto: © 06photo – stock.adobe.com
Druck: Nikolaus BASTIAN Druck und Verlag GmbH, 54343 Föhren

Vorwort

Das vorliegende Unterrichtswerk ist ein neu konzipiertes Arbeitsbuch mit Lernsituationen für die beiden Ausbildungsberufe **„Kaufmann/Kauffrau im Einzelhandel** bzw. **Verkäufer/Verkäuferin"**. Der Band **Lernsituationen** ist Bestandteil des umfassenden Europa-Programms Fokus Einzelhandel 2025; es ist auf die Entwicklung einer beruflichen Handlungskompetenz ausgerichtet.

Fokus Einzelhandel 2025 – 2022 gestartet als Einzelhandel 2025 – geht in die nächste Auflage. Es ist als modernes Komplettprogramm konzipiert. Es folgt konsequent dem kompetenzorientierten Rahmenlehrplan nach dem Lernfeldkonzept. Die Unterrichtswerke des Programms (Informationsbände und Arbeitsbücher mit Lernsituationen für jede Jahrgangsstufe jeweils mit Lehrerlösungen, Retailing now! – Englisch für Kaufmann/Kauffrau im Einzelhandel) sind aufeinander abgestimmt. Sie sind gezielt an einer Didaktik ausgerichtet, die **Handlungsorientierung** betont und Lernende zu **selbstständigem Planen**, **Durchführen**, **Kontrollieren und Beurteilen** von Arbeitsaufgaben unter Berücksichtigung aller Kompetenzdimensionen führt. Dabei wird die berufliche Wirklichkeit als Ganzes mit ihren ökonomischen, ökologischen, rechtlichen und sozialen Aspekten erfasst.

Das Konzept von Fokus **Einzelhandel 2025**, das handlungs- und fachsystematische Strukturen miteinander verschränkt, deckt alle Anforderungen der beiden Ausbildungsberufe von der fachlichen Aufgabenerfüllung bis hin zu einem reflektierten Verständnis von Handeln in beruflichen Zusammenhängen ab.

Der Band „Lernsituationen" 2. Ausbildungsjahr umfasst die Lernfelder 6–10 des Rahmenlehrplans:
Lernfeld 6: Waren beschaffen
Lernfeld 7: Waren annehmen, lagern und pflegen
Lernfeld 8: Geschäftsprozesse erfassen und und kontrollieren
Lernfeld 9: Preispolitische Maßnahmen vorbereiten und durchführen
Lernfeld 10: Besondere Verkaufssituationen bewältigen

Die **handlungsorientierten Lernsituationen** sind abgestimmt auf die Wissensbestände der einzelnen Lernfelder des **Informationsbandes**. Sie sind konzipiert als **komplexe Lehr-Lern-Arrangements** mit zahlreichen **Erarbeitungs- und Anwendungsaufgaben**, die zentrale Lerninhalte so erschließen, dass **berufliche Handlungskompetenz** im Sinne von Planungs-, Durchführungs-, Kontroll- und Beurteilungsfähigkeit individuell erworben und erweitert wird. Die Problemstellungen der Eingangssituationen erfordern ein **konkretes Lernergebnis** bzw. **Handlungsprodukt**, das in geeigneten Teilbereichen lösungsoffen ist. Die **„Aufgaben Plus"** als Vertiefungs- und Übungsaufgaben unterstützen zusätzlich den binnendifferenzierten Unterricht.

Viele der Lernsituationen sind so gestaltet, dass sie in Abhängigkeit von der Ausstattung der Schule und den Voraussetzungen der Lerngruppe die **Förderung digitaler Kompetenzen** ermöglichen. Der Vielfältigkeit der Praxis im Bereich Einzelhandel wird durch die Einbeziehung **unterschiedlicher Modellbetriebe** entsprochen, deren Datenkranz den Erfordernissen des jeweiligen Lernfeldes angepasst ist. **Kompetenzfragebögen** am Ende eines jeden Lernfeldes helfen, **Wissenslücken** gezielt zu **identifizieren** und **nachzuarbeiten**, **sichere Themen** können **abgehakt** werden.

Ihr Feedback ist uns wichtig!
Wenn Sie mithelfen möchten, dieses Buch für die kommenden Auflagen noch weiter zu optimieren, schreiben Sie uns unter lektorat@europa-lehrmittel.de. Das Autorenteam freut sich auf Anregung und Unterstützung durch Kritik und wünscht erfolgreiches Arbeiten mit dem neuen Lehrwerk.

Sommer 2024   Autorenteam und Verlag

Lernfeld 6: Waren beschaffen

LS1	Verkaufszahlen analysieren und Aspekte des Beschaffungsprozesses erarbeiten	10
LS2	Zielkonflikt beim Beschaffungsprozess erkennen, Bestellmengen und Sortimente optimieren	17
LS3	Beschaffungsstrategien zur Zeit- und Mengenplanung unterscheiden, Limitrechnung durchführen	25
LS4	Bezugsquellen analysieren und Einkaufskooperationen nutzen	32
LS5	Informationen beschaffen, Angebote vergleichen und eine Nutzwertanalyse durchführen	39
LS6	Gültige von ungültigen Kaufverträgen unterscheiden und Rechtsgeschäfte abschließen	48
LS7	Auf Bestellungen von Kunden reagieren, Bestellungen selbst durchführen oder widerrufen	54
LS8	Verschiedene Vertragsarten kennenlernen und nach besonderen Vertragsinhalten unterscheiden	58
Kompetenzfragebogen		64

Lernfeld 7: Waren annehmen, lagern und pflegen

LS1	Den Wareneingang kontrollieren und Warenlieferungen annehmen	70
LS2	Leistungsstörungen bei der Warenannahme erkennen und darauf reagieren	76
LS3	Mangelhafte Lieferung bearbeiten und Maßnahmen einleiten	83
LS4	Lieferungsverzug (Nicht-rechtzeitig-Lieferung) erfassen und Maßnahmen einleiten	90
LS5	Das Lager nach kaufmännischen Grundsätzen organisieren	97
LS6	Arbeitsschutz, Unfallverhütung und Umweltschutz im Lager kennenlernen und danach handeln	106
LS7	Eine Inventur durchführen sowie die Wirtschaftlichkeit der Lagerbestände analysieren	122
Kompetenzfragebogen		134

Lernfeld 8: Geschäftsprozesse erfassen und kontrollieren

LS1	Grundlegende Geschäftsprozesse analysieren	140
LS2	Die Grundlagen des betrieblichen Rechnungswesens kennenlernen	143
LS3	Die Inventur durchführen und das Inventar aufstellen	147
LS4	Die Bilanz aus dem Inventar erstellen und analysieren	151
LS5	Auswirkungen von Geschäftsfällen auf die Bilanz erkennen	155
LS6	Das Hauptbuch der Buchführung – Buchen auf T-Konten	162
LS7	Geschäftsfälle ordnungsgemäß im Grundbuch erfassen	167
LS8	Den Erfolg einer Unternehmung durch Erfolgskonten feststellen	170
LS9	Erfolgswirksame Geschäftsfälle im Grundbuch buchen	173
LS10	Erfolgsermittlung mittels Gewinn- und Verlustkonto vornehmen	180
LS11	Kalkulation der Verkaufspreise auf Grundlage des Gewinn- und Verlustkontos vornehmen	184
LS12	Den Unternehmenserfolg mithilfe eines Warenwirtschaftssystems analysieren	187
LS13	Betriebliche Daten aufbereiten und grafisch darstellen	194
Kompetenzfragebogen		199

Lernfeld 9: Preispolitische Maßnahmen vorbereiten und durchführen

LS1	Das Modell der Marktpreisbildung verstehen	204
LS2	Eine Preisstrategie festlegen	209
LS3	Waren ordnungsgemäß auszeichnen	214
LS4	Ermittlung des Auszeichnungspreises (Vorwärtskalkulation)	217
LS5	Die Vorwärtskalkulation vereinfachen	222
LS6	Die Rückwärtskalkulation anwenden	227
LS7	Die Rückwärtskalkulation vereinfachen	231
LS8	Die Differenzkalkulation mit Hilfe einer Tabellenkalkulation durchführen	235
Kompetenzfragebogen		239

Lernfeld 10: Besondere Verkaufssituationen bewältigen

LS1 Kunden beobachten und einschätzen, auf verschiedene Kundentypen eingehen 244

LS2 Kunden in verschiedenen Lebensphasen beraten 257

LS3 Kunden in besonderen Verkaufssituationen erfolgreich bedienen 265

LS4 Stressige Verkaufssituationen professionell bewältigen 275

LS5 Warenumtausch, -rückgabe und Kulanz unterscheiden und abwickeln 279

LS6 Rechtliche Grundlage einer Kundenreklamationen analysieren 283

LS7 Gewährleistung von Garantie und Produkthaftung abgrenzen. 287

LS8 Einen Finanzierungskauf anbieten und abschließen 290

LS9 Ladendiebstahl erkennen und vorbeugen 294

LS10 Einsatz technischer Hilfsmittel im Einzelhandel 298

Kompetenzfragebogen 308

LF 6 Waren beschaffen

1. Ich analysiere Verkaufszahlen und leite daraus Aspekte des Beschaffungsprozesses ab.

2. Ich berücksichtige den Zielkonflikt zwischen hoher Verkaufsbereitschaft und niedrigen Bestell- bzw. Lagerkosten bei der Sortimentsgestaltung.

3. Ich bestimme das Einkaufslimit und leite in Bezug auf die Zeitplanung und Bestellmenge Beschaffungsstrategien ab.

4. Ich analysiere Bezugsquellen unter sortimentsbezogenen, ökonomischen und ökologischen Aspekten und möglicher Einkaufskooperationen.

5. Ich unterscheide zwischen verschiedenen Bestellverfahren und kann die wesentlichen Merkmale grafisch darstellen.

6. Ich leite nachhaltige Aspekte von Waren ab und kann wichtige Umwelt-Siegel/-Labels zuordnen.

7. Ich erstelle Anfragen, vergleiche Angebote und führe quantitative und qualitative Angebotsvergleiche durch.

8. Ich schließe rechtsgültig Kaufverträge ab und kann nach Vertragspartnern und -inhalten unterscheiden.

Waren beschaffen

Die Kompetenzentwicklung umfasst, ...

... die verschiedenen Aspekte eines Beschaffungsprozesses zu erarbeiten.

Sortimentsanalyse	Analyse von Verkaufszahlen verschiedener Warengruppen	
Sourcing-Strategie	Bestellmenge und Lagerkapazität	Bestellzeitpunkt
Lagerkapazität	Ökonomische Aspekte	Ökologische Aspekte
Einkaufskooperation	Beschaffungsorganisation	

... den Zielkonflikt beim Beschaffungsprozess zu lösen.

Sortimentsanpassungen	Bestell- und Lagerkosten	optimierte Bestellmenge
Einkaufslimit	ABC-Analyse	Bezugsquellenanalyse
Meldebestand	Mindestbestand	Höchstbestand
Bestellpunkt-/Bestellrhythmus-/Bestellvorschlagsverfahren, verkaufssynchrone Bestellung		

... den Einfluss eines Warenwirtschaftssystems auf den Beschaffungsprozess aufzuzeigen.

Warenfluss	Datenfluss	Informationsfluss
Stammdaten eines WWS	Bewegungsdaten eines WWS	Informationsbeschaffung
Kernfunktionen, Zusatzfunktionen und Module eines WWS		Informationsverarbeitung

... den Beschaffungsprozess durchzuführen.

Inhalte einer Anfrage	Inhalte von Angeboten	Anpreisung
quantitativer und qualitativer Angebotsvergleich		zweiseitiger Kaufvertrag
Bestellung	Bestellungsannahme	Angebots-/Bestellungswiderruf
rechtsgültiges Zustandekommen von Rechtsgeschäften und Vertragsbindung		

... die besonderen Arten verschiedener Kaufverträge zu unterscheiden.

Unterscheidung nach rechtlicher Stellung der Vertragspartner	Unterscheidung nach Vertragsinhalten	Unterscheidung nach Art, Güte und Beschaffenheit
Unterscheidung nach Liefer- und Zahlungsbedingungen		

Der Modellbetrieb im Lernfeld 6

Unternehmensbeschreibung

Firma	**BAGs and more GmbH**
Geschäftszweck	Einzelhandelsunternehmen/Fachgeschäft für Waren aus nachhaltig hergestellten oder umweltfreundlichen Produkten
Geschäftssitz	Kurze Straße 10, 50885 Köln
Registergericht	Amtsgericht Köln HRB6478
	Steuernummer: 203/307/54287
	Ust.-Id.-Nummer: DE786554287
	IBAN: DE81 3701 0321 0043 9173 54
Gesellschafter*in	Jan Gruber
	Anna Heeren
Telefon	0221 87521-12
Telefax	0221 87521-11
E-Mail	info@bags-and-more.de
Mitarbeiter*innen	14 Festangestellte,
	2 Aushilfen,
	3 Auszubildende,
	regelmäßig wechselnde neue Praktikanten
Warenbereiche	sozial verträglich produzierte und nachhaltige Lederwaren, Taschen, Koffer, Schuhe, Kleidung sowie Freizeit-/Fitness- und Outdoor-Artikel
Kundenstruktur	Privatkunden sowie Geschäftskunden für den Warenbereich „nachhaltig gefertigte Lederwaren",
Unternehmensphilosophie	„Warenverkauf – im Einklang mit der Natur",
Unternehmensziele	soziale, ökologische und ökonomische Ziele

Beteiligte Personen an den Lernsituationen

Gesellschafter*in	Anna Heeren
	Jan Gruber
Abteilung Einkauf	Hauptabteilungsleiterin: Karin Roberts
	Mitarbeiter*innen:
	Laura Ludwig,
	Sven Klausen
Auszubildende; Einsatz in allen Unternehmensbereichen	Sebastian Kunz, (23 Jahre); 3. Ausbildungsjahr
	Anke Mayer, (24 Jahre); 2. Ausbildungsjahr
	Jonathan Trost, (21 Jahre); 1. Ausbildungsjahr
Praktikanten; Einsatz im Bereich Verkauf + Beschaffung	Clara Rössler, 18 Jahre)
	Metin Celik, (19 Jahre)

LF 6 Waren beschaffen

Lernsituation 1

Verkaufszahlen analysieren und Aspekte des Beschaffungsprozesses erarbeiten

Jan Gruber, Gesellschafter der BAGs and more GmbH, stellt dem „Team Beschaffung" einige **Halbjahreszahlen des Unternehmens** vor. Teilnehmer*innen der heutigen Sitzung sind u.a. die Abteilungsleiterleiterin Karin Roberts, ihre Mitarbeiter*in Laura Ludwig und Sven Klausen sowie die beiden Auszubildenden Anke und Sebastian. Da sich die Umsatzzahlen in vielen Bereichen stark verändert haben, werden aktuelle Halbjahreszahlen einiger Warengruppen mit den Zahlen aus dem Jahr 2021 und 2018 verglichen. Im **Frühjahr 2018** feierte das Unternehmen sein **40-jähriges Firmenjubiläum**. Die Umsatzzahlen fasst Herr Gruber in einer Tabelle zusammen und stellt dann, seinen Blick auf die beiden Auszubildenden gerichtet, folgende Fragen:

„Warum haben wir in einzelnen Warengruppen einen derart besorgniserregenden Verlauf der Umsatzzahlen, ich habe hier mal ein paar Beispiele herausgenommen?"
„Warum sind einige Warengruppen von diesem Umsatzverlauf stärker betroffen als andere?"
„Welche Ursachen für diese Umsatzrückgänge sind nicht durch unser Unternehmen begründet, welche sind allein durch falsche Entscheidungen der BAGS and more möglich gewesen?"

An das ganze „Team Beschaffung" richtet Herr Gruber vor der Diskussionsrunde den abschließenden Wunsch: „Machen Sie bitte Vorschläge, wie wir den **Beschaffungsprozess** für das kommende Geschäftsjahr optimieren können, um die Umsatzzahlen zu verbessern … und um damit auch die Zukunft unseres Unternehmens zu sichern!"

Umsatzzahlen der BAGs and more GmbH [in EURO, gerundet], jeweils für ausgewählte Warenbereiche bzw. -gruppen:			
ausgewählte Warengruppen	… im Jubiläumsjahr (erstes Halbjahr):	… im ersten Halbjahr 2021:	… im aktuellen Halbjahr:
a) Lederwaren + Taschen			
• Damen-/ Herrentaschen	123.535,00	87.500,00	103.865,00
• Reisegepäck, Koffer + Rucksäcke (Leder) usw.	101.550,00	29.125,00	59.875,00
• Business-/Schultaschen	14.845,00	5.565,00	12.325,00
b) Schuhe			
• Damen-/Herren-/Kinderschuhe (Leder)	255.965,00	185.865,00	239.870,00
• Freizeit-/Sportschuhe	143.490,00	98.905,00	137.085,00
c) Bekleidung			
• Strümpfe, Handschuhe	14.900,00	8.020,00	13.015,00
• Sport- und Freizeit	152.000,00	129.905,00	154.450,00
d) Freizeit (ohne Bekleidung)			
• Wandern, Trecking usw.	18.200,00	12.825,00	19.205,00
• Outdoor/Camping	10.995,00	7.890,00	11.655,00
• Fitness	28.100,00	17.405,00	29.880,00

LS 1 Verkaufszahlen analysieren und Aspekte des Beschaffungsprozesses erarbeiten

Arbeitsaufträge

1. Beantworten Sie in Partnerarbeit die von Herrn Gruber an die beiden Auszubildenden gestellten Fragen nach den möglichen Ursachen des Umsatzrückganges:

a) Welche Ursachen für die in der Tabelle zu findenden Umsatzrückgänge sind nicht durch unser Unternehmen begründet? Geben Sie mehrere mögliche Gründe an!

_____
_____
_____
_____
_____
_____
_____

b) Welche Ursachen für die tabellarisch aufgelisteten Umsatzrückgänge können allein durch falsche Unternehmensentscheidungen der BAGS and more GmbH möglich gewesen sein? Beschränken Sie sich bei Ihren Antworten auf die Aspekte, die den Beschaffungsprozess betreffen.

_____
_____
_____
_____
_____
_____
_____

2. „Warum sind einige Warengruppen von diesem Umsatzverlauf stärker betroffen als andere"? Diese Frage richtet Herr Gruber an seine beiden Auszubildenden.

a) Zählen Sie verschiedene Warengruppen auf, die nach der Corona-Pandemie (2020 und 2021) und der sich anschließenden Erholungsphase von Kunden im Einzelhandel weniger nachgefragt wurden als vor der Pandemie:

_____
_____
_____
_____

LF 6 | Waren beschaffen

b) Zählen Sie verschiedene Bereiche bzw. Warengruppen auf, die nach dem Lockdown im Jahr 2020 und der sich anschließenden langsamen Erholungsphase von Kunden im Einzelhandel verstärkt nachgefragt wurden:

_____

_____

_____

Nach der Aufforderung von Herrn Gruber „*Machen Sie bitte Vorschläge, wie wir für das kommende Geschäftsjahr den Beschaffungsprozess optimieren, um die Umsatzzahlen zu verbessern … und um damit auch die Zukunft unseres Unternehmens zu sichern*" zeigt die Abteilungsleiterin, Bereich Beschaffung, Karin Roberts, eine Statistikdarstellung aus dem Segment Sport & Outdoor.

Frau Roberts teilt den anderen Sitzungsteilnehmern mit, dass der Warenbereich Sport und Outdoor in der BAGs and more GmbH bisher nur eine **untergeordnete Rolle** gespielt hat.

3. **Analysieren Sie die Statistikdarstellung im Hinblick auf eine mögliche Sortimentserweiterung der BAGs and more GmbH.**

_____

_____

_____

_____

_____

_____

LS 1 — Verkaufszahlen analysieren und Aspekte des Beschaffungsprozesses erarbeiten

4. Berechnen Sie:

a) Um wie viel Prozent hat sich der Warenumsatz vom Jahr 2020 zum aktuellen Jahr erhöht.

b) Um wie viel Prozent war der Umsatz für den Bereich Freizeit (ohne Bekleidung) der BAGS and more GmbH im Jahr 2020 im Vergleich zum Jubiläumsjahr eingebrochen.

Auf einer Flipchart werden die von Herrn Gruber eingeforderten Vorschläge zusammengetragen, die die Sitzungsteilnehmer ausgearbeitet und auf farbige Karten eingetragen haben. Sebastian wird gebeten, die Flipchart zu fotografieren. Hier die Übersicht:

Vorschläge zur Optimierung des Beschaffungsprozesses

- Sortimentsbereinigung vornehmen
- Daten des WWS regelmäßig abrufen und analysieren
- Fehlmengenkosten durch rechtzeitigen Bezug vermeiden
- Differenzierung oder Diversifikation des Sortiments
- „Me-too"-Artikel einführen
- Nachhaltigkeitsaspekte bei der Beschaffung berücksichtigen
- Bezugspreise reduzieren, Lagerkosten minimieren
- Umstellung auf objektorientierten Einkauf
- verkaufssynchrone Beschaffung, wenn möglich, nutzen
- „Trading up" zur qualitativen Hebung
- ökologische und nachhaltige Produkte
- „Rack-Jobber" – Flächen einrichten
- B2B-Marktplätze besuchen
- Sourcing-Strategie überarbeiten
- Bestellpunktverfahren statt Bestellrhythmusverfahren nutzen
- immer eine Limitrechnung durchführen
- interne und externe Beschaffungsorganisation optimieren
- optimale Bestellmenge berechnen
- verstärkt externe Bezugsquellen in Betracht ziehen
- mehr Waren mit Umweltsiegel oder -zertifikat anbieten
- Renner – Penner Listen konsequent bearbeiten
- Horizontale Kooperation abschließen

LF 6 — Waren beschaffen

5. Anke fertigt mit Hilfe von Christian ein Glossar über die Begriffe an, die sie auf den farbigen Karten entdeckt und nicht verstanden hat.

a) Ordnen Sie in Partnerarbeit die elf Begriffe den Erklärungen zu, die Christian für Anke aus dem Fachbuch herausgesucht hat und vergleichen Sie Ihre Ergebnisse mit den Ergebnissen anderer Gruppen. Die Begriffe sind:

> *Sourcing-Strategie, Diversifikation, Rack-Jobber, B2B-Marktplätze, Trading up, Renner-Penner-Listen, Differenzierung, verkaufssynchrone Beschaffung, „Me-too"-Artikel, WWS, Horizontale Kooperation.*

Glossar zum Thema „Optimierung des Beschaffungsprozesses":	
	Kurzbezeichnung für „Warenwirtschaftssystem"; es ist ein IT-Anwendungssystem, das den Warenfluss in einem Handelsunternehmen mengen- und wertmäßig abbildet und steuert.
	Hiermit wird eine Strategie bezeichnet, die zur Anhebung des Qualitätsniveaus des Warensortiments eines Handelsunternehmens abzielt.
	Der Begriff leitet sich ursprünglich aus dem englischen Wort „Source", ab, übersetzt „Bezugsquelle". Es beschreibt die Art und Weise, wie ein Unternehmen seine Beschaffung gestaltet
	Der Begriff leitet sich ursprünglich aus dem Lateinischen ab, übersetzt „Unterschied, Verschiedenheit". Warengruppen mit gleichen Charakter ergänzen das Sortiment, es werden Varianten aufgenommen.
	Hierbei werden durch das WWS die Umsatzdaten innerhalb einer gewählten Zeitspanne aufgelistet mit den meisten verkauften Artikeln (Renner) und den am wenigsten verkauften Waren (Penner).
	Der Begriff leitet sich ursprünglich aus dem Englischen ab, übersetzt „Zwischenhändler". Großhändler oder Hersteller, die diese Vertriebsform anwenden, pachten Flächen oder Regale im Verkaufsraum des Groß- oder Einzelhandels, um dort Waren ihrer Auftraggeber anzubieten.
	Der Begriff leitet sich ursprünglich aus dem Lateinischen ab, übersetzt „Veränderung, Abwechslung". Waren/-gruppen werden neu in das Einzelhandelssortiment aufgenommen, die bisher nicht geführt wurden.
	Damit wird eine Beschaffungsstrategie beschrieben, sich Ware exakt zum benötigten Zeitpunkt liefern zu lassen und bereitzustellen, auch als „Just-in-time"-Lieferung bezeichnet.
	Die Abkürzung kommt aus dem „Englischen". Der Handel zwischen zwei Unternehmen wird auch als business-to-business bezeichnet. Dabei wird für die (externe) Bezugsquellenermittlung der elektronische Marktplatz, also das Internet, immer wichtiger.
	Hiermit wird das Zusammenwirken von Vertragspartnern bzw. Handelsunternehmen beschrieben, die sich auf gleicher Handelsstufe befinden und sich z. B. für einen gemeinsamen Einkauf kooperieren.
	Der Begriff leitet sich ursprünglich aus dem „Englischen" ab, übersetzt „ich auch". Es sind Artikel, die ein Produkt nachahmen (Imitat), das sich bereits am Markt positioniert hat, und sich in vielen Produkteigenschaften nicht wesentlich vom Originalprodukt unterscheiden.

LS 1 Verkaufszahlen analysieren und Aspekte des Beschaffungsprozesses erarbeiten

b) Da die Karten auf dem Flip-Chart nicht geordnet sind, erhalten Sebastian und Anke die Aufgabe, die beschriebenen Vorschläge zur besseren Übersicht nach Schwerpunkten zu ordnen.
Ordnen Sie in Dreier- oder Vierergruppen stellvertretend für Sebastian und Anke die Begriffe aus der Flipchart den sechs Optimierungsschwerpunkten zu und tragen Sie diese anschließend in die Tabelle ein. Ergänzen Sie weitere Optimierungsstrategien (in Klammern), die Sie in der Sitzung vorgeschlagen hätten.

Vorschläge zur Optimierung des Beschaffungsprozesses bei der BAGs and more GmbH:	
Vorschläge, die das **Sortiment** oder die **Preisgestaltung** betreffen:	
Vorschläge, die die **Beschaffungs-organisation** betreffen:	
Vorschläge, die die **Bestellmenge**, die **Bestellkosten** oder den **Bestellzeitpunkt** betreffen:	
Vorschläge, die sich auf alternative **Bezugs-quellen** beziehen:	

LF 6 | Waren beschaffen

▶ **Vorschläge zur Optimierung des Beschaffungsprozesses bei der BAGs and more GmbH:**

Vorschläge, die sich auf eine Zusammenarbeit mit **Einkaufskooperationen** beziehen:	
Vorschläge, die **Ökologie bzw. Nachhaltigkeit** bei der Beschaffung besonders hervorheben:	

Aufgabe Plus

BAGs and more GmbH: Wir bevorzugen die Global-Sourcing-Strategie.

6. In der Diskussionsrunde wird die Empfehlung ausgesprochen, dass sich die BAGs and more GmbH bei der Sortimentserweiterung auf die **Global-Sourcing-Strategie** fokussiert. Bewerten Sie diese Entscheidung im Hinblick auf eine konsequentere ökologische und nachhaltigere Ausrichtung des Unternehmens.

_____

_____

_____

_____

_____

_____

_____

LS 2 Zielkonflikt beim Beschaffungsprozess erkennen, Bestellmengen und Sortimente optimieren

Lernsituation 2

Zielkonflikt beim Beschaffungsprozess erkennen, Bestellmengen und Sortimente optimieren

Christian und Anke finden die Diskussionsrunde im Kreis des Teams „Beschaffung" sehr aufschlussreich, allerdings kann Anke nicht alle Vorschläge, die gemacht werden, nachvollziehen.

„Warum wird im Einzelhandel von Fehlmengenkosten gesprochen, wenn eine Ware nicht ausreichend vorhanden ist. Sie verursacht doch gar keine Kosten, wenn sie nicht (oder nicht mehr) da ist?" fragt sie Sebastian.

„…Und wie ist der Konflikt zwischen niedrigen Bestell- bzw. Lagerkosten und hoher Verkaufsbereitschaft zu erklären, das habe ich im Unterricht auch nicht verstanden, was hat das denn mit der Bestellmenge zu tun?"

Christian überlegt, aber er tut sich mit der Antwort noch etwas schwer. Auf einem Blatt Papier beginnt er zu zeichnen. „Fehlmengenkosten haben immer auch etwas mit dem Sortimentsumfang zu tun," murmelt er, während er die Skizze anfertigt.

© fizkes – stock.adobe.com

Arbeitsaufträge

1. Erläutern Sie den Zielkonflikt zwischen hoher Verkaufsbereitschaft und niedrigen Bestell- und Lagerkosten.

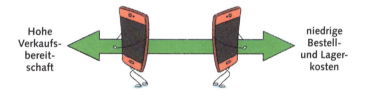

_____
_____
_____
_____

2. Beantworten Sie die Frage von Anke:
„Warum wird im Einzelhandel von Fehlmengenkosten gesprochen, wenn eine Ware nicht (oder nicht mehr) vorhanden ist. Sie verursacht doch gar keine Kosten, wenn sie nicht da ist"?

_____
_____
_____
_____
_____

3. Füllen Sie die Tabelle aus! Finden Sie für beide Kostenarten mindestens drei Begriffe, die Sie stichwortartig näher erklären.

Bestellkosten*	Lagerkosten

*Bestellkosten beinhalten nicht den Einkaufspreis der Ware

4. Mittlerweile hat Sebastian die Skizze fertiggestellt, die den Zusammenhang zwischen den Bestell- und Lagerkosten darstellt. Es fehlt noch die Beschriftung. Ergänzen Sie die beiden Achsen und die Pfeile mit den zutreffenden Bezeichnungen

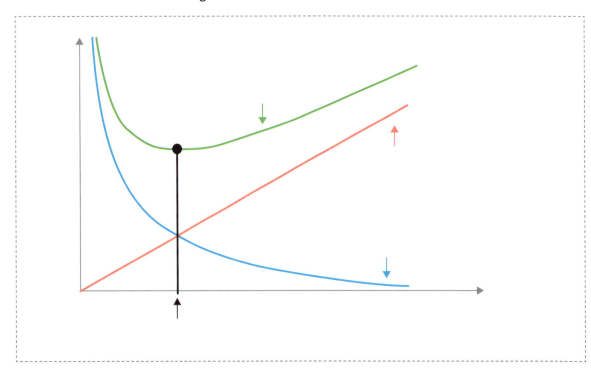

LS 2 Zielkonflikt beim Beschaffungsprozess erkennen, Bestellmengen und Sortimente optimieren

Sven Klausen erklärt den Auszubildenden anhand eines Beispiels, wie sich rechnerisch und tabellarisch die optimale Bestellmenge ermitteln lässt. „Nach der Auswertung der Umsatzzahlen aus dem Jubiläumsjahr ergeben sich bei den Sneakers mit Merinowolle der Marke „Sauerland" folgende Zahlen". Herr Klausen zeigt den beiden eine Tabelle:

Verkaufte Sneakers mit Merinowolle Marke „Sauerland" je Monat (im Jubiläumsjahr); der durchschnittliche Einkaufspreis betrug 38,00 EUR												
JAN	FEB	MRZ	APR	MAI	JUN	JUL	AUG	SEP	OKT	NOV	DEZ
96	88	66	65	62	40	35	40	44	52	60	102
gesamter Bedarf im Jubiläumsjahr: 750 Stück;												
Kostenaufwand: 750 Stück × 38,00 EUR/Stück = 28.500,00 EUR												

„Wir rechnen für das kommende Jahr mit einer Umsatzsteigerung von 20 %, weil diese Sneakers zurzeit sehr angesagt sind. Pro Bestellung fallen für Bearbeitung und Versand Bestellkosten von 60,00 EUR an. Die Kosten für die Kapitalbindung im Lager und die allgemeinen Lagerkosten sind mit 8,0 % vom durchschnittlichen Lagerbestand anzusetzen", ergänzt er.

5. a) **Ermitteln Sie in Partnerarbeit die optimale Bestellmenge (wenn möglich, mit einem Tabellenkalkulationsprogramm) nach dem folgenden Muster:**
Geplante Bestellmenge für das kommende Jahr: 750 Stück + 20 % = 900 Stück

tabellarische Ermittlung der optimalen Bestellmenge					
Bestellmenge (Stück)	Bestellhäufigkeit	durchschnittlicher Lagerbestand (EUR)	Lagerkosten pro Jahr (EUR)	Bestellkosten pro Jahr (EUR)	Beschaffungskosten pro Jahr (EUR)
	6				
	5				
	4				
	3				
	2				
	1				

b) **Bewerten Sie das Ergebnis zur optimalen Bestellmenge bzw. zur Bestellhäufigkeit:**

_____

_____

_____

c) **Stellen Sie die tabellarisch ermittelten Werte zeichnerisch dar. Nutzen Sie dabei die volle Größe eines DIN-A 4-Blattes (kariert).**

LF 6 | Waren beschaffen

6. Die in der Tabelle ermittelten Gesamtbestellkosten basieren auf bestimmten Daten und Annahmen. Diese sind in der Praxis selten konstant, sodass die optimale Bestellmenge nur ein theoretischer Wert ist. Begründen Sie, wie sich verschiedene Parameter auf die optimale Bestellmenge und auf die Gesamtbestellkosten auswirken können. Unterstreichen Sie jeweils die Parameter.

_____

_____

_____

_____

_____

_____

_____

_____

_____

_____

7. a) Kreuzen Sie an, welche Aussagen zutreffen; Nichtzutreffendes korrigieren Sie bitte.

Nr.	Aussagen zur optimalen Bestellmenge	ja	Nein (mit Begründung)
1.	Bei der Ermittlung der optimalen Bestellmenge ist das WWS sehr hilfreich, um den Bedarf festzulegen		
2.	Die Bestellkosten beinhalten den Einkaufspreis der Ware		
3.	Die Höhe der Bestellkosten ist unabhängig von der jeweiligen Bestellmenge, der Aufwand im Büro ist nahezu gleich		
4.	Saisonabhängige Waren und modische Trends beeinflussen den optimale Bestellmenge		
5.	Die optimale Bestellmenge ergibt sich zeichnerisch aus dem Schnittpunkt von Bestellkosten und Gesamtkosten		
6.	Bei der Berechnung der optimalen Bestellmenge wird ein konstanter Lagerabgang vorausgesetzt		
7.	Die Höhe der Lagerkosten ist unabhängig von der Bestellmenge, der Aufwand im Lager ist nahezu gleich		
8.	Zwischen dem Bestreben einer möglichst kostengünstigen Warenbeschaffung und geringen Lagerhaltungskosten besteht ein Zielkonflikt		

LS 2 Zielkonflikt beim Beschaffungsprozess erkennen, Bestellmengen und Sortimente optimieren

Nr.	Aussagen zur optimalen Bestellmenge	ja	Nein (mit Begründung)
9.	Hohe Lagerbestände belasten die Zahlungsfähigkeit (Liquidität) des Unternehmens und erhöhen die Kapitalbindung		
10.	Lagerkosten und Bestellkosten entwickeln sich parallel		
11.	Kleinere Bestellmengen verringern das Lagerrisiko		
12.	Mengenrabatte haben keinen Einfluss auf die Bestellmenge		
13.	Die Verkaufsbereitschaft und der Warenumsatz erhöhen sich mit abnehmender Bestellmenge		

b) Eine zu hohe Waren-Bestellmenge ist für den Einzelhändler mit vielen Risiken verbunden. Geben Sie eine Erklärung zu den vier vorgegebenen Risiken:

- Risiko eines negativen Images: _____

- Risiko einer negativen Rentabilität: _____

- Risiko einer negativen Liquidität: _____

- Risiko einer mangelhaften Lagerlogistik: _____

Aufgabe Plus

Sven Klausen wendet sich noch mal an Sebastian. „Wurde die ABC-Analyse eigentlich schon in der Schule besprochen?" „Wegen des Unterrichtsausfalls bisher nur kurz. Vielleicht könnten wir das hier besprechen, am besten an einem praktischen Beispiel", schlägt Sebastian vor.

Herr Klausen öffnet eine Datei aus dem WWS und druckt eine Liste aus. „Hier haben wir eine Renner- und Penner-Liste vom letzten Halbjahr unserer Warengruppe „Geldbörsen und Brieftaschen". Sven Klausen erklärt das Ziel und die Vorgehensweise bei einer ABC-Analyse und bittet die beiden Auszubildenden, die Einkaufswerte zu berechnen.

„Noch ein Hinweis: Artikel mit hoher Absatzgeschwindigkeit, die mindestens 80 % zum Einkaufswert beitragen, gehören zur A-Gruppe; Artikel, die keine 5 % zum Gesamteinkaufswert beitragen, sind C-Artikel." Beide nehmen den Taschenrechner raus und beginnen zu rechnen.

LF 6 — Waren beschaffen

8. a) Wozu dienen „Renner- und Penner-Listen", die sich über das Warenwirtschaftssystem erstellen lassen und von denen Herr Klausen sprach.
Geben Sie die zwei Lösungen an.

I.	Die Liste gibt Auskunft darüber, an welchen Orten die Renner- und Penner-Artikel im Lager zu finden sind
II.	Aus der Liste lässt sich ablesen, welche Artikel sich innerhalb einer bestimmten Zeit schlecht verkauft haben
III.	Die Liste gibt Empfehlungen für den nächsten Bestellvorgang und den dazu passenden Lieferer an
IV.	Aus der Liste lässt sich ablesen, welche Artikel sich innerhalb einer bestimmten Zeit gut verkauft haben
V.	Die Liste gibt an, wie hoch die Liefer- und Transportkosten für die Renner- und Penner-Waren sind
VI.	Die Liste gibt Auskunft darüber, welche Waren besonders schnell verkauft wurden

b) Ermitteln Sie (stellvertretend für die beiden Auszubildenden) die jeweiligen Einkaufswerte, tragen Sie diese in die Tabelle ein.

BAGs and more GmbH, Verkaufszahlen „Geldbörsen und Brieftaschen" (letztes Halbjahr):

Art.-Nr.:	2101	2102	2103	2104	2105	2106	2107	2108	2109	2110
Bezugspreis (in EUR)	25,00	6,00	2,00	5,00	14,00	13,50	9,00	30,00	8,50	15,00
Menge	2	25	50	4	10	100	50	3	100	120
Einkaufswert (in EUR)										

c) Übertragen Sie die Werte in die untere Tabelle, wobei Sie den Artikel mit dem höchsten prozentualen Einkaufswert in die erste Zeile eintragen, den Artikel mit dem zweithöchsten prozentualen Einkaufwert darunter usw.; kumulieren Sie die %-Werte und entscheiden Sie sich anschließend für eine der drei Wertklassen.

ABC-Analyse der BAGs and more GmbH (Geldbörsen und Brieftaschen)

Spalte 1	2	3	4	5	6	7
Artikel-Nr.	Bezugspreis (in EUR)	Menge (je Stück)	Einkaufswert (in EUR)	Einkaufswert (in %)	kumulierter Wert (in %)	Wert-klasse

LS 2 Zielkonflikt beim Beschaffungsprozess erkennen, Bestellmengen und Sortimente optimieren

ABC-Analyse der BAGs and more GmbH (Geldbörsen und Brieftaschen)						
Spalte 1	2	3	4	5	6	7
Artikel-Nr.	Bezugspreis (in EUR)	Menge (je Stück)	Einkaufswert (in EUR)	Einkaufswert (in %)	kumulierter Wert (in %)	Wertklasse
Summe						

d) Die ABC-Analyse ist in vielen Einzelhandelsunternehmen ein wichtiges Hilfsmittel der Beschaffungsplanung. Erläutern Sie, welche Bedeutung Waren der Wertklassen A, B bzw. C im Hinblick auf die Beschaffungs- bzw. Sortimentsplanung für die BAGs and more GmbH haben.

_____

_____

_____

_____

_____

_____

_____

_____

e) Aufgrund eines Herstellerwechsels lässt sich die Ware mit der Artikel-Nr. 2110 im zweiten Halbjahr nur noch für einen Bezugspreis von 20,00 EUR beschaffen. Dadurch reduziert sich die Verkaufsmenge dieses Artikels auf 50 Stück. Dafür erhöht sich die verkaufte Menge des Artikels mit der Artikel-Nr. 2107 auf 200 Stück, der zu einem günstigeren Bezugspreis von 7,00 EUR beschafft werden kann. Berechnen Sie, welchen Einfluss diese beiden Änderungen auf die Wertklassen haben, wenn alle anderen Zahlen „gleich" bleiben würden? (Werte auf- bzw. abrunden). Ergänzen Sie dazu die fehlenden Angaben in der unteren Tabelle.

_____

veränderte ABC-Analyse						
Spalte 1	2	3	4	5	6	7
Artikel-Nr.	Bezugspreis (in EUR)	Menge (je Stück)	Einkaufswert (in EUR)	Einkaufswert (in %) (z. T. aufgerundet)	kumulierter Wert (in %) (z. T. aufgerundet)	Wert-klasse
Summe						

f) Sebastian und Anke schlagen bei den Artikeln Nr. 2101, 2104 und 2108 eine Sortimentsbereinigung oder Sortimentsmodifikation vor. Was ist damit gemeint?

_____

_____

_____

_____

g) Für eine Vielzahl anderer Warengruppen aus dem Outdoor-Bereich beabsichtigt die BAGs and more GmbH eine Sortimentsdiversifikation, welche Auswirkungen hat das für die Kunden?

_____

_____

_____

Lernsituation 3

Beschaffungsstrategien zur Zeit- und Mengenplanung unterscheiden, Limitrechnung durchführen

Frau Roberts hat sich am Nachmittag Zeit genommen, um den drei Auszubildenden anhand einiger Verkaufszahlen die **Planung des Einkaufslimits** und anderer **Planungsinstrumente** zu erläutern.

„Wir brauchen für das Wintergeschäft ausreichend Planungsvorlauf; wann sollten wir denn mit der Zeit- und Mengenplanung anfangen und wie viel Geld dürfen wir eigentlich ausgeben?" fragt Frau Roberts die drei.

*„In der Schule hatten wir gerade das Thema **Limitrechnung**,"* antwortet Anke. *„Im Buch steht außerdem etwas vom **Bestellzeitpunkt**,"* murmelt Jonathan. Sebastian ergänzt: *„…Und vom **Bestellrhythmusverfahren**."*

Karin Roberts spürt, dass sie noch Erklärungsarbeit leisten muss. *„Ich gebe euch mal zur Veranschaulichung ein paar Beispiele vor"*, sagt sie und teilt allen Dreien dazu ein Infoblatt mit Arbeitsaufträgen aus. Bevor die Azubis rechnen sollen, erklärt sie: *„In diesem Jahr hat unser Unternehmen ca. 500 Schulrucksäcke verkauft, für die Planung im nächsten Jahr gehen wir von 10 % mehr aus (wegen höherer Einschulungszahlen), allerdings wird wegen der Insolvenz des alten Großhändlers ein neuer Lieferant benötigt. Die Ware soll im Mai in den Verkaufsraum kommen. Von diesem Termin muss rückwärts gerechnet werden".*

Arbeitsaufträge

1. Welche Einzelschritte sind zu leisten, damit die Ware im Frühjahr im Verkaufsraum zur Verfügung steht? Bringen Sie die vorliegenden Arbeitsschritte in eine korrekte Reihenfolge, indem Sie die Ziffern 2 bis 9 für die Abfolge der Arbeitsschritte in die entsprechenden Kästchen eintragen:

1.	Der Bedarf wird durch das WWS gemeldet; das Einkaufslimit wird ermittelt
	die Bestellung wird beim Lieferer bearbeitet, die Ware versandfertig gemacht
	bei der Warenannahme wird die Lieferung auf Mängel überprüft
	die Ware wird im Lager eingelagert und der Lagerort ins WWS eingegeben
	die Bestellung wird fertiggemacht und an den (besten) Anbieter adressiert
	nach der Warenüberprüfung wird die Warenannahme im WWS vermerkt
	eine Spedition oder ein Paketdienstleister sorgt für den zeitnahen Warentransport
	die Bestellung geht per Post, Email oder Fax an den Anbieter
	verschiedene Angebote werden eingeholt und ausführlich ausgewertet

LF 6 | Waren beschaffen

2. Welche Vor- und Nachteile können sich für die BAGs and more GmbH ergeben, wenn sie eine sehr hohe Bestellmenge ordert? Nennen Sie jeweils drei Aspekte:

Vorteile:

Nachteile:

3. Ermitteln Sie (in Partnerarbeit) das Einkaufslimit für die Bestellung einer Kollektion von 500 Schulrucksäcken, zuzüglich 10 % Umsatzplus. Führen Sie dazu eine Limitrechnung durch und tragen Sie die Ergebnisse in die Tabelle ein.

Der durchschnittliche Bezugspreis der Rucksäcke beträgt 50 EUR/Stück, der Anfangsbestand aus dem Vorjahr 50 Stück. Am Ende der Planungsperiode sollen keine Ranzen mehr im Lager verbleiben. Aufgrund der sich ständig wandelnden Modelle soll eine Limitreserve von 20 % eingeplant werden, damit kurzfristig auf Nachfrageänderungen reagiert werden kann.

Einzelschritte bei der Limitrechnung	Berechnungsschritte	Erläuterung
Absatzmenge aus dem aktuellen Jahr		Absatzmenge, die aus dem WWS ermittelt wurde
geplante Umsatzsteigerung/-rückgang		angenommene Umsatzsteigerung für das nächste Jahr
geplante Absatzmenge		dieser Warenabsatz ist geplant
Preis/Stück		dies ist der durchschnittliche Bezugspreis für einen Rucksack
geplanter Wareneinsatz		Gesamtpreis aller zu beschaffenden Rucksäcke
Lagerabbau/Lageranbau		Anfangsbestand von 50 Stück und der Endbestand von 0 Stück sind zu berücksichtigen
Gesamtlimit		Wareneinsatz – Lagerabbau bzw. Wareneinsatz + Lageraufbau

Einzelschritte bei der Limitrechnung	Berechnungsschritte	Erläuterung
Limitreserve		eine Reserve von 20 % ist einzuplanen
bereits getätigte Kundenbestellungen		Kundenaufträge, die schon im Vorjahr erteilt wurden
freies Limit		zur Verfügung stehendes Kapital, zu dem die BAGs and more GmbH Schulrucksäcke einkaufen kann.

4. In Bezug auf die Zeitplanung ist die Beschaffungsstrategie stark abhängig von der Warengruppe, die nachgefragt wird. Ergänzen Sie dazu (in Partnerarbeit) die fehlenden Tabellenangaben:

Beschaffungsstrategien bei der Zeitplanung von Waren bzw. Warengruppen:			
Bezeichnung	Beispiele	Merkmale dieser Beschaffungsstrategie	Vor-/Nachteile dieser Beschaffungsstrategie
Einzelbeschaffung nach Kundenauftrag		Nach Kundenbestellung wird die Ware individuell beschafft	
Vorratsbeschaffung: • Bestellpunktverfahren (mengenbezogen)			Lagerkosten relativ niedrig, schnelle Reaktion auf Bedarfsschwankungen, geringe Kapitalbindung, regelmäßige Bestandskontrollen notwendig
		Bestellung erfolgt nach einem vorgegebenen Rhythmus, Liefertermine wiederholen sich	
	schnell verderbliche Lebensmittel		ständige Lieferbereitschaft, genaue Abstimmung (Hersteller-Spedition-Einzelhandel), funktionierender Datenaustausch (WWS), keine Kapitalbindung, Lagerkosten minimiert

LF 6 | Waren beschaffen

5. Karin Roberts zeigt ein paar Daten der Warengruppe Jacken, Marke „Everest", um das Bestellpunktverfahren zu erklären. Auf der Liste ist der aktuelle Bestand (mit heutigem Datum) und die Absatzzahlen des ersten Halbjahres zu finden. Neu sind die Fleece-Jacken, die erst vor zehn Tagen ins Programm genommen wurden, für sie gibt es noch keinen festgelegten Melde- und Mindestbestand. Analysieren Sie (in Dreier- oder Vierergruppen) die Bestandszahlen der drei Jacken-Arten und bearbeiten Sie anschließend die folgenden Aufgaben:

Artikelbestand nach 1. Halbjahr, Warengruppe Jacken der Marke „Everest",									
Artikel-Nr.:	Bezeichnung:	VK-Preis:	aktueller Bestand	Höchstbestand	Meldebestand:	Mindestbestand:	Ø-Tagesabsatz:	Gesamtabsatz in Stück (180 Tage)	Gesamtumsatz in EUR (180 Tage)
40558	Soft-/Hardshell	29,90	96	120	56	24	8	?	?
40559	Windbreaker*	39,90	16	100	28	12	4	?	?
40578	Fleece, neu im Bestand	59,90	40	90	?	?	5	seit 10 Tagen im Bestand	seit 10 Tagen im Bestand

* Für Artikel 40559 wurde der Meldebestand unterschritten und eine Bestellung veranlasst.

Lieferzeit für Soft-/Hardshell und Windbreaker: 4 Tage, Lieferzeit für die Fleece-Jacken: 5 Tage, Sicherheitsbestand für alle Jacken: 3 Tage

a) Berechnen Sie, welchen Gesamtabsatz (in Stück) und Gesamtumsatz (in EUR) die Jacken mit den Artikel-Nr. 40558 und 40559 im ersten Halbjahr erzielt haben. Berücksichtigen Sie dabei den durchschnittlichen Tagesabsatz als Berechnungsgrundlage.

b) Erklären Sie die Begriffe Höchst-, Mindest- und Meldebestand, die hier für die Artikel 40558 und 40559 eingetragen worden sind.

6. Berechnen Sie für den Jackentyp „Fleece" mit einem Tagesabsatz von 5 Jacken und einer Lieferzeit von 5 Tagen den Meldebestand. Es wird ein Sicherheitsbestand von drei Tagesumsätzen festgelegt. Es gilt: MB = (A × T) + R

LS 3 Beschaffungsstrategien zur Zeit- und Mengenplanung unterscheiden, Limitrechnung durchführen

7. Bei den Windbreaker-Jacken ist der Meldebestand bereits unterschritten worden.

a) Wann wird die „Eiserne Reserve" unterschritten, wann müsste die BAGs and more GmbH spätestens beliefert werden?

_____

_____

b) Wie ändert sich (allgemein) der Meldebestand,

   … wenn sich die Lieferzeit wegen Produktionsengpässen grundsätzlich verlängert würde?

   _____

   _____

   … wenn der durchschnittliche Tagesverbrauch sinkt?

   _____

   _____

8. Stellen Sie die Zeitplanung des Bestellpunktverfahrens für den Jackentyp „Soft-/Hardshell" in einer Grafik (Sägezahnmodell) dar, indem Sie im Koordinatensystem die folgenden Sachverhalte kennzeichnen: Höchstbestand, Meldebestand, Mindestbestand, Bestellzeitpunkt, Liefertermin, Lieferfrist, Verbrauchsmenge in der Beschaffungszeit und Bestellmenge …

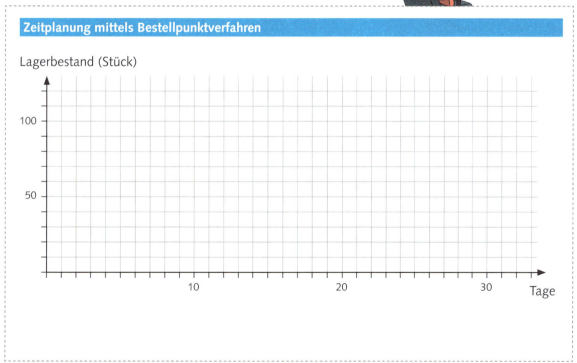

LF 6 — Waren beschaffen

Aufgabe Plus

9. Zum Abschluss des Infonachmittags informiert Frau Roberts die drei Auszubildenden, dass für einzelne Waren auch das Bestellrhythmusverfahren angewendet wird. So bietet die BAGs and more GmbH im Internet Geschäftskunden „nachhaltig gefertigte Ledertaschen" an, die von einem hiesigen Produzenten in Kölner Raum geliefert werden. Die Absatzzahlen für die Monate März bis Mai legt sie als Tabelle vor:

Absatzzahlen (Internetverkauf) – Warengruppe: nachhaltig gefertigte Ledertaschen:			
	Woche	Internetverkäufe	
1	02.03. – 08.03.	50	Bestand nach der Lieferung am 02. März: 200 Ledertaschen. Danach erfolgt die neue Anlieferung regelmäßig alle 14 Tagen bis zum Höchststand von 200 Taschen, also am 02.03., dann am 16.03. usw. Zwischenlieferungen sind nicht vorgesehen.
2	09.03. – 15.03.	60	
3	16.03. – 22.03.	30	
4	23.03. – 29.03.	20	
5	30.03. – 05.04.	200	
6	06.04. – 12.04.	0	
7	13.04. – 19.04.	80	
8	20.04. – 26.04.	100	
9	27.04. – 03.05.	40	
10	04.05. – 10.05.	40	
11	11.05. – 17.05.	70	
12	18.05. – 24.05.	10	

a) Stellen Sie anhand der aufgelisteten Absatzzahlen das Bestellrhythmusverfahren grafisch dar. Verwenden Sie dazu das vorgegebene Koordinatensystem (auf der Folgeseite).

b) Bei der Analyse der grafisch dargestellten Absatzzahlen wird deutlich, dass dieses Verfahren in der Praxis neben Vorteilen auch Nachteile mit sich bringt. Erläutern Sie mind. drei Nachteile des Bestellrhythmusverfahrens:

_____

_____

_____

_____

c) Erläutern Sie drei Vorteile des Bestellrhythmusverfahrens:

_____

_____

_____

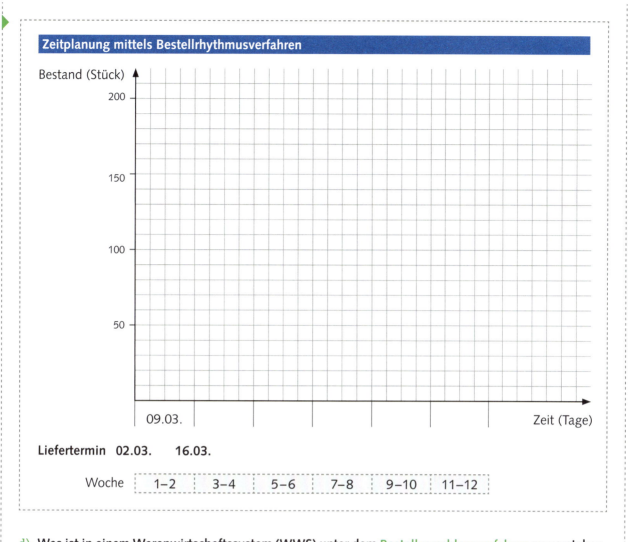

d) Was ist in einem Warenwirtschaftssystem (WWS) unter dem Bestellvorschlagsverfahren zu verstehen. Erklären Sie die Arbeitsweise stichwortartig:

_____

_____

_____

e) Tragen Sie zur Unterscheidung von Bestellpunktverfahren, Bestellrhythmusverfahren und Bestellvorschlagsverfahren in die Tabelle jeweils die Begriffe „fix" oder „variabel" ein:

	Beschaffungsmenge	Beschaffungszeitpunkt	Abstand zwischen den Bestellungen
Bestellpunktverfahren			
Bestellrhythmusverfahren			
Bestellvorschlagsverfahren			

LF 6 Waren beschaffen

Lernsituation 4

Bezugsquellen analysieren und Einkaufskooperationen nutzen

Anna Heeren ist Gesellschafterin der BAGs and more GmbH. Eine ihrer Aufgaben ist es, geschäftliche Kontakte zu pflegen und neue Bezugsquellen mit anderen Unternehmen anzubahnen, insbesondere unter dem Aspekt möglicher Kooperation.

Heute Vormittag arbeitet sie mit dem Auszubildenden Anke und Jonathan, mit den Praktikanten Clara und Metin sowie mit Sven Klausen aus dem Bereich Beschaffung zusammen. Sie bittet Clara und Metin, die neuen Modelle der Serie „Milano" aus einer italienischen Lederwarenproduktion vorzuführen, die die BAGs and more GmbH vom Hersteller „Sacchetto" probeweise erhalten hat.

„Wir müssen unser Angebot an hochwertigen Taschen und Rucksäcken ausweiten, wir haben vermehrt Kundenanfragen in diesem Warenbereich. Da wir die Zusammenarbeit mit einigen unserer Lieferanten aufgeben mussten, benötigen wir neue Bezugsquellen, besonders im B2B-Markt; außerdem sollten wir Einkaufskooperationen in Betracht ziehen, da wir sonst die Preise nicht halten können. Macht Ihr doch bitte Vorschläge, wie wir da verfahren wollen!"

© Robi – stock.adobe.com

Arbeitsaufträge

1. Anne und Sebastian schreiben Vorschläge auf, die sie bereits im Betrieb kennengelernt haben. Kreuzen Sie an, zu welcher der aufgeführten Bezugsquellen die Aktion zugeordnet wird.

Aktion	betriebsinterne Bezugsquelle	betriebsexterne Bezugsquelle	
		primär	sekundär
Ein Kunden berichtet von einem neuen Anbieter aus der Gegend			
In einem Katalog werden neue Taschenmodelle angeboten			
Der Geschäftsführer sucht auf der Seite „wlw" im Internet nach neuen Anbietern einer Kofferserie			
Die Sekretärin prüft die Lieferantendateien im WWS			
Die Praktikantin recherchiert im Telefonbuch „Gelbe Seiten"			
Der Abteilungsleiter besucht eine Fachmesse für Schuhe			
Ein Vertreter für Lederwaren besucht die BAGs and more GmbH			

LS 4 Bezugsquellen analysieren und Einkaufskooperationen nutzen

Aktion	betriebsinterne Bezugsquelle	betriebsexterne Bezugsquelle	
		primär	sekundär
Ein Mitarbeiter durchsucht den Messekatalog und die Prospekte			
Der Gesellschafter sieht sich im WWS die Artikeldatei an			
Ein Berater der Industrie- und Handelskammer gibt der Abteilungsleiterin wichtige Tipps			
Eine Büro-Mitarbeiterin sieht sich alte Angebote der früheren Lieferer an, die die BAGs and more GmbH bekommen hat			
Der Auszubildende führt eine telefonische Anfrage mit einem österreichischen Anbieter durch			
Im Handelsmagazin annonciert ein italienisches Unternehmen			

2. **Beide Praktikanten können mit dem Begriff „B2B" nichts anfangen und fragen Sven Klausen danach. Beantworten Sie stellvertretend für Herrn Klausen, welche Bedeutung der „B2B"-Markt für die Bezugsquellenermittlung und Warenbeschaffung hat.**

_____

_____

_____

_____

_____

3. **Die beiden Praktikanten werden gebeten, Kriterien zu benennen, die für die BAGs and more GmbH bei der Lieferantenauswahl neben dem Bezugspreis von besonderer Wichtigkeit sind. Erläutern Sie – stellvertretend für die beiden – fünf verschiedene Aspekte.**

_____

_____

_____

_____

_____

_____

4. Ökologische Aspekte bei der nachhaltigen Fertigung unter Einhaltung der Sozialstandards sind für die BAGs and more GmbH ein ganz wichtiger Teil der Unternehmensphilosophie. Viele Waren werden durch Öko- bzw. Umweltsiegel, -labels oder -zertifikate aufgewertet. Beschreiben Sie, in welcher Branche die folgenden drei abgebildeten Logos zu finden sind und was sie bedeuten:

Beispiele für Öko-/Umweltsiegel oder Labels		
Logo	Bedeutung des Siegels bzw. des Labels	findet man …
GOTS – Global Organic Textile Standard		
Fairtrade		
ENERG (EU-Energielabel)		

LS 4 Bezugsquellen analysieren und Einkaufskooperationen nutzen

Um das Thema „Kooperation" zu vertiefen, zeigt Jonathan eine Skizze aus dem neuen Fachbuch und stellt einige Fragen an alle: *„Könnten wir in unserem Unternehmen auch so eine Kooperationsform hinbekommen, wenn es z. B. um geschäftliche Verhandlungen mit dem italienischen Taschen-Hersteller geht? Was müsste man dafür tun?"*

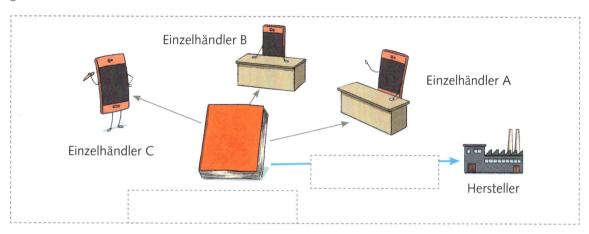

5. Jonathans Fragen beantworten Sie in Partnerarbeit; vervollständigen Sie zunächst die Skizze.

a) Welche Begriffe sind in die beiden Felder einzutragen?

_____

b) Wie wird diese Form der Kooperation genannt? _____

c) Unter welcher Voraussetzung könnte eine Kooperation gelingen? Was müsste die BAGs and more GmbH tun, um mit dem italienischen Taschen-Produzenten kooperieren zu können?

_____

_____

_____

_____

d) Wie wird eine Kooperation genannt, bei der verschiedene Einzelhändler mit einem oder mehreren Großhändlern kooperieren, sodass ein Zusammenschluss auf verschiedenen Handelsstufen entsteht?

_____

e) Ordnen Sie die folgenden Beispiele in die Tabelle ein: *freiwillige Ketten (Handelsketten), Rackjobber, Einkaufsgenossenschaft, Franchising, Einkaufsverband*

Horizontale Einkaufskooperation	Vertikale Einkaufskooperation

LF 6 | Waren beschaffen

Aufgabe Plus

6. Erläutern und bewerten Sie in Zweier- oder Dreiergruppen folgende Vorschläge zu einer möglichen Kooperationsbildung:

a) Die BAGs and more GmbH geht eine Full-Service-Kooperation für den Bereich Leder-Koffer und -Taschen ein:

___

b) Die BAGs and more GmbH bietet in ihrem Unternehmen für den Bereich Sportkleidung Flächen im Rahmen des Rackjobbing an:

___

c) Die BAGs and more GmbH bietet als Franchisegeber ausgesuchten Einzelhändlern in Deutschland an, nachhaltig gefertigte Lederwaren (Kleidung, Koffer und Taschen) nach dem Geschäftskonzept der BAGs and more GmbH zu verkaufen:

LS 4 Bezugsquellen analysieren und Einkaufskooperationen nutzen

▶ Zum Schluss der Besprechung beginnt Anna Heeren mit der Zeichnung einer Mindmap, auf der die wichtigsten Ziele der BAGs and more GmbH dargestellt werden sollen. Mit folgenden Aufgaben möchte sie testen, was den beiden Auszubildenden davon schon bekannt ist.

7. a) **Die BAGs and more GmbH verfolgt vier Hauptziele ihres unternehmerischen Handelns. Tragen Sie die Begriffe „Produktziele", „soziale Ziele", „ökonomische Ziele" und „ökologische Ziele" in die vier dafür vorgesehenen Hauptkästchen ein, die zur BAGs and more GmbH zeigen.**

b) **Ordnen Sie anschließend die nachfolgend vorgegebenen Zielbeschreibungen den zutreffenden Zielen zu:** „Kooperation nutzen zur Beschaffungsoptimierung", „Kostenminimierung", „gleicher Lohn für gleiche Arbeit", „Umweltverträglichkeit und ressourcenschonende Herstellung", „Waren mit hohem Qualitätsstandard und hoher Verkaufsbereitschaft", „ergonomische Arbeitsplatzgestaltung", „Energieeinsparung im Verkauf und Lager durch externe Energieberatung".

c) Welche Maßnahmen lassen sich den „Sozialen Zielen" der BAGs and more GmbH zuordnen? Kreuzen Sie die beiden Maßnahmen an:

	Betriebliche Maßnahmen der BAGs and more GmbH:	Soziale Ziele:	
		Ja	Nein
A	Auf dem Dach wird eine Photovoltaikanlage installiert		
B	Es wird für Kunden eine Kundenkarte mit Rabattfunktion eingerichtet		
C	Mitarbeiter können ihre Kinder vor Arbeitsbeginn im betriebseigenen Kinderhort abgeben		
D	Es wird eine neue Einkaufskooperation mit anderen Händlern vereinbart		
E	Im Aufenthaltsbereich werden neue Sessel und eine Küche angeschafft		

d) Welche betriebswirtschaftlichen Maßnahmen haben nicht das Ziel, die ökonomische Situation der BAGs and more GmbH langfristig zu verbessern? Kreuzen Sie diese beiden Maßnahmen an.

	Betriebswirtschaftliche Maßnahmen der BAGs and more GmbH:	ökonomische Ziele	
		Ja	Nein
A	Die alten Leuchtmittel in allen Betriebsräumen und im Lager werden ausgetauscht; alle Leuchten erhalten LED-Leuchtmittel.		
B	Der Kantinenraum und der Aufenthaltsraum erhalten einen neuen Anstrich bzw. werden renoviert.		
C	Die Hardware und Software des WWS der BAGs and more GmbH wird erweitert, dadurch können Arbeitsstunden der Sekretärin eingespart werden.		
D	Die Arbeitszeit im Lager wird neu organisiert, dadurch ergeben sich bessere Pausenregelungen.		
E	Für die Auslieferung der Kundenbestellungen wird ein neuer Lieferwagen mit Elektroantrieb geleast, dabei kann der eigene Strom der Photovoltaikanlage genutzt werden.		

LS 5 Informationen beschaffen, Angebote vergleichen und eine Nutzwertanalyse durchführen

Lernsituation 5

Informationen beschaffen, Angebote vergleichen und eine Nutzwertanalyse durchführen

Gesellschafter Jan Gruber, Hauptabteilungsleiterin Karin Roberts, die Mitarbeiter*in Laura Ludwig und Sven Klausen sowie die Auszubildenden Anke und Sebastian treffen sich in der Cafeteria, um über die **Sortimentsveränderungen** im Bereich „Outdoor-Kleidung", über **Angebotsvergleiche** und die sogenannte **Nutzwertanalyse** zu beraten.

Herr Gruber wendet sich mit einigen Fragen an alle Anwesenden.
„Wir hatten uns in der letzten Sitzung darauf geeinigt, die Warengruppe „Outdoor" zu erweitern, weil hier Umsatzzuwächse zu erwarten sind. Im Postfach habe ich schon drei Angebote verschiedener Anbieter gesehen. Ist noch eine Anfrage von Ihnen unbeantwortet, sind die Angebote vollständig und vergleichbar, gibt es Probleme mit der Bindungsfrist, wie gehen wir bei der Nutzwertanalyse vor?"

Anke und Sebastian haben zwar schon von einer Anfrage gehört, was aber die „Bindung" bedeutet und wie eine Nutzwertanalyse funktioniert, würden sie gern erfahren.

© Böttcher

Arbeitsaufträge

1. **Füllen Sie den folgenden Lückentext aus, der den Zusammenhang zwischen Anfrage und Angebot erläutert. Setzen Sie in die Lücken die folgenden Begriffe ein:**

   Angebot, zweiseitiges Rechtsgeschäft, Qualität, Lieferzeitpunkt, Kaufvertrag, Anpreisungen, Lieferanten, Form, Liefer- und Zahlungsbedingungen, Willenserklärung, Anfrage, Bezugspreis, unverbindlich, direkt.

   Bevor es zum _____ zwischen einem _____ und einem Einzelhandelsunternehmen kommt, erfolgt in den meisten Fällen eine Informationsbeschaffung.

   Dazu stellt der Einzelhändler eine _____ an den Lieferanten. Diese Wareninformationen beziehen sich insbesondere auf den _____, aber auch auf die _____ und Materialeigenschaften der Ware, auf die _____ _____, auf mögliche Rabatte, auf Liefereinschränkungen und den _____.

   Für die Anfrage ist gesetzlich keine _____ vorgesehen, der Anfragende geht mit der Anfrage keine Verpflichtung ein. Anfragen sind demnach grundsätzlich _____

▶

▸ Wird aufgrund einer Anfrage daraufhin ein schriftliches _____ an den Einzelhändler versendet, wird von einer verbindlichen _____ gesprochen. Voraussetzung für die Verbindlichkeit ist, dass das Angebot _____ an eine bestimmte Person oder ein Unternehmen gerichtet ist. Angebote, die man aus Katalogen, Anzeigen oder Funk und Fernsehen kennt und an die Allgemeinheit gerichtet sind, werden als _____ bezeichnet.

Einigen sich Lieferant und Einzelhändler auf die im Angebot gemachten Bedingungen, kommt es zum Handelsgeschäft, das in der Betriebswirtschaft auch als _____ _____ bezeichnet wird.

2. **Unterscheiden Sie zwischen einer allgemeinen und einer bestimmten Anfrage.**

_____

_____

_____

_____

_____

Karin Roberts hat mittlerweile die vorliegenden drei Angebote ausgedruckt, die der BAGs and more GmbH per Email zugesendet wurden. Sie legt die drei Angebote zur Ansicht auf den Tisch. Außerdem wird sie von Jan Gruber gebeten, auch die zu den Angeboten passende Anfrage auszudrucken, damit die anderen Mitarbeiter sehen können, was Frau Roberts von den angefragten Firmen erfahren wollte. Leider ist der Ausdruck wegen eines Tonerproblems des Druckers teilweise nicht lesbar, sodass die Anfrage Passagen erhält, die nun rekonstruiert werden müssen.

BAGs and more GmbH, Kurze Straße 10, 50885 Köln

Fashion + Outdoor GmbH
Bonner Allee 123
12345 Berlin

Ihr Zeichen, Ihre Nachricht vom: /

Unser Zeichen, unsere Nachricht vom:
Karin Roberts

Telefon-Durchwahl:
0221 87521 – 23

Datum:
23. Mai 20..

An____e nach 3-1 Outdoor-Jacken für Damen

Sehr geehrte Damen und _____,

wir erweitern zurzeit _____ Outdoor-Abteilung und beab_____,
unser Sortiment an Damen-Funktionsjacken, die umweltfreu____ ___
ohne PFC-haltige Chemikalien gefertigt sind, zu erweitern.
Auf Ihrer Internetseite sind uns Ihre Modelle aus reiner Bio-Ba_____
mit ökologischer Imprägnie____ _____
____ senden Sie uns ein verbindliches _____ Outdoor-
Jacke, Modell „Arctic Winter", in verschiedenen _____ __ ___ _____
XS bis XL) mit Ihren Liefer- und _____. ___
Lieferumfang mit Beginn der Herbstsaison beträgt ca. 100 Jacken in
verschiedenen Größen.

Unser Einzelhandelsunternehmen legt Wert auf nachhaltig ___ _____
u__ zertifizierte Ware.

Wir bedanken uns

Mit

Karin Roberts
Hauptabteilungs_____

Amtsgericht Köln   fon 0221 87521-12   Bankverbindung
                       54287   Fax 0221 87521-11   DE 81 3701
Ust.-ID DE786554287   and-more.de

LF 6 — Waren beschaffen

3. **Rekonstruieren Sie in Partnerarbeit den Anfragetext einschließlich der Anrede, den Karin Roberts an die Fashion + Outdoor GmbH geschrieben hat:**

Karin Roberts zeigt das zu der Anfrage gehörende Angebot der **Fashion + Outdoor GmbH**. Zur besseren Übersicht legt sie die Angebote der **Wellington KG** und der **ALASKA GmbH** auch dazu, die auch eine Anfrage erhalten hatten. Alle drei Angebote liegen nun zur Bewertung vor. Frau Roberts bittet alle Anwesenden, die drei Angebote nach quantitativen und qualitativen Kriterien zu bewerten.

Sehr geehrte Frau Roberts,

wir bedanken uns für Ihre Anfrage bezüglich unserer zertifizierten Funktionsjacke. Wir bieten Ihnen an:

Artikel	Model	Einzelpreis
Funktionsjacke „Arctic Winter"	**3-1, Damen**	**45,00 €** (zzgl. gesetzl. MwSt.)

Unsere 3-1 Damen-Funktionsjacke „Arctic Winter" ist erhältlich in den Größen XS bis XXL; es stehen acht verschiedene Farben zur Auswahl. Das Hauptmaterial besteht aus 100 % Polyester, das Innenfutter aus Bio-Baumwolle, die Membran aus 100 % Polyurethan; das Produkt ist mit dem „Grünen Knopf" zertifiziert, für dauerhaften Regenschutz enthält die Imprägnierung PFAS.

Ab einer Bestellmenge von 100 Stück gewähren wir 15 % Rabatt. Die Farben sind dabei frei wählbar. Die Transportkostenpauschale beträgt 84,56 €. Zahlungsziel: 30 Tage netto oder 2 % Skonto bei Zahlung innerhalb 8 Tagen. Alle Preise sind Nettopreise zuzüglich der gesetzlichen Mehrwertsteuer von 19 %. Ab einer Liefermenge von 50 Stück ist unser Angebot freibleibend, da die Produktion in China momentan umgestellt wird. Die Lieferung erfolgt frei Haus nach Eingang Ihrer schriftlichen Bestellung, auf Wunsch auch terminiert vor Beginn der Herbstsaison.

Wir bedanken uns für Ihr Interesse und freuen uns über eine Auftragserteilung.

Mit freundlichen Grüßen

W. Mahler

Angebot

Sehr geehrte Damen und Herren,

wir bedanken uns für Ihre Anfrage bezüglich unserer Damen-Funktionsjacke 3in1 aus umweltverträglichen Werkstoffen. Wir bieten Ihnen an:

Damen Funktionsjacken 3in1, Nature Shell, Typ „Snow Mountain", Größen: XS – XXL; in zehn verschiedenen Farben, Stückpreis 59,– €, exkl. 19 % MwSt.

Produktdetails:
die 3in1-Funktionsjacke für diejenigen, die auch bei extremen Verhältnissen immer gut ge-kleidet sein wollen, wird nach sozialen Standards umweltverträglich gefertigt in der Türkei. Die Außenjacke besteht aus wasserdichtem Gore-Tex und einer chemischen Imprägnierung, die Regentropfen ganz einfach abperlen lässt (ohne PFC). Die Innenjacke besteht aus reiner Bio-Baumwolle, bei der Füllung handelt es sich um EcoDown, einer besonders umweltfreundlichen Alternative zur Daune. Die Jacke enthält das Label „bluesign".

Unsere Rabattstaffelung: Ab 50 Stück 5 % Rabatt, ab 100 Stück 10 % Rabatt. Alle Preise sind Nettopreise. Die Verpackungspauschale beträgt 84,04 €. Zahlungsziel: 30 Tage netto oder 3 % Skonto bei Zahlung innerhalb 8 Tagen. Ab einem Auftragswert von 1000 € liefern wir porto- und frachtfrei. Dieses Angebot gilt bis zur 36. Kalenderwoche.

Wir bedanken uns für Ihr Interesse und erwarten Ihre Bestellung, gern auch telefonisch.

Mit freundlichen Grüßen

Sehr geehrte Damen und Herren,

wir bedanken uns für Ihre Anfrage bezüglich unserer Damen-Funktionsjacke 3in1, gefertigt aus natürlichen Werkstoffen. Wir können Ihnen für die Herbstsaison anbieten:

Damen Funktionsjacken „**Alaska**nature", Raincare aus reiner Bio-Baumwolle und mit ökologischer Imprägnierung aus Bienenwachs, Lotus-Effekt, Innenfutter mit Rhönwoll-Wattierung.

Stückpreis 67,– €, exkl. 19 % MwSt., Farben: dunkelblau, grün, anthrazit, schwarz, weiß.

Produktdetails:
die 3in1-Funktionsjacke; für Damen, die beim Tragen der Jacke ihr ökologisches Gewissen nicht strapazieren müssen. Sie besteht nur aus Naturfasern, ohne Kunststoffe und PFC-haltige Chemikalien, nachhaltig gefertigt in unserer Produktionsstätte in Fulda. Die Innenjacke besteht aus reiner Bio-Baumwolle, die Füllung enthält eine Rhönwoll-Wattierung. Die Jacke enthält mehrere Ökolabels, z. B. das GOTS-Label, das FAIR WEAR FOUNDATION (FWF)-Label und das „bluesign"-Label.

Unsere Rabattstaffelung: Ab 100 Stück 10 % Rabatt, ab 200 Stück 15 % Rabatt. Farben und Größen sind frei wählbar. Für Lieferung und Verpackung berechnen wir 50 €/Verpackungseinheit; eine Verpackungseinheit enthält 50 Stück. Alle Preise sind Nettopreise. Die Lieferung erfolgt frei Haus, wunschgemäß in der 35. oder 36. Woche. Zahlungsziel: 30 Tage netto. Erfüllungsort und Gerichtsstand ist für beide Teile Göttingen.

Wir bedanken uns für Ihr Interesse und würden uns über eine Bestellung Ihrerseits freuen.

Freundliche Grüße aus Göttingen

LF 6 | Waren beschaffen

4. Bearbeiten Sie in Dreier- oder Vierergruppen folgende Aufgaben:

a) Erläutern Sie den Begriff „Bindung", der für Anke und Sebastian unklar geblieben ist, und untersuchen Sie, welche Bindungsfrist bei den drei vorliegenden Angeboten einzuplanen ist.

b) Führen Sie mit Hilfe des Schemas der Bezugskalkulation einen quantitativen Angebotsvergleich durch. Nutzen Sie dazu, wenn die Möglichkeit besteht, ein Tabellenkalkulationsprogramm:

Quantitativer Angebotsvergleich: Ermittlung des Bezugs-/Einstandspreises versch. Angebote einer Damen-Funktionsjacke:			
Einzelwerte	Fashion + Outdoor GmbH	Wellington KG	ALASKA GmbH
Einzelpreis lt. Angebot			
Gesamtmenge			
Listeneinkaufspreis			
Mengenrabatt in %			
– Mengenrabatt in EUR			
Zieleinkaufspreis			
Skonto in %			
– Skonto in EUR			
Bareinkaufspreis			
+ Bezugskosten			
Bezugspreis (gesamt)			
Bezugspreis (Stück)			
Rang			

LS 5 Informationen beschaffen, Angebote vergleichen und eine Nutzwertanalyse durchführen

c) Häufig fehlen Angaben in Angeboten, für die dann die gesetzliche Reglung gilt, oder es wird auf die Allgemeinen Geschäftsbedingungen verwiesen (AGB). Erläutern Sie, wie in folgenden Fällen zwischen Lieferer und Käufer verfahren wird, wenn die beiden an unterschiedlichen Orten ihren Geschäftssitz haben, in dem Sie die angefangenen Begründungen ergänzen:

	Wie werden fehlende Angaben in Angeboten oder Angaben in den AGB geregelt:	
Nr.	Angaben, die fehlen oder in den AGB vermerkt sind:	Gesetzliche Regelung bzw. Bedeutung:
I.	Ist im Angebot nichts über die Verpackungskosten vermerkt, …	dann gilt die gesetzliche Regelung, dass
II.	Ist im Angebot nichts über die Lieferkosten vermerkt, …	dann gilt
III.	Ist für ein Unternehmen, das in Berlin seinen Geschäftssitz hat, in den AGB vermerkt, dass der Gerichtsstand für beide Seiten Berlin ist, …	dann gilt
IV.	Ist im Angebot als Zahlungsbedingung „Vorkasse" vermerkt, …	dann gilt, dass
V.	Ist im Angebot (oder in der späteren Rechnung) ein Eigentumsvorbehalt vermerkt, …	dann gilt,
VI.	Ist im Angebot der Begriff „freibleibendes Angebot" vermerkt, …	dann gilt,
VII.	Ist ein Angebot telefonisch vereinbart und nichts über die Dauer der Gültigkeit verhandelt worden, …	dann gilt,
VIII.	Ist im Angebot das Zahlungsziel „30 Tage netto" vereinbart, …	dann gilt,
IX.	Ist im Angebot nichts über das Zahlungsziel vermerkt, …	dann gilt die gesetzliche Regelung,
X.	Verändert der Käufer ein bestehendes Angebot durch neue Klauseln, …	dann gilt,

LF 6 | Waren beschaffen

Herr Gruber erklärt den beiden Auszubildenden, dass eine Nutzwertanalyse ein qualitativer Angebotsvergleich (vergleichbarer Angebote) ist, bei denen individuell festgelegte (qualitative) Kriterien ermittelt werden. Er bittet Anke und Sebastian, mind. fünf verschiedene Kriterien aufzuschreiben, die für die BAGs and more GmbH besonders wichtig sind.

d) **Legen Sie innerhalb der Gruppenarbeit – stellvertretend für die beiden Auszubildenden – diese Kriterien fest, die bei einer Nutzwertanalyse für die BAGs and more GmbH wichtig sind. Vergleichen Sie anschließend Ihre Gruppenausarbeitungen mit den Ausarbeitungen anderer Gruppen:**

_____

_____

_____

_____

Sven Klausen hat währenddessen aus der Fachzeitschrift **„Warentest aktuell"** die neuesten Testergebnisse der Funktionsjacken herausgesucht, sie sind für alle auf dem Smart-Board zu sehen. Getestet wurden u. a. die drei Jacken, die dem Unternehmen angeboten wurden.

Warentest aktuell: 3 in 1 – Funktionsjacken – große Unterschiede in der Bewertung					
Produkt	ALASKAnature	POLAR	Snow-Mountain	DOLOMITI	ARCTIC WINTER
Test Qualitätsurteil 100 %	**SEHR GUT**	**GUT**	**BEFRIEDIGEND**	**AUSREICHEND**	**AUSREICHEND**
• Funktion + Qualität 30 %	sehr gut	gut	gut	befriedigend	ausreichend
• Verarbeitung • Lichtechtheit • Regendichtheit • Atmungsaktivität	++ + o*/+ +	++ + - * +	++ o o -	o - + -	o - - -
• Ökobilanz + Gesundheit 25 %	sehr gut	befriedigend	befriedigend	ausreichend	mangelhaft
• Produktionsstätte • sozialverträglich + nachhaltig gefertigt • Naturstoffe verarbeitet • Schadstoffe gemessen • Ökobilanz- Transport	Deutschland ++ ausschließlich nein +	China - teilweise nein --	Türkei o* teilweise nein -	Myanmar -- teilweise ja * -	China -- teilweise ja * --
• Zertifizierung 10 %	sehr gut	gut	befriedigend	befriedigend	ausreichend
• zertifiziert mit …	GOTS-Label FWF-Label bluesign Label	grüner Knopf ** GOTS-Label	bluesign-Label	GOTS-Label	grüner Knopf **
• Jacken-Tragekomfort 20 %	sehr gut	gut	befriedigend	befriedigend	ausreichend
• Ausstattung • Belüftung • Innenteil herausnehmbar	++ + ja	+ o ja	+ o ja, aber schwierig	o + ja	o - nein
• Herstellerbewertung 10 %	sehr gut	befriedigend	gut	ausreichend	ausreichend
• Image in der Öffentlichkeit • Auftragsabwicklung • Gewährleistung	++ + ++	+ + +	o o ++	o - -- *	- -- +
• Lieferung/Zahlungsbed. 5 %	befriedigend	gut	gut	ausreichend	gut
• Lieferkosten • Rabatt • Skonto	o + --	o + +	o o ++	-- * + +	o ++ +
Anmerkungen:	* Regendichtheit lässt nach, Wachsimprägnierung von Zeit zu Zeit erneuern	* Unterjacke nach Dauerregen komplett durchnässt, ** „Grüner Knopf"-Label umstritten	* nach Auskunft des Unternehmens werden alle Sozialstandards nach europäischem Recht eingehalten	* Schadstoff PFSA in der Membran, ** Lieferkosten sehr hoch, *** Gewährleistung z.T. nicht anerkannt	* Messungen ergaben hohe Schadstoffbelastung mit PFSA, ** „Grüner Knopf"-Label umstritten
Vertrieb durch …	ALASKA GmbH	Polar-Kleidung GbR	Wellington KG	DOLOMITI-Kleidung	Fashion + Outdoor GmbH

LS 5 Informationen beschaffen, Angebote vergleichen und eine Nutzwertanalyse durchführen

e) Führen Sie nun mithilfe der nebenstehenden Testergebnisse eine Nutzwertanalyse durch, indem Sie die Qualität der Ware und den ökologischen Fingerabdruck jeweils mit 30 % ansetzen, das Image des Lieferers mit 20 % und die beiden restlichen Kriterien mit jeweils mit 10 %. Diskutieren Sie in der Gruppe, wie Sie die Faktoren der fünf Kriterien bei den Anbietern gewichten (von 1 = sehr schlecht bis 6 sehr gut erfüllt). Multiplizieren Sie dann die prozentuale Wertigkeit mit dem gewichteten Faktor und addieren Sie anschließend alle Einzelwerte. Entscheiden Sie sich für den besten Anbieter.

Qualitativer Angebotsvergleich (Nutzwertanalyse): drei Anbieter von Damen-Funktionsjacken								
Kriterium	Wertig-keit in %	Fashion + Outdoor GmbH	Faktor / Nutzwert	Wellington KG	Faktor / Nutzwert	ALASKA GmbH	Faktor / Nutzwert
Qualität der Ware							
ökolog. Fingerabdruck							
Ware zertifiziert							
Image des Lieferers							
Liefer-/Zahlungsbed.							
Gesamtwerte	100						
Rang							

Fazit: _____

_____

_____

LF 6 | Waren beschaffen

Lernsituation 6

Gültige von ungültigen Kaufverträgen unterscheiden und Rechtsgeschäfte abschließen

Jonathan ist heute zusammen mit seinem Ausbilder Sven Klausen in der Warenannahme und im Lager tätig. Mithilfe des auf seinem Tablet installierten Warenwirtschaftssystems (WWS) ist der Bestand an Outdoor-Winterware (Istwerte) zu überprüfen, der vom Frühjahr übriggeblieben ist. Außerdem soll er die Warenannahme kennen lernen.

„Gar nicht so einfach, bis man die Kernfunktionen des Programms verstanden hat", stöhnt Jonathan. „Früher mussten wir häufig mit dem Büro Kontakt aufnehmen, wenn neue Ware geliefert wurde. Das ist heute einfacher, weil man alle Daten in der Hand hat. So kann man schneller handeln, wenn ein Kaufvertrag nicht okay ist", antwortet Sven Klausen. Jonathan versteht den letzten Satz nicht wirklich.

Arbeitsaufträge

1. Erklären Sie den Unterschied zwischen Soll- und Istwerten bei einem zu überprüfenden Bestand und begründen Sie, wodurch es zu Unterschieden beider Werte kommen kann.

2. Zählen Sie vier Dateiarten auf, in denen das computergestützte WWS Stammdaten speichert, und beschreiben Sie stichwortartig die gespeicherten Informationen.

LS 6 Gültige von ungültigen Kaufverträgen unterscheiden und Rechtsgeschäfte abschließen

_____

_____

_____

_____

3. Neben den Stammdaten erfasst das WWS kontinuierlich verschiedene Bewegungsdaten. Erklären Sie, was Bewegungsdaten sind und nennen Sie vier verschiedene Bespiele, durch welchen betrieblichen Vorgang diese Daten entstehen.

_____

_____

_____

_____

_____

4. Nennen Sie die drei Kernfunktionen bzw. Kernbereiche, in denen das WWS eines Einzelhandelsunternehmens den Datenfluss eines Warenwirtschaftssystems optimiert.

_____

Ein Spediteur ist vor dem Lager vorgefahren und liefert gerade eine aus mehreren Paletten bestehende Warensendung der Wellington KG aus. Jonathan sucht anhand der Warenbegleitpapiere im WWS nach einer Bestellung, findet aber nur eine Anfrage der BAGs and more GmbH bzw. ein Angebot der Wellington KG, das vor einer Woche (am 03. Juni) zugemailt wurde. Auf dem Lieferschein bzw. auf der Rechnung sieht Jonathan, um was es sich handelt: 100 Damen-3in1-Jacken, Modell „Snow Mountain", mit einer Rechnung über 5.234,74 EUR, der Betrag wird in den nächsten Tagen abgebucht.

5. a) Sven Klausen fragt Jonathan, wie er bei dieser Lieferung nun weiter „verfahren" würde. Bewerten Sie – stellvertretend für Jonathan – die Warenlieferung der Wellington GmbH, die bisher noch keine Geschäftsbeziehungen mit der BAGs and more GmbH hatte, im Hinblick auf die rechtliche Bedeutung des zustande gekommenen Kaufvertrages.

_____

_____

_____

_____

_____

b) Schreiben Sie einen Geschäftsbrief (mit einem Computer-Schreibprogramm), beginnend mit der Anrede, und schildern Sie der Wellington KG, dass die BAGs and more GmbH keine Bestellung veranlasst hatte. Da Sie die Geschäftsbeziehung nicht „strapazieren" wollen, bieten Sie eine sinnvolle Lösung des Problems an.

6. Die BAGs and more GmbH benötigt auch für ihre Herrenabteilung Funktionsjacken. Sven Klausen telefoniert am Nachmittag mit dem Unternehmen DOLOMITI Kleidung, das am Telefon ein Angebot über 100 Herren-Funktionsjacken macht. Eine zeitliche Bindung des Angebots wird nicht vereinbart.
Der Listenpreis/Stück beträgt 55,00 EUR; ab einer Bestellung von 100 Jacken wird ein Rabatt von 15 % gewährt, dazu 2 % Skonto bei sofortiger Zahlung. An Verpackungskosten fallen 0,50 EUR/Stück an. Das Rollgeld für An- und Abfuhr beträgt 20 EUR, die Frachtkosten sind mit 100 EUR zu kalkulieren. Als Lieferbedingungen wird „frachtfrei" bzw. „frei Bahnhof dort" angeboten.
Wie hoch wäre der Bezugspreis pro Stück bei einer Bestellung von 100 Herren-Jacken?

LS 6 Gültige von ungültigen Kaufverträgen unterscheiden und Rechtsgeschäfte abschließen

7. Sven Klausen bespricht das Angebot am nächsten Tag mit seiner Hauptabteilungsleiterin Frau Roberts; sie ist mit dem Kauf einverstanden. Am Nachmittag ruft Sven Klausen wieder bei der DOLOMITI Kleidung an. Die Sekretärin bedauert, dass das Angebot vorerst nicht mehr bestehe, weil am gestrigen Abend durch einen Großauftrag alle Bestände aufgekauft worden seien.
Welche rechtlichen Möglichkeiten hat die BAGs and more GmbH nun, um doch noch das Angebot bestellen zu können?

8. Jonathan hat zeitgleich ein Angebot von der POLAR GbR angefordert und erhält schriftlich ein Angebot über 100 Herrenjacken für einen Bezugspreis von insgesamt 5300,00 EUR. In diesem Preis sind 96,20 EUR Bezugskosten, 2 % Skonto und 15 % Rabatt enthalten. Berechnen Sie den Listeneinkaufspreis einer Jacke. (Achtung, rückwärts rechnen!)

9. Die BAGs and more GmbH bietet für ihre Kunden auch einen Online-Verkauf für nachhaltig gefertigte Lederkoffer und -Taschen an. Es werden online 20 Ledertaschen an einen Privatkunden verkauft. Der Listenpreis beträgt 78,00 EUR/Stück (netto). Die Versandkostenpauschale beträgt 2 EUR netto pro Tasche. Der Kunde hat bei der BAGs and more GmbH bereits mehrfach Bestellungen aufgegeben, er erhält daher 20 % Treurabatt und wegen der sofortigen Zahlung per PayPal noch einmal 2 % Skonto.

LF 6 | Waren beschaffen

a) Wie hoch ist die Gesamtrechnung (einschließlich 19 % Mehrwertsteuer), die der Warensendung beim Versand beiliegt?

b) Genau 10 Tage nach dem Versand erhält die BAGs and more GmbH die komplette Warensendung zurück, weil der Kunde erkrankt ist und die Ware deswegen zurückschicken ließ. Begründen Sie, wie diese Rücksendung rechtlich zu bewerten ist?

Aufgabe Plus

10. Prüfen Sie in Partnerarbeit, ob bei den nachfolgend geschilderten Situationen ein zweiseitiger Kaufvertrag zustande kommt oder nicht. Kreuzen Sie das Zutreffende an:

Verkaufssituation in der BAGs and more GmbH	Kaufvertrag	
	ja	nein
Fall 1 Eine Kundin fragt mündlich nach dem Preis eines speziellen Koffers, der nicht ausgepreist ist. Ein Verkäufer klebt stumm ein Preisschild auf den Koffer. Die Kundin nimmt diesen, stellt ihn stillschweigend auf den Verkaufstresen und gibt das abgezählte Geld der Kassiererin. Kommt ein rechtsgültiger Vertrag trotz beidseitigem Schweigen zustande?		
Fall 2 Eine andere Kundin macht eine telefonische Anfrage bezüglich einer speziellen Ledertasche. Die BAGs and more GmbH unterbreitet der Kundin schriftlich ein Angebot. Die Kundin antwortet per Fax, dass sie die Ledertasche nehmen würde, wenn sie noch einen Rabatt von 10 % bekommen würde, und bestellt die Tasche zu diesen Konditionen. Kommt so ein rechtsgültiger Kaufvertrag zustande?		

LS 6 Gültige von ungültigen Kaufverträgen unterscheiden und Rechtsgeschäfte abschließen

Verkaufssituation in der BAGs and more GmbH	Kaufvertrag	
	ja	nein
Fall 3 Ein Kunde macht eine Anfrage per Email bezüglich einer speziellen Reisetasche. Ein Verkäufer unterbreitet dem Kunden per Email ein verbindliches Angebot für diese gewünschte Reisetasche. Vier Tage später bestellt der Kunde. Der Verkäufer meldet sich telefonisch beim Kunden und bedauert, dass der Händler nicht mehr liefern kann. Besteht trotzdem die Verpflichtung zu liefern, ist ein rechtsgültiger Kaufvertrag zustande gekommen?		
Fall 4 Eine Kundin bestellt beim Händler online einen Rucksack (als freibleibendes Angebot). Der Verkäufer vergisst, die Bestellung schriftlich zu bestätigen, aber veranlasst die Lieferung des gewünschten Rucksacks am nächsten Tag an die Lieferadresse der Kundin. Ist hier ein rechtsgültiger Kaufvertrag zustande gekommen?		
Fall 5 Ein Händler unterbreitet einem Kunden per Email ein verbindliches Angebot für einen großen Seesack. Der Kunde teilt dem Händler zwei Stunden später per Fax mit, dass er den Seesack gern nehmen würde. Da der Händler keine Ware mehr auf Lager hat, lehnt er den Kauf ab und verweigert die Lieferung. War vor der Ablehnung ein rechtsgültiger Kaufvertrag zustande gekommen, sodass der Händler nun in Verzug gerät?		
Fall 6 Ein Händler unterbreitet einem Kunden schriftlich ein freibleibendes Angebot für einen großen Skisack. Der Kunde teilt dem Händler zwei Stunden später per Fax mit, dass er den Skisack gern nehmen würde. Da der Händler kurz darauf merkt, dass er sich geirrt hat, widerruft er sein Angebot per Email und verweigert die Lieferung. War vor der Ablehnung des Händlers ein rechtsgültiger Kaufvertrag zustande gekommen?		

11. Begründen Sie bei den mit „nein" angekreuzten Fällen, warum es nicht zum Kaufvertrag zwischen Händler und Kundin bzw. Kunden gekommen ist.

_____
_____
_____
_____
_____
_____
_____
_____
_____

Lernsituation 7

Auf Bestellungen von Kunden reagieren, Bestellungen selbst durchführen oder widerrufen

Laura Ludwig und Sven Klausen von der Abteilung Beschaffung bereiten die **Bestellung** der Taschen-Serie „Milano" beim italienischen Hersteller „Sacchetto" vor. Anhand eines Kataloges und der Taschenmuster, die der Italienische Hersteller der BAGs and more GmbH zugesandt hatte, haben die beiden nun den Auftrag, verschiedene Artikel für die Frühjahrskollektion zu bestellen. Sie kontrollieren im Warenlager noch einmal die Muster. Frau Ludwig möchte bei der Bestellung nichts falsch machen, denn sie führt diese Tätigkeit zum ersten Mal aus, daher schaut ihr Herr Klausen kritisch über die Schultern.

Arbeitsaufträge

1. Welche Inhalte sollten bei der schriftlichen Bestellung von Frau Ludwig enthalten sein, damit es nicht zu Rückfragen des Herstellers kommt, wenn vorher kein Angebot vorgelegen hat?

2. Frau Ludwig fragt Herrn Klausen, ob sie bei der Bestellung an eine bestimmte Form gebunden ist, damit „alles rechtens" ist. Was würden Sie ihr antworten?

LS 7   Auf Bestellungen von Kunden reagieren, Bestellungen selbst durchführen oder widerrufen

3. Die Bestellung von Frau Ludwig per Email an den Hersteller „Sacchetto" ist raus. Begründen Sie, ob durch den Bestellvorgang nun ein rechtsgültiger Vertrag zustande gekommen ist.

4. Einen Tag später bemerkt Sven Klausen, dass sich bei der Bestellung hinsichtlich der ermittelten Mengen ein Fehler eingeschlichen hat. Er schlägt Frau Ludwig vor, die Bestellung vom Vortag zu widerrufen, um dann heute eine neue, leicht veränderte Bestellung abzuschicken. Während sie noch den Widerruf im PC schriftlich vorbereitet, trifft von der Fa. „Sacchetto" per Email die Bestätigung der Vortagsbestellung ein. Begründen Sie mithilfe des § 130 BGB, ob sie die Bestellung vom Vortag noch widerrufen kann.

> **§ 130 BGB, Wirksamwerden der Willenserklärung gegenüber Abwesenden**
>
> (1) Eine Willenserklärung, die einem anderen gegenüber abzugeben ist, wird, wenn sie in dessen Abwesenheit abgegeben wird, in dem Zeitpunkt wirksam, in welchem sie ihm zugeht. Sie wird nicht wirksam, wenn dem anderen vorher oder gleichzeitig ein Widerruf zugeht.

5. Frau Ludwig bearbeitet auch die Bestellungen der Privat- und Geschäftskunden, die bei der BAGs and more GmbH Waren online, per Email oder telefonisch bestellen. Sie fragt Sven Klausen, ob eigentlich immer eine Bestellungsannahme notwendig ist. In welchen Fällen muss eine Bestellungsannahme (rechtlich) erfolgen?

LF 6 | Waren beschaffen

Aufgabe Plus

6. Am Nachmittag bearbeitet Frau Ludwig einen problematischen Widerruf. Eine Privatkundin hatte vor drei Wochen online ein Kofferset bestellt. Da das Kofferset extra beim Hersteller bestellt werden musste, wurde ein Liefertermin innerhalb der nächsten 30 Tagen vereinbart. Heute nun hat Frau Ludwig die Kundin telefonisch informiert, dass das Kofferset morgen ausgeliefert werden wird. Während des Telefonats teilt die Kundin der BAGs and more GmbH mit, dass sie die Bestellung widerruft und von ihrem Widerrufsrecht nach § 355 Gebrauch machen möchte. Bewerten Sie den Fall.

§ 312g BGB, Widerrufsrecht

(1) Dem Verbraucher steht bei außerhalb von Geschäftsräumen geschlossenen Verträgen und bei Fernabsatzverträgen ein Widerrufsrecht gemäß § 355 zu.

§ 355 BGB, Widerrufsrecht bei Verbraucherverträgen

(1) … Der Widerruf erfolgt durch Erklärung gegenüber dem Unternehmer. Aus der Erklärung muss der Entschluss des Verbrauchers zum Widerruf des Vertrags eindeutig hervorgehen. Der Widerruf muss keine Begründung enthalten. Zur Fristwahrung genügt die rechtzeitige Absendung des Widerrufs. (2) Die Widerrufsfrist beträgt 14 Tage. Sie beginnt mit Vertragsschluss, soweit nichts Anderes bestimmt ist.

_____

_____

_____

_____

Kurz vor Ladenschluss betritt eine Kundin die BAGs and more GmbH. Sie möchte eine Tasche zurückgeben, die sie vor 10 Tagen im Laden gekauft und bar bezahlt hatte. Sie verweist auf das Rückgaberecht, das Kunden ja beim Warenkauf haben. Die Auszubildende Anke, die die Kundin bedient, ist sich unsicher und fragt Frau Ludwig, ob das so in Ordnung ist. Frau Ludwig teilt Anke mit, dass es eigentlich nur eine Kulanzregelung gebe. Zur Sicherheit schaut sie aber noch einmal im Internet nach:

LS 7 Auf Bestellungen von Kunden reagieren, Bestellungen selbst durchführen oder widerrufen

> Im deutschen Einzelhandel gibt es entgegen einer weitverbreiteten Meinung kein gesetzlich geregeltes Rückgaberecht. Verbraucher können gekaufte Produkte nur unter bestimmten Bedingungen an den Händler oder den Hersteller zurückgeben. Voraussetzung für eine Rückgabe ist entweder ein sogenannter Sachmangel nach § 434 BGB oder ein Rechtsmangel entsprechend den Bestimmungen in § 435 BGB. Liegt beides nicht vor, kann ein Käufer gemäß § 433 Abs. 2 BGB keine Rücknahme vornehmen oder vom Verkäufer einen Umtausch des Artikels verlangen.
> https://www.billomat.com/lexikon/r/rueckgaberecht/, Zugriff am 3.11.20 um 09.24 Uhr

7. Frau Ludwigs geht nach der Internetrecherche auf Anke und die Kundin zu.

a) Wie reagiert sie der Kundin gegenüber angemessen, die vom ihrem Rückgaberecht Gebrauch machen möchte.

_____

_____

_____

_____

_____

_____

b) Bei gekaufter Ware ohne Mangel sind Käufer auf die Kulanz des Verkäufers angewiesen. Häufig gewähren Einzelhändler ihren Kunden auch ein 14-tägiges Rückgaberecht. Was bedeutet in diesem Zusammenhang „Kulanz"?

_____

_____

_____

_____

_____

Lernsituation 8

Verschiedene Vertragsarten kennenlernen und nach besonderen Vertragsinhalten unterscheiden

Heute Nachmittag treffen sich die Auszubildenden Anke und Jonathan zu ihrer ersten Verkäuferschulung, die Frau Roberts und Frau Ludwig zusammen mit den beiden Praktikanten Clara und Metin im Verkaufsbereich durchführen. Metin und Clara sollen abwechselnd in die Rolle der Verkäuferin bzw. des Verkäufers schlüpfen, Frau Roberts spielt die Kundin.

„Ob Ihr hier im Laden einem Privatkunden etwas verkauft oder ein Kaufvertrag mit einem Unternehmen abgeschlossen wird, ist ja rechtlich unterschiedlich zu bewerten; das hat Anke sicher schon im Unterricht gehabt. Was aber macht Ihr, wenn ein Kunde Sonderwünsche hat oder wenn Ihr merkt, dass der Preis auf der Ware nicht stimmt?"

Mit diesen Einführungsworten bringt Frau Roberts die vier jungen Leute ordentlich in Verwirrung. Die Vier sind gespannt, ob sie auch die Fragen von Frau Ludwig beantworten können, die sie am Ende der Schulung an die Vier stellen will.

Arbeitsaufträge

1. Frau Roberts nimmt die Rolle einer Kundin ein und möchte die Ledertasche kaufen. Der Originalpreis von 98 EUR ist fälschlicherweise durch einen Sonderpreis überklebt, auf dem 58 EUR steht. Die Kundin wendet sich an Metin und besteht auf den Kauf zum günstigeren Preis. Wie ist die Rechtslage, welcher Preis ist verbindlich? Ist Metin verpflichtet, die Ware zum günstigeren Preis zu verkaufen? Bewerten Sie für Metin den Fall.

LS 8 Verschiedene Vertragsarten kennenlernen und nach besonderen Vertragsinhalten unterscheiden

2. Frau Roberts erwähnt in diesem Zusammenhang, dass die korrekten Preise immer im WWS oder im Kassensystem zu finden sind. Ein anderer Preis auf der Ware ist nicht rechtsverbindlich. Dennoch sollte die BAGs and more GmbH möglichst kulant reagieren, um Kunden nicht vollständig zu verärgern.

a) Sie bittet Metin, mehrere Kulanzregelungen vorzuschlagen, die für beide „Kaufvertragsparteien" akzeptabel sind. Was könnte Metin vorschlagen?

___

b) Was würde die Kundin zahlen, wenn ihr der Vorschlag mit 30 % Rabatt und 3 % Skonto zusagen würde?

___

3. Frau Roberts fragt die Auszubildende Anke nach der rechtlichen Stellung der beim Taschenkauf beteiligten Vertragspartner. Was antwortet Anke, wenn ihr die Kaufvertragsarten bereits aus der Schule bekannt sind?

___

Frau Roberts erklärt allen Vieren, dass im Gegensatz zum bürgerlichen Kauf beim Verbrauchsgüterkauf Kunden durch das BGB mehr Rechte haben und für den einseitigen bzw. zweiseitigen Handelskauf für Kaufleute zusätzlich Regelungen im HGB zu finden sind. Sie fragt Clara, ob sie schon die Bedeutung der Abkürzungen BGB und HGB kennt.

§ 474 BGB, Verbrauchsgüterkauf

… regelt den Kauf einer beweglichen Sache durch einen Käufer und beinhaltet fünf Sonderregelungen für den Verbrauchsgüterkauf, diese dienen dem Schutz der Verbraucher.

LF 6 | Waren beschaffen

4. a) Was antwortet Clara, wenn sie die Abkürzungen kennt:

_____

b) Frau Roberts bittet Anke, jeweils ein praktisches Beispiel für einen bürgerlichen Kauf bzw. für einen zweiseitigen Handelskauf aus Sicht der BAGs and more GmbH zu nennen. Wie könnte die Antwort von Anke ausfallen?

_____

_____

_____

_____

Im zweiten Teil der Verkäuferschulung legt Frau Ludwig allen Vieren ein paar Fragen zur schriftlichen Beantwortung vor. Beantworten Sie stellvertretend diese Fragen in Partnerarbeit:

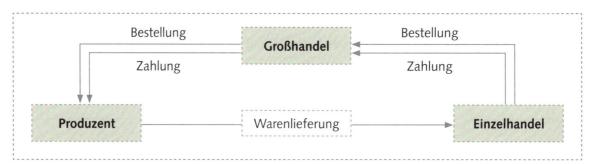

5. a) Wie wird die Lieferungsart bezeichnet, bei der der Großhändler eine bestellte Ware nicht selbst ausliefert, sondern direkt vom Hersteller an den Einzelhändler schicken lässt?

_____

b) Welche Lieferform sollte ein Kunde vereinbaren, der bei einem Händler einen größeren Posten Ware bestellt, aber kein großes Lager besitzt und sich deshalb die Ware in Teilmengen liefern lassen möchte?

_____

c) Wie wird die Lieferform genannt, bei der eine Ware zu einem exakt festgelegten Termin geliefert werden muss, z. B. einen Tag vor Muttertag oder Ostern.

_____

d) Beim Abschluss eines Kaufvertrages wird nur die Menge und Art der Ware festgelegt, genaue Details (z. B. Muster, Farbe oder Schnitt einer Jacken-Kollektion) werden innerhalb einer bestimmten Frist noch bekannt gegeben. Wie wird diese Art der Kaufvertragsvereinbarung bezeichnet? (siehe auch § 375 HGB)

_____

e) Welche Rechte hat ein Verkäufer, wenn der Käufer nach Ende der festgelegten Frist keine Details zur Fertigung der Ware bekannt gegeben hat (Aufgabe 5d). Erläutern Sie die möglichen Rechte für den Verkäufer, die im HGB § 375 aufgezeigt werden.

§ 375 HGB

(1) Ist bei dem Kaufe einer beweglichen Sache dem Käufer die nähere Bestimmung über Form, Maß oder ähnliche Verhältnisse vorbehalten, so ist der Käufer verpflichtet, die vorbehaltene Bestimmung zu treffen.

(2) Ist der Käufer mit der Erfüllung dieser Verpflichtung im Verzug, so kann der Verkäufer die Bestimmung statt des Käufers vornehmen oder gemäß den §§ 280, 281 des Bürgerlichen Gesetzbuchs Schadensersatz statt der Leistung verlangen oder gemäß § 323 des Bürgerlichen Gesetzbuchs vom Vertrag zurücktreten. ...

Aufgabe Plus

Zum Schluss stellt Frau Ludwig noch einen kniffligen Fall vor, den die Vier gemeinsam lösen sollen. Dabei dürfen sie das Schulbuch oder auch Informationen aus dem Internet nutzen.
Lösen Sie in Dreier- oder Vierergruppen diesen Fall, indem Sie die gleichen Quellen nutzen:

6. Es gibt Streit zwischen einem Kunden und der BAGs and more GmbH über den Kauf einer teuren Trekking-Ausrüstung, die dem Kunden probehalber überlassen wird. Während des ausführlichen Verkaufsgespräches (am 08. Juli) im Einzelhandelsgeschäft wird vereinbart, dass der Kunde die Ausrüstung bis zu zwei Wochen testen kann; bis zu diesem Zeitpunkt besteht also ein Rückgaberecht des Kunden. Der Kaufpreis beträgt 580,00 EUR, zahlbar ohne Abzug innerhalb 14 Tagen.

§ 454 BGB, Zustandekommen des Kaufvertrags

(1) Bei einem Kauf auf Probe oder auf Besichtigung steht die Billigung des gekauften Gegenstandes im Belieben des Käufers. Der Kauf ist im Zweifel unter der aufschiebenden Bedingung der Billigung geschlossen.
(2) Der Verkäufer ist verpflichtet, dem Käufer die Untersuchung des Gegenstandes zu gestatten.

§ 455 BGB, Billigungsfrist

Die Billigung eines auf Probe oder auf Besichtigung gekauften Gegenstandes kann nur innerhalb der vereinbarten Frist und in Ermangelung einer solchen nur bis zum Ablauf einer dem Käufer von dem Verkäufer bestimmten angemessenen Frist erklärt werden. War die Sache dem Käufer zum Zwecke der Probe oder der Besichtigung übergeben, so gilt sein Schweigen als Billigung.

LF 6 — Waren beschaffen

Am 28. Juli sendet die BAGs and more GmbH dem Kunden eine Rechnung über den Betrag von 580,00 EUR, zuzüglich 20,00 EUR Bearbeitungsgebühr. Am 29. Juli teilt der Kunde dem Einzelhändler schriftlich mit, dass er die Ausrüstung zurückgeben und vom Kauf zurücktreten möchte, da er wegen einer Erkrankung keine Zeit zum Ausprobieren hatte. Bewerten Sie diesen Fall unter Berücksichtigung der §§ 454 bzw. 455 BGB und beantworten Sie die folgenden Fragen:

a) Wie wird dieser Kauf bezeichnet, bei dem eine Ware „zum Ausprobieren" überlassen wird:

_____

b) Begründen Sie, ob ein Kaufvertrag rechtmäßig zustande gekommen ist.

c) Begründen Sie, ob der Kunde grundsätzlich vom Kauf zurücktreten kann.

d) Begründen Sie, ob der Kaufvertrag nun gegen den Willen des Kunden wirksam wird.

e) Begründen Sie, ob die BAGs and more GmbH den Kaufpreis durch eine Bearbeitungsgebühr anheben darf.

f) In der Geschäftswelt kommen noch zwei weitere Kaufarten mit sehr ähnlicher Bezeichnung vor, die aber rechtlich eine andere Bedeutung haben. Beschreiben Sie die beiden Kaufarten „Kauf zur Probe" und „Kauf nach Probe".

_____
_____
_____
_____
_____
_____

g) Nach einem klärenden Gespräch zwischen dem Kunden und der BAGs and more GmbH einigt man sich, dass der Kunde die Ausrüstung zum Sonderpreis von 550,00 EUR kauft. Dafür wird ein Ratenkauf vereinbart. Der Kunde muss 20 % der Kaufsumme sofort anzahlen, die Teilzahlungssumme wird über 12 Monate mit einem Kredit finanziert. Dabei wird ein Zinssatz von 5 % p. a. vereinbart. Hinzu kommt eine einmalige Bearbeitungsgebühr von 18,00 EUR. Gebühr, Zins und Tilgung werden zu zwölf gleichen Monatsraten an die BAGs and more GmbH per Lastschrift bezahlt.

Wie hoch ist der Anzahlungsbetrag? Wie hoch sind die monatlichen (gleichen) Raten?

_____
_____
_____
_____
_____
_____

LF 6 | Waren beschaffen

Kompetenzfragebogen

Ich kann …	ja	nein	unsicher	nachzulesen auf Seite	Übungsaufgaben
… Verkaufszahlen analysieren und allgemein Vorschläge zur Optimierung von Beschaffungsprozessen machen.					
… den Zielkonflikt zwischen hoher Verkaufsbereitschaft und niedrigen Bestell- und Lagerkosten darstellen.					
… Anforderungen an ein bedarfsgerechtes Sortiment benennen.					
… ableiten, mit welchen Instrumenten ein Sortiment im Einzelhandel angepasst werden kann.					
… den Begriff Fehlmengenkosten erläutern.					
… erklären, woraus sich im Einzelnen Bestell- und Lagerkosten zusammensetzen.					
… die optimale Bestellmenge rechnerisch ermitteln.					
… die optimale Bestellmenge zeichnerisch darstellen.					
… begründen, dass Bestellkosten von vielen Parametern abhängen und diese erläutern.					
… verschiedene Risiken ableiten, die sich durch eine zu hohe Waren-Bestellmenge für den Einzelhändler ergeben.					
… Vorteile erläutern, die sich durch eine hohe Waren-Bestellmenge ergeben.					
… eine Limitrechnung durchführen.					
… in Bezug auf die Zeitplanung verschiedene Beschaffungsstrategien ableiten.					
… das Bestellpunktverfahren erklären und anhand vorgegebener Absatzzahlen zeichnerisch darstellen.					
… das Bestellrhythmusverfahren erklären und anhand vorgegebener Absatzzahlen zeichnerisch darstellen.					
… das Bestellvorschlagsverfahren mithilfe eines computergestützten WWS erklären.					
… zwischen betriebsinternen und betriebsexternen Bezugsquellen (primär und sekundär) unterscheiden.					

Ich kann …	ja	nein	unsicher	nachzulesen auf Seite	Übungs-aufgaben
… erklären, warum bei der Bezugsquellenanalyse ökologische und nachhaltige Aspekte bei Produktion, Transport und Verpackung von Waren immer wichtiger werden.					
… verschiedene Umwelt- und Ökosiegel bzw. -Labels beschreiben und die jeweilige Bedeutung erklären.					
… verschiedene horizontale und vertikale Kooperationsformen unterscheiden und Beispiele nennen.					
… die Bedeutung einer Anfrage erläutern und mit einem Schreibprogramm anfertigen.					
… wesentliche Inhalte einer allgemeinen und einer bestimmten Anfrage unterscheiden.					
… wesentliche Inhalte von vergleichbaren Angeboten bewerten und einen quantitativen Angebotsvergleich durchführen.					
… Kriterien für eine Nutzwertanalyse nennen.					
… bei vergleichbaren Angeboten rechnerisch eine Nutzwertanalyse durchführen.					
… zwischen Stammdaten und Bewegungsdaten in einem WWS unterscheiden und einzelnen Betriebsbereichen zuordnen.					
… die drei Kernfunktionen bzw. -bereiche nennen, in denen ein WWS den Datenfluss des Warenwirtschaftssystems optimiert.					
… die rechtlichen Voraussetzungen für das Zustandekommen eines zweiseitigen Rechtsgeschäfts erläutern.					
… zwischen einem rechtsgültigen Angebot und einer Anpreisung unterscheiden.					
… zwischen den einzelnen Kosten, die in einem Angebot aufgeführt, unterscheiden.					
… eine Bezugspreiskalkulation infolge eines Angebots rechnerisch ermitteln.					
… wesentliche Inhalte einer Bestellung nennen und formulieren.					
… die rechtliche Bedeutung einer Bestellungsannahme erläutern.					

Ich kann …	ja	nein	unsicher	nachzulesen auf Seite	Übungs- aufgaben
… bei Rechtsgeschäften zwischen einem bürgerlichen Kauf, einem ein- und zweiseitigen Handelskauf unterscheiden.					
… die zeitlich begrenzte Möglichkeit eines Widerrufs bei einer Bestellung erläutern.					
… die rechtliche Bedeutung eines fristgerechten Widerrufs bei ein- und zweiseitigen Kaufverträgen erläutern.					
… die rechtlichen Besonderheiten bei einem Fernabsatzvertrag ableiten.					
… zwischen unterschiedlichen Lieferbedingungen bei Kaufverträgen unterscheiden.					
… zwischen unterschiedlichen Zahlungsbedingungen bei Kaufverträgen unterscheiden.					
…erklären, dass es bei Kaufverträgen in Bezug auf Art, Güte und Beschaffenheit unterschiedliche Vertragsinhalte geben kann.					
… Sonderregelungen bei einem Verbrauchsgüterkauf nennen.					

LF 7 — Waren annehmen, lagern und pflegen

Die Kompetenzentwicklung umfasst, ...

... die verschiedenen Aspekte einer Warenannahme zu erarbeiten und Leistungsstörungen zu analysieren.

Warenpapiere	Checkliste bei einer Warenanlieferung	Wareneingangskontrolle
Mängelarten und Mängelrüge	Vergleich Warensendung anhand des Lieferscheins mit Bestellung	Rechte und Pflichten bei der Warenannahme
Prüf- und Rügepflicht	Elektronische Warenerfassung (WWS)	Warenaufzeichnungen
Schadensprotokoll	Ein- und Zweiseitiger Handelskauf	Verbrauchsgüterkauf
Rechte und Pflichten von Käufer und Verkäufer bei einer Schlechtleistung		

... auf mangelhafte Lieferung oder Lieferungsverzug angemessen zu reagieren.

vor- und nachrangige Rechte des Kunden bei Schlechtleistung		Mängelbearbeitung
Nacherfüllung	Nachbesserung	Mängelhaftung
Ersatzleistung	Rücktritt vom Kaufvertrag	Schadenersatz
Kaufpreisminderung	Umtausch	Reklamation
Gewährleistungsrechte und Unternehmerrückgriff		Garantie

... ein Lager nach organisatorischen bzw. kaufmännischen Grundsätzen zu organisieren.

Lagerplatzzuordnung	Lagergrundsätze	Lagerschäden
Einlagerungsstrategie	Eigentümer des Lagers	Lagerregalsysteme
Lagerfunktion	Einlagerungstechnik	Warenpflege und artgemäße Warenlagerung

... Maßnahmen zum Arbeitsschutz, zur Unfallverhütung und zum Umweltschutz umzusetzen und nach ökologischen Grundsätzen zu handeln.

Zielsetzung des Arbeitsschutzes	betriebsbedingte Unfälle und Schäden	technischer und sozialer Arbeitsschutz
Unfallverhütungsvorschriften	Arbeitsschutzgesetz	Prävention und Vorsorge
Berufsgenossenschaften	Sicherheitszeichen	Mängelbeseitigung
Erste-Hilfe-Maßnahmen	Brandschutz	Diebstahlschutz
Umweltschutz und Nachhaltigkeit	Abfallvermeidung	Recycling

... anhand von Inventurdaten die Wirtschaftlichkeit eines Lagerbestandes zu bewerten.

Inventurarten	Stichtagsinventur	verlegte Inventur
Lagerkennzahlen	Bestandskontrolle	Lagerkosten
Höchstbestand	Mindestbestand	Meldebestand
Wareneinsatz	Umschlagshäufigkeit	Lagerumschlag
Ø Lagerbestand	Lagerzinssatz, -zinsen	Ø Lagerdauer
Lagerreichweite	Lagerfüllgrad	Lagerabgang

Der Modellbetrieb im Lernfeld 7

Unternehmensbeschreibung

Firma	FahrRad GmbH Haan
Geschäftszweck	**Einzelhandelsunternehmen/Fahrradfachhandel für Bikes und E-Bikes, Zweiradteile und -zubehör**
Geschäftssitz	Brückenstr. 132, 42781 Haan
Registergericht	Amtsgericht Wuppertal HRB 14589
	Steuernummer: 203/307/54287
	Ust.-Id.-Nummer: DE230780811
	IBAN: DE69 3035 1220 0004 9999 00
	Stadt-Sparkasse Haan, BIC: WELADED1HAA
Gesellschafter/-in	Sabine Weber
	Roland Mayer
Telefon	02129 – 321212-12
Telefax	02129 – 321212-102
E-Mail	info@fahrrad-gmbh-haan.de
Mitarbeiter/-innen	7 Festangestellte,
	mehrere Aushilfen, je nach Saison
	3 Auszubildende, davon zwei im Einzelhandel und ein Auszubildender in der Werkstatt
Warenbereiche	E-Bikes, Mountainbikes, City- & Urban-Bikes, Trekking- & Cross-Bikes, Kompakt- & Falträder, Kinder- & Jugendräder, Zubehör und Ersatzteile
Kundenstruktur	Privatkunden sowie Geschäftskunden, insbesondere im Onlinehandel
Unternehmensphilosophie	„FahrRad – so kommen Sie in die Gänge"
Unternehmensziele	Fairer Handel/Mobilität im Wandel

Beteiligte Personen an den Lernsituationen

Gesellschafter	Roland Mayer
Geschäftsführung Verkauf:	Anton Krull
Geschäftsführung Verwaltung:	Lena Löschen
Abteilungsleiter Lager:	Ulli Henning
Werkstattmeister:	Demir Özkan
Auszubildende; Einsatz in allen Unternehmensbereichen	Tino Grübner (21 Jahre); 2. Ausbildungsjahr
	Linda Sukova (22 Jahre); 3. Ausbildungsjahr

LF 7 — Waren annehmen, lagern und pflegen

Lernsituation 1

Den Wareneingang kontrollieren und Warenlieferungen annehmen

Lena Löschen, Geschäftsführerin bei der **FahrRad GmbH Haan** für den Bereich „Verwaltung", und Ulli Henning, Abteilungsleiter „Lager", lassen sich von Tino Grübner, Auszubildender im zweiten Ausbildungsjahr, erklären, wie gut sich der neue Fahrradanhänger „Thole Coaster 32 XT" umbauen und verwenden lässt. Beide kümmern sich um seine Ausbildung und sind sehr zufrieden, wie gut sich Tino im Verkauf mit dem Sortiment auskennt. Die drei besprechen gerade, welche Ausbildungsschwerpunkte nun für Tino in den nächsten Wochen geplant sind.

„Tino, ab morgen geht's ins Lager, dann beschäftigst du dich mit der **Waren- und Lagerlogistik**, also von der Warenannahme über die Lagerung bis zur Inventur. Wir hoffen, dass du da schon Theoriekenntnisse aus der Berufsschule mitbringst und gut mit Herrn Henning zusammenarbeitest," teilt Frau Löschen ihm mit.

„Wie verabredet überprüfen wir heute Nachmittag nach der Kaffeepause mal, was du in der Berufsschule schon gelernt hast, damit du dann bei der Warenannahme keine Fehler machst, denn das kann dann richtig teuer werden, ok?", ergänzt Herr Henning.

Tino ist unsicher, ob er die Sachen aus der Schule noch so draufhat, aber er lässt sich gern überraschen. Am Nachmittag nach der Kaffeepause bekommt Tino von Lena und Ulli einige Fragen gestellt, für deren Antwort er auch das Fachbuch mitbenutzen darf.

© industrieblick – stock.adobe.com

Arbeitsaufträge

1. Beantworten Sie in Einzelarbeit die an Tino gestellten Fragen:

a) Wie unterscheiden sich die Begriffe „Warenlogistik" und „Lagerlogistik"? Geben Sie für beide Begriffe eine kurze Erläuterung an.

_____

_____

_____

_____

b) Meist erfolgen die Warenanlieferungen durch Speditionen bzw. Frachtführer oder Kurierdienstleister. Nennen Sie drei Warenbegleitpapiere, die bei einer Lieferung mitgeführt werden könnten.

_____

2. Tino erhält zuerst die Aufgabe, die vorliegende Checkliste bei der Warenannahme zu ergänzen, die er immer dann nutzen soll, wenn er bei Warenlieferungen an die FahrRad GmbH anwesend ist, um Fehler zu vermeiden. Ergänzen Sie (in Partnerarbeit) die Checkliste stellvertretend für Tino, indem Sie die folgenden Begriffe in die Tabelle eintragen:

LS 1 Den Wareneingang kontrollieren und Warenlieferungen annehmen

2 × WWS, 2 × Schadensprotokoll erstellen, 2 × Fotos oder Skizze, Entladevorgang, Sichtkontrolle, angegebene Ware, Menge (Quantität), RFID-Scanner, angegebene Lieferanschrift, Empfang der Warenlieferung, nur ein Teil der Ware, Wareneingangsbuch, Warenbegleitpapiere, Warenannahme verweigern, richtige Ware, äußere Beschädigungen, Feinkontrolle, 5 Prozent der Ware, angegebene Menge, Mängelrüge, Einkaufsabteilung, Güte (Qualität), funktionsfähig, vollständig, unverzüglich, stichprobenartig, alles.

Checkliste – Vorgehensweise bei einer Warenanlieferung an die FahrRad GmbH

I. Vor dem Entladen der Ware (in Anwesenheit des Fahrers/Überbringers)

a. Zuerst muss anhand der _____ überprüft werden, …

- ob die _____ korrekt ist,
- ob die _____ mit der bestellten übereinstimmt,
- ob die _____ korrekt ist.

b. Im _____ überprüfen, ob die RadFahr GmbH eine Bestellung veranlasst hatte.

c. **keine Beanstandung:**

_____

kann beginnen.

bei einer Beanstandung:

_____

oder Annahme nur „unter Vorbehalt",

_____

und/oder Beanstandungen auf Warenbegleitpapieren vermerken, möglichst durch

_____

dokumentieren.

II. Während des Entladevorgangs oder direkt danach (in Anwesenheit des Fahrers/Überbringers)

a. Anhand einer _____ ist zu überprüfen bzw. zu beachten, …

- ob bei einzelnen Verpackungen _____ zu finden sind,
- ob bei Kühl- oder Tiefkühlware die vorgeschriebene Temperatur eingehalten wird,
- ob tauschfähige Ladehilfsmittel (Europaletten oder Gitterboxpaletten) beschädigt sind.

b. **keine Beanstandung:**

Der _____
wird auf den Warenbegleitpapieren oder auf dem Scanner-Display quittiert.

bei einer Beanstandung:

_____

und/oder Beanstandungen auf Warenbegleitpapieren vermerken, Einkaufsabteilung informieren.

Beanstandung durch

_____

dokumentieren.

LF 7 | Waren annehmen, lagern und pflegen

▶ **III. Nach dem Entladevorgang und nach Abfahrt des Fahrers/Überbringers**

a. Die detaillierte Warenüberprüfung anhand einer _____

   erfolgt _____. Dabei ist zu beachten, ...

   • dass die _____ in der _____
     mit der Bestellung übereinstimmt,

   • dass in der richtigen _____ geliefert wurde,

   • dass die Ware _____ ist.

b. Feinkontrolle erfolgt _____	Feinkontrolle erfolgt _____
Es wird _____ kontrolliert und ist sinnvoll, wenn es sich um Einzelstücke oder Sonderanfertigungen, teure oder sicherheitsrelevante Waren handelt.	Es wird _____ kontrolliert, wenn eine vollständige Prüfung nicht sinnvoll oder wirtschaftlich ist. Faustregel: _____ müssen geprüft werden.
c. keine Beanstandung:	**bei einer Beanstandung:**
Die korrekte Warenlieferung wird manuell durch Eintrag in das _____ dokumentiert oder elektronisch z. B. mit _____ in das _____ eingelesen.	Die beanstandeten und dokumentierten Mängel sind an die _____ zu melden, eine _____ ist zu veranlassen, evtl. Rücksprache mit dem Lieferer.

> Zur Vorbereitung auf seinen ersten Tag bei der Warenannahme zeigt Frau Löschen Tino die Bestellung der Warensendung, die morgen an die FahrRad GmbH ausgeliefert wird (siehe Folgeseite). „Wenn du die Waren annimmst, achte doch bitte sofort auf die Verpackung und auf die Anzahl der Pakete. Sollten sich Beanstandungen ergeben, müssen wir unverzüglich handeln, damit wir unsere Ansprüche nicht verlieren", ist ihr Rat an ihren Auszubildenden. Tino ist aber in Gedanken schon bei seinem ersten Arbeitstag im Warenlager.

3. Frau Löschen verwendet bei ihrer Beschreibung die Begriffe „sofort" und „unverzüglich".

a) Erläutern Sie, in welchem zeitlichen Rahmen ein Einzelhändler die Warenannahme, die Kontrolle der Warenlieferung und eine mögliche Beanstandung gegenüber dem Frachtführer bzw. dem Lieferer durchführen muss.

_____

_____

_____

▶

FahrRad GmbH, Brückenstr. 132, 42781 Haan

RAD-Großhandel KG
Delitscher Straße 10
04552 Borna

… so kommen Sie in die Gänge

Ihr Zeichen, Ihre Nachricht vom:
unser Telefonat am 02.04.20..

Unser Zeichen, unsere Nachricht vom:
LL – ☎ 321212-15

Telefon-Durchwahl:
02129 321212-12

Datum:
03.04.20..

Bestellung

Sehr geehrter Herr Grannemann,

ich beziehe mich auf unser Telefonat vom 02.04. und möchte folgende Waren bei Ihnen aus Ihrem Sortiment bestellen, die wir vereinbarungsgemäß im Laufe der nächsten Woche zu den üblichen Konditionen bei uns in Haan erwarten können.

Menge	Artikel	Art.-Nr.:	Nettopreis pro Stück
45 Stück	Trulock FS 480 X-Press Faltschloss aus gehärtetem Stahl	Art.-Nr. 433443	62,90
50 Stück	Trulock SK 415 Kabelschloss	Art.-Nr. 482415	14,90
55 Stück	Trulock RS 453/ZR 355 Set (Rahmenschloss + Kette)	Art.-Nr. 432626	39,90
50 Stück	Trulock SL 460 Smartlock Set + E-KEY (NFC-Technologie)	Art.-Nr. 432223	99,90
30 Stück	N-Wave Drahtkorb zur Festmontage, Farbe schwarz	Art.-Nr. 304553	10,90
25 Stück	Klick-Fix Drahtkorb zur Festmontage, Farbe schwarz	Art.-Nr. 302753	18,90
10 Stück	Klick-Fix Drahtkorb zur Festmontage, Farbe weiß	Art.-Nr. 302751	18,90

Freundliche Grüße aus Haan

Lena Löschen

Geschäftsführung Verwaltung

b) Nach der Wareneingangskontrolle erfolgt bei der FahrRad GmbH die elektronische Warenerfassung und Eingabe in das EDV-gestützte Warenwirtschaftssystem durch optische Barcode-Scanner. Tino bekommt die Aufgabe, anhand der beiden Abbildungen den Unterschied der beiden Barcodes zu erläutern.
Unterscheiden Sie zwischen den beiden hier dargestellten Barcode-Techniken und erläutern Sie die Funktion eines Scanners.

c) Die FahrRad GmbH möchte verstärkt die RFID-Technik für die Warenerfassung einsetzen. Was versteht man unter der RFID-Technik und welche Vorteile hätte diese Technologie?

d) Ulli Henning erzählt Tino, dass er beim Hersteller Kalkhorst & Wiese im Hauptlager bei der Warenerfassung ein RFID-Gate-Reader besichtigt hat; seitdem ist er von dieser Technik begeistert.
Erläutern Sie, welche Besonderheiten ein RFID-Gate-Reader aufweist.

_____
_____
_____
_____

4. Ist die Ware mangelfrei, wird sie in das Lager aufgenommen; der Warenzugang wird von der Lagerbuchhaltung im Wareneingangsbuch erfasst. Nach der Abgabenordnung (AO § 143) müssen gewerbliche Unternehmer den Wareneingang gesondert aufzeichnen, meist erfolgt das elektronisch im Rahmen eines Warenwirtschaftssystems.
Welche Aufzeichnungen müssen laut AO § 143 mindestens enthalten sein? (fünf Angaben):

_____
_____
_____
_____
_____

5. Warum ist bei Nutzung eines EDV-gestützten Warenwirtschaftssystems bei der Warenannahme eine artikelgenaue EDV-Erfassung durchzuführen? (bitte ankreuzen):

a)	um die exakte Warenmenge zu ermitteln
b)	um die Höhe der Lagerkosten berechnen zu können
c)	um die Voraussetzung für eine sorgfältige Inventuraufnahme zu erfüllen
d)	um eine genaue Erfassung und Fortschreibung des Artikelbestandes zu gewährleisten
e)	um den genauen Rechnungsbetrag beim Zahlungstermin zu ermitteln

LF 7 — Waren annehmen, lagern und pflegen

Lernsituation 2

Leistungsstörungen bei der Warenannahme erkennen und darauf reagieren

Tino hat – wie vereinbart – seinen ersten Arbeitstag im Lager bzw. in der Warenannahme.
Am Nachmittag werden die Waren der RAD Großhandel KG geliefert. Tino hilft beim Abladen und kontrolliert anhand der Warenbegleitpapiere die Menge und den Zustand der Kartons. Der Frachtführer, Herr Max Meissner, füllt bereits den unteren Teil des Lieferscheins aus und drängt auf eine schnelle Unterschrift, weil er weiter nach Düsseldorf muss. Die Pakete sind äußerlich und mengenmäßig in Ordnung, aber Tino möchte noch den Lieferschein überprüfen.

Arbeitsaufträge

1. Kontrolle des Lieferscheins:

a) Überprüfen Sie in Partnerarbeit, stellvertretend für Tino, den Lieferschein mit der Bestellung und entscheiden Sie, was als Nächstes zu tun ist, damit der Frachtführer möglichst ohne große Verzögerungen weiterfahren und die Warenannahme beendet werden kann.
Verdeutlichen Sie, was Tino bei der Überprüfung des Lieferscheins mit der Bestellung auffällt, und beschreiben Sie seine weitere Vorgehensweise, bis er nach der Abfahrt des Frachtführers mit der Feinkontrolle beginnen kann.

Lieferschein Nr. 22/84231

Kundennummer 47281	Bestellung Nr. 22/84231	Bestelldatum 03. April 20..	Lieferdatum 10. April 20..
Artikel-Nr.	**Warenbezeichnung**		**Menge**
433443	Trulock FS 480 X-Press Faltschloss aus gehärtetem Stahl		45
482451	Trulock SK 451 Kabelschloss		50
432626	Trulock RS 453/ZR 355 Set (Rahmenschloss + Einsteckkette)		55
432223	Trulock SL 460 Smartlock Set + E-KEY (mit NFC-Technologie)		50
304553	N-Wave Drahtkorb zur Festmontage, Farbe schwarz		30
302751	Klick-Fix Drahtkorb zur Festmontage, Farbe weiß		25
302753	Klick-Fix Drahtkorb zur Festmontage, Farbe schwarz		10
	Anzahl der Paketstücke: *9*		

Ich/Wir bestätige(n) die ordnungsgemäße Lieferung der o. a. Waren/Artikel:

Datum: *10. April 20..*   Frachtführer: *Max Meissner*

Händler: *FahrRad GmbH Haan*   Annahme durch: _____

LS 2 Leistungsstörungen bei der Warenannahme erkennen und darauf reagieren

_____
_____
_____
_____
_____
_____
_____
_____
_____

b) **Zwischen der auf dem Lieferschein angegebenen und der bestellten Ware ergeben sich offensichtlich Unterschiede, sodass Tino Grübner zusammen mit Herrn Meissner diese Beanstandungen in einer Schadensmeldung schriftlich dokumentiert. Füllen Sie das vorliegende Schadensprotokoll entsprechend aus.**

Schadensprotokoll

Datum des Wareneingang:	Frachtführer:	Lieferer:

Folgende Artikel wurden beim o. a. Wareneingang als fehlerhaft bewertet:

Artikelbezeichnung	Artikelnummer	bestellte Menge	gelieferte Menge	fehlerhafte Menge	kurze Beschreibung des Mangels

Bestelldatum: Besteller*in: Lieferschein-Nr.:

Warenannahme durch: Frachtführer:

Besondere Hinweise:

LF 7 — Waren annehmen, lagern und pflegen

2. Wenn es allgemein bei der Erfüllung der Kaufvertragspflichten von Käufer oder Verkäufer zu Störungen kommt, wird von Leistungsstörungen gesprochen.

a) Wie wird die Leistungsstörung im oben dargestellten Fall der RAD Großhandel KG bezeichnet, die Tino bzw. die FahrRad GmbH nun beanstanden muss?

_____

b) Wie wird die Leistungsstörung bezeichnet, die sich durch eine Pflichtverletzung des Verkäufers infolge einer verspäteten Lieferung ergeben würde?

_____

Nach der Abfahrt des Frachtführers führen Frau Löschen und Tino die Feinkontrolle der Warensendung durch. Sie stellen keine weiteren Abweichungen von den bestellten Mengen fest, allerdings sieht Tino, dass bei den Faltschlössern Trulock FS 480 insgesamt fünf Schlösser bei der Lackierung der Unterseiten deutliche Farbaufhellungen aufweisen.
Währenddessen probiert Frau Löschen mithilfe ihrer Smartphone-App die Smartlock Sets Trulock SL 460 aus. Das System zum Schließen des Schlosses kann zwar manuell bedient werden, funktioniert aber bei zwei Sets **nicht** mit der SmartphoneApp, kann also nicht aktiviert werden.
„Wir bereiten jetzt gemeinsam und unverzüglich eine **Mängelrüge** an die RAD Großhandel KG vor", schlägt Frau Löschen ihrem Auszubildenden vor.

3. a) Benennen Sie die genaue Bezeichnung der einzelnen Mängel, die bei der Lieferung der RAD Großhandel KG entdeckt wurden, indem Sie in der Tabelle die entsprechende Mängelbezeichnung ergänzen:

Mängelarten, die bei der Lieferung durch die RAD Großhandel KG verursacht wurden	
Beanstandungen durch die FahrRad GmbH	genaue Bezeichnung des Mangels
a. Farbaufhellungen an fünf Faltschlössern Trulock 480	
b. Anstatt 10 weißer Körbe Klick-Fix wurden 25 Körbe geliefert.	
c. Anstatt 50 × Kabelschloss Trulock SK 415 wurden 50 Stück Trulock 451 geliefert.	
d. Anstatt 25 schwarzer Körbe Klick-Fix wurden 10 Körbe geliefert.	
e. Zwei Sets Trulock SL 460 funktionieren nur mechanisch, aber nicht mit der Smartphone-App.	

b) In welchem der beschriebenen Fälle handelt es sich um einen versteckten Mangel? Begründen Sie Ihre Entscheidung.

Bei dem defekten Tretlager im Kinderfahrrad handelt es sich um einen versteckten Mangel, da der Defekt erst nach wenigen Wochen der Nutzung auftritt und bei der Warenannahme bzw. Feinkontrolle nicht erkennbar war.

4. Auch bei der FahrRad GmbH kann es im täglichen Geschäftsleben zu mangelhaften Leistungen oder Sachmängeln bei Waren kommen. Frau Löschen stellt Tino zum Thema „Schlechtleistung bzw. Mangelarten" noch ein paar Fragen, um sein Wissen zu testen. Ordnen Sie die unten aufgeführten Mängelarten den nachfolgend beschriebenen Fällen aus dem Geschäftsleben der FahrRad GmbH zu, indem Sie die richtigen Buchstaben dazu eintragen:

E	Die FahrRad GmbH baut ein Schloss mit SmartLock-Funktion ein, aufgrund eines Übersetzungsfehlers in der Beschreibung der Montageanleitung ist diese nicht funktionstüchtig.
B	Die Reichweite des neuen E-Bikes wird mit durchschnittlich 150 Kilometer angegeben, leider macht der Akku nach 40 Kilometer schon schlapp.
C	Die speziellen Fahrradtrikots, die die FahrRad GmbH anbietet, sind angeblich aus reiner Bio-Baumwolle; beim Tragen stellt sich heraus, dass es ein einfaches Mischgewebe ist.
I	Die im Schloss mit SmartLock-Funktion verwendete App ist nicht zugelassen, weil keine Lizenzgebühren an den Urheber gezahlt wurden und die Anwendung daher verboten ist.
A	Die für das Cross-Bike extra neu eingebauten Bremsen sind nicht für die Belastungen ausgelegt und lassen in der Bremsleistung nach wenigen Kilometern stark nach.
D	Nach wenigen Wochen ist das Treten infolge eines defekten Tretlagers im neuen Kinderfahrrad nur noch sehr schwer möglich.
K	Die Aushilfe verkauft heimlich einem Kunden einen ausgemusterten Fahrradanhänger, der einen Schaden hatte, als neuwertigen und steckt sich das Geld in die Tasche.
H	Auf den Fahrradrahmen wird auf Wunsch eines Kunden eine neue Rahmennummer eingestanzt, dabei kommt es zu einer ganz kleinen Schramme am unteren Rahmenrohr.
F	Ein Kunde bestellt ein E-Bike mit einem 500 Wh Akku, es wird ihm aber ein Akku mit einer Kapazität von nur 400 WH verkauft.
G	Die FahrRad GmbH bestellt 250 Fahrradreifen Pirello Marathon Plus, geliefert werden allerdings nur 240 Reifen.

Mängelarten			
A	Mangel in der Beschaffenheit bzw. Qualität	F	Falschlieferung
B	Sachmangel (Werbeaussage weicht ab)	G	Minderlieferung
C	Sachmangel (falsche Kennzeichnung)	H	unerheblicher Mangel
D	Sachmangel (Werbeaussage weicht ab)	I	Rechtsmangel
E	Sachmangel (Montagemangel)	K	Sachmangel (arglistig verschwiegen)

5. Schreiben Sie auf der Folgeseite stellvertretend für Frau Löschen eine Mängelrüge an die RAD Großhandel KG in Borna. Zählen Sie die im Schadensprotokoll und bei der späteren Feinkontrolle aufgetretenen Mängel auf und machen Sie einen Regulierungsvorschlag.

LF 7 | Waren annehmen, lagern und pflegen

FahrRad GmbH, Brückenstr.132, 42781 Haan

… so kommen Sie in die Gänge

Ihr Zeichen, Ihre Nachricht vom:
Lieferschein-Nr.: 22/84231

Unser Zeichen, unsere Nachricht vom:
LL – ☎ 321212-15

Telefon-Durchwahl:
02129 321212-12

Datum:
10.04.20..

Freundliche Grüße aus Haan

Lena Löschen

Geschäftsführung Verwaltung

Amtsgericht Mettmann HRB 12345　　fon 02129 321212-12　　Bankverbindung
Steuernummer 203/307/54287　　　　Fax 02129 321212102　　DE69 3035 1220 0004 9999 00
Ust.-ID DE230780811　　　　　　　　EMAIL info@ fahrrad-haan.de　　Stadt-Sparkasse Haan

LS 2 Leistungsstörungen bei der Warenannahme erkennen und darauf reagieren

Aufgabe Plus

6. Bei vom Verkäufer verursachten Mängeln sind die Pflichten des Käufers hinsichtlich der Prüf-, Rüge- und Aufbewahrungspflicht abhängig von der Rechtsstellung der Vertragspartner.

   a) Unterscheiden Sie die Rechtsstellung bei einem Kauf der FahrRad GmbH gegenüber der RAD Großhandel KG einerseits und einem Verkauf z. B. an einen privaten Kunden andererseits.

   _____

   _____

   _____

   b) Tragen Sie in die nachfolgende Tabelle die fehlenden Angaben zu den gesetzlichen Pflichten des Käufers ein, wenn er Rechte infolge eines entdeckten Mangels in Anspruch nehmen möchte. Lösen Sie die Aufgabe in Partnerarbeit und legen Sie die Aufgabenbearbeitung selbstständig fest.

Pflichten	Zweiseitiger Handelskauf (siehe auch § 377 HGB)	Einseitiger Handelskauf als Verbrauchsgüterkauf (siehe auch § 475 HGB)
Prüfpflicht		
• Sichtkontrolle		
• Feinkontrolle		
Rügepflicht		
• offene Mängel		
• versteckte Mängel		

81

LF 7 | Waren annehmen, lagern und pflegen

Pflichten	Zweiseitiger Handelskauf (siehe auch § 377 HGB)	Einseitiger Handelskauf als Verbrauchsgüterkauf (siehe auch § 475 HGB)
Rügepflicht		
• arglistig verschwiegene Mängel	Arglistig verschwiegene Mängel sind innerhalb von _____ _____ _____ Die Verjährungsfrist beginnt mit dem Ende des Jahres, _____ _____	
Aufbewahrungspflicht	Beim Platzkauf darf der Käufer _____ _____ Beim Distanzkauf ist der Käufer grundsätzlich verpflichtet, _____ _____ _____ _____ _____ Andere vertragliche Regelungen zwischen den am Kauf Beteiligten _____ _____	

c) Erläutern Sie den Begriff „Beweislastumkehr" im Zusammenhang mit der Rügepflicht bei einem Verbrauchsgüterkauf.

_____

_____

_____

_____

_____

_____

Beweislastumkehr

LS 3 Mangelhafte Lieferung bearbeiten und Maßnahmen einleiten

Lernsituation 3

Mangelhafte Lieferung bearbeiten und Maßnahmen einleiten

Linda Sukova ist Auszubildende im dritten Lehrjahr. Heute arbeitet sie zusammen mit Demir Özkan, Werkstattmeister, in der Zubehörabteilung der FahrRad GmbH Haan. In letzter Zeit hat es verstärkt Reklamationen von Kunden gegeben, die Fahrradzubehör gekauft haben oder sich an ihre Fahrräder haben anbauen lassen. Linda und Demir sollen sich die Waren einmal genauer anschauen, bei denen es Beschwerden gegeben hat.

Zusammen mit dem Geschäftsführer Verkauf, Anton Krull, überlegen sie, wie die Mängel bearbeitet werden und welche rechtlich korrekten Maßnahmen sie einleiten können. Anton Krull hat dazu eine Liste der Kundenbeschwerden der letzten Woche aus dem WWS zusammengestellt.

Artikel	Art.-Nr.:	Mängelliste FahrRad GmbH Haan	Name der Kunden*	Datum	Lieferer
Gepäckträger Kindersitz Bobby **3. Reklamation!**	4356 676 K	**Schnalle wiederholt aus der Halterung gebrochen, Kunde bekam am 07. Mai Ersatzschnallen und 09. Mai Ersatzsitz, Sitz unbrauchbar**	I. Reisinger-Haller	07. Mai 09. Mai und 16. Mai	23 45667 89
Gepäckträger Kindersitz Rom	4356 850 K	Schnellspannhalterung ausgebrochen, Sitz nicht zu gebrauchen	2 Kunden P. Weers + S. Liemann		23 45667 89
Rad-Helm Atos Giro, Größe L bzw. 2 × XL	2365 676 EK	dünnes Polster an der Stirn mittig drückt, Helm hat nach Sonnenbestrahlung Ausbeulungen, nicht gebrauchsfähig	3 Kunden: Mecir, Kaup-Heiler, Franzke	08. Mai 09. Mai 12. Mai	23 45667 89
Falkenthal 3in1 Fahrradtasche **Einzelstück**	2435 E 676 K	Aus einzelnen Seitennähten kommen Fasern heraus, Nähte 2 x unsauber vernäht, optisch nicht einwandfrei	K. Severin	13. Mai	24 35892 85
Fahrrad Lenkertasche Galaxy	2435 E 796 K	Nähte nicht wasserdicht, dadurch wurde Tascheninhalt feucht, Schaden am Smartphone ca. 190,00 EUR	H. Plonski	13. Mai	24 35892 85
Thole Achskupplungssicherung für Anhänger	7665 323 E	Lockere Verschraubung der Kupplungssicherung, Anhänger hat sich gelöst und ist defekt. 250,00 EUR Schaden	K.-H. Kolbe	14. Mai	durch eigene Werkstatt am Kundenfahrrad montiert
Comway T-Shirt **Auslaufmodel**	2412 E 676 K	Aufdruck fehlerhaft, falsche Farbe des Aufdrucks	C. Ewald	16. Mai	eigener Druck in eigener Werkstatt
Rad-Helm Tour de France	2365 679 EK	Design-Aufkleber auf dem Helm zum Teil abgerissen bzw. lösen sich vom Helm	V. Kritovicz	16. Mai	23 45667 89

* Hinweis: Alle Kunden sind Privatpersonen. Mängel wurden reklamiert, die meisten haben dazu Fotos gemacht oder die Waren wieder in die FahrRad GmbH gebracht. Regelung der Ansprüche der Kunden bis 18. Mai.

LF 7 | Waren annehmen, lagern und pflegen

Arbeitsaufträge

1. Linda und Demir verschaffen sich einen Überblick über die möglichen Rechte der Kunden und die Pflichten der Fahr-Rad GmbH, insbesondere über die vorrangigen und nachrangigen Rechte. Anschließend soll es schnellstens eine zufriedenstellende Reglung mit den Kunden geben. Vervollständigen Sie dazu in Partnerarbeit stellvertretend für die beiden den nachfolgenden Text mit den hier vorgegebenen Fachbegriffen:

Fachbegriffe:

3 × unmöglich, 2 × unzumutbar, 2 × erfolglos, 3 × Nacherfüllung, 2 × Neulieferung, 2 × Nachbesserung, unverhältnismäßig, erheblichen, unerheblichen, nachrangigen, vorrangigen Rechte, fehlgeschlagen, Verschulden, Aufwendungen, Preisnachlass, Fixkauf, Schadenersatzforderung, Schadenersatz, Ersatzleistung, angemessene Nachfrist, Minderung des Kaufpreises

Text:

Bei einer mangelhaften Leistung (Ware oder Dienstleistung) dürfen Kunden zunächst nur die

_____ in Anspruch nehmen. Das bedeutet, dass sie laut

BGB zunächst nur eine _____ verlangen können. Dabei dürfen sie

frei entscheiden, ob die mangelhafte Leistung durch eine _____ oder

eine _____ beseitigt werden soll.

Meist wird durch Kunden eine _____ gewählt, die sich i. d. R.

einfach und ohne Wertverlust an der Ware abwickeln lässt; es sei denn, dass sie für den Verkäufer

_____ oder _____ ist, weil z. B. bei einer

Sonderanfertigung _____ hohe Kosten entstehen würden.

Infolge eines Modellwechsel kann eine Neulieferung faktisch sogar _____

werden, dann kann der Verkäufer diese Art der _____ ablehnen und

stattdessen eine _____ vorschlagen.

Ähnlich verhält sich der Fall, wenn eine von Kunden gewünschte Nachbesserung für den Verkäufer

_____ oder _____ ist; sofern die

Kosten des Kundendienstes den Warenwert übersteigen oder gar kein Kundendienst möglich ist, darf

der Verkäufer eine _____ veranlassen.

Liegt ein _____ des Verkäufers vor, so kann neben diesen beiden Rechten auch noch _____ geltend gemacht werden, aber nur, wenn tatsächlich ein Schaden entstanden ist, z. B. durch entgangenen Gewinn, Material- oder sogar Personenschaden. Fallen bei der _____ zusätzliche _____ an (Transport-, Material- oder Arbeitskosten), so muss der Verkäufer diese ebenfalls ersetzen.

Die _____ Rechte dürfen Kunden nur in Anspruch nehmen in folgenden Fällen:

I. Die Kunden haben eine _____ gesetzt und diese bleibt _____ , der Mangel wurde nicht behoben.

II. Die Nacherfüllung ist _____ bzw. war _____ .

III. Es wurde ein _____ oder Zweckkauf vereinbart, sodass ein exakter Lieferzeitpunkt wesentlicher Vertragsbestandteil war und eine Nacherfüllung nun keinen Sinn mehr macht.

Bei _____ Mängeln wird den Kunden nur das Recht auf _____ gewährt, d. h. sie können über einen _____ verhandeln. Das bietet sich insbesondere dann an, wenn die Funktionsfähigkeit der Ware nicht beeinträchtigt ist. Gegebenenfalls kann er auch eine _____ neben der Leistung verlangen.

Bei _____ Mängeln dürfen Kunden nun vom Kaufvertrag zurücktreten und es kann Schadenersatz statt der Leistung bzw. Ware verlangt werden.

2. **Entscheiden Sie in Partnerarbeit, welche Vorschläge Linda und Demir unter Berücksichtigung des BGB zur Regulierung der Mängel anbieten könnten. Nehmen Sie sich die angegebenen Paragraphen in der nachfolgenden Tabelle als Information zur Hilfe. Tragen Sie die Lösungen anschließend in die Tabelle ein und entscheiden Sie, ob auch ein Schadenersatz in Anspruch genommen werden kann.**

LF 7 — Waren annehmen, lagern und pflegen

Fall	Artikel	Nacher-füllung möglich: ja/nein	nachrangige Rechte möglich: ja/nein	welches Recht in Anspruch nehmen:	Begründung der Entscheidung	BGB §§
A	Kindersitz Bobby 4356 676 K					437, 323, 440
B	Kindersitz Rom 4356 850 K					437, 275, 439
C	Rad-Helm Atos Giro 2365676 EK					275, 437, 439
D	3in1 Fahrradtasche 2435 E 676 K					323, 437, 441
E	Lenkertasche Galaxy 2435 E 796 K					280, 281, 282, 323, 440
F	Achskupplungssicherung für Anhänger 7665 323 E					280, 439
G	Comway T-Shirt 2412 E 676 K					323, 441
H	Rad-Helm Tour de France 2365 679 EK					437, 441

LS 3 Mangelhafte Lieferung bearbeiten und Maßnahmen einleiten

Aufgabe Plus

3. Der Gesetzgeber knüpft die Inanspruchnahme nachrangiger Rechte bei einer mangelhaften Lieferung an verschiedene Bedingungen oder Voraussetzungen. Analysieren Sie in Partnerarbeit, aus welchen Gründen der Gesetzgeber diese so festgelegt hat und wie die Bedingungen insbesondere beim zweiseitigen Handelskauf für Verkäufer und Käufer einzuordnen sind. Bewerten Sie mindestens vier Bedingungen.

LF 7 Waren annehmen, lagern und pflegen

> **Bürgerliches Gesetzbuch (BGB)**
>
> **§ 445a Rückgriff des Verkäufers**
>
> (1) Der Verkäufer kann beim Verkauf einer neu hergestellten Sache von dem Verkäufer, der ihm die Sache verkauft hatte (Lieferant), Ersatz der Aufwendungen verlangen, die er im Verhältnis zum Käufer nach § 439 Absatz 2 und 3 sowie § 475 Absatz 4 und 6 zu tragen hatte, wenn der vom Käufer geltend gemachte Mangel bereits beim Übergang der Gefahr auf den Verkäufer vorhanden war.
>
> (2) Für die in § 437 bezeichneten Rechte des Verkäufers gegen seinen Lieferanten bedarf es wegen des vom Käufer geltend gemachten Mangels der sonst erforderlichen Fristsetzung nicht, wenn der Verkäufer die verkaufte neu hergestellte Sache als Folge ihrer Mangelhaftigkeit zurücknehmen musste oder der Käufer den Kaufpreis gemindert hat.
>
> (3) Die Absätze 1 und 2 finden auf die Ansprüche des Lieferanten und der übrigen Käufer in der Lieferkette gegen die jeweiligen Verkäufer entsprechende Anwendung, wenn die Schuldner Unternehmer sind.
>
> (4) § 377 des Handelsgesetzbuchs bleibt unberührt.

4. Die FahrRad GmbH muss neue, aber mangelhafte Waren von ihren Kunden nacherfüllen, zurücknehmen oder im Preis mindern. Die in Aufgabe 2 von Ihnen erarbeiteten Regelungen zur Mängelbeseitigung betreffen dabei größtenteils Waren, die das Einzelhandelsunternehmen von seinen Lieferern erhalten hatte. Dabei kann es natürlich ebenfalls Rechte gegenüber diesen Lieferern geltend machen, auch als Unternehmerrückgriff (siehe BGB § 445 a) bezeichnet. Erläutern Sie diesen Begriff.

5. „Die gesetzliche Mängelhaftung bzw. die Gewährleistungsrechte werden umgangssprachlich häufig mit dem Begriff Garantie verwechselt. Beide Begriffe sind aber streng voneinander zu trennen, ebenso die Begriffe Umtausch und Reklamation", erklärt Anton Krull. Er möchte von Linda die Unterschiede wissen. Linda schaut etwas fragend zu Demir.
Erklären Sie die Begriffe „Garantie", „Umtausch" und „Reklamation" im Zusammenhang mit der gesetzlichen Gewährleistung und nennen Sie Beispiele.

6. Ein regionaler Briefdienstleister und ein Privatkunde kaufen bei der FahrRad GmbH je ein Elektro-Lastenfahrrad. Beim Kaufabschluss schließen beide zusätzlich eine vierjährige Garantie auf alle unbeweglichen Rahmenteile ab (Rahmen, Transportbox, Gepäckträger). Welche Aussagen sind zutreffend.

a) Wenn ein Unternehmen eine Produktgarantie mit einem Einzelhändler (zweiseitiger Kaufvertrag) abschließt, darf es das Fahrrad bei Nichtgefallen innerhalb dieser Frist ohne Angabe von Gründen umtauschen.

b) Nur wenn eine Privatperson eine Produktgarantie mit einem Einzelhändler (zweiseitiger Kaufvertrag) abschließt, darf sie das Fahrrad bei Nichtgefallen innerhalb dieser Frist ohne Angabe von Gründen zurückgeben.

c) Sollte an dem Lastenfahrrad nach einem halben Jahr die elektronische Steuerung defekt sein, können sowohl der Briefdienstleister als auch die Privatperson die Produktgarantie in Anspruch nehmen.

d) Sollte an dem Lastenfahrrad nach einem halben Jahr die elektronische Steuerung defekt sein, können sowohl der Briefdienstleister als auch die Privatperson die Gewährleistung in Anspruch nehmen.

e) Sollte es an dem Lastenfahrrad nach drei Jahren einen Rahmenbruch geben, können sowohl der Briefdienstleister als auch die Privatperson die Produktgarantie in Anspruch nehmen.

Lernsituation 4

Lieferungsverzug (Nicht-rechtzeitig-Lieferung) erfassen und Maßnahmen einleiten

Einmal im Jahr in der ersten Ferienwoche (02. bis 07. Juli) wird die *„Umwelt- und Aktionswoche „Raus aus der Wohnung – rein in die Natur"* von der Stadt Haan veranstaltet, bei der auch die FahrRad GmbH aktiv teilnimmt mit dem Motto: **Fahr Rad – so kommen Sie in die Gänge**.

Anton Krull und Roland Mayer, Gesellschafter der FahrRad GmbH, bereiten die Aktionswoche seit Anfang Mai vor; Anton stellt Herrn Mayer gerade das neueste Cross-Country MTB X vom Hersteller, der Cobus KG aus Aachen, vor.

Beide vereinbaren, zur Aktionswoche 25 Modelle dieses Radtyps und 15 Cross-E-Bikes anzuschaffen. Diese können dann von der FahrRad GmbH unentgeltlich ausgeliehen bzw. gefahren und – bei Interesse – zu einem Sonderpreis käuflich erworben werden. Roland Mayer gibt die Bestellung am 17. Mai mit seinem Tablet an die Cobus KG weiter, am gleichen Tag bestätigt die Cobus KG die Bestellung der 40 Fahrräder, Lieferdatum fix am 22. Juni.

Anton Krull bereitet für die Aktionswoche einen Werbeprospekt mit Sonderangeboten vor, zusätzlich werden T-Shirts mit Logo-Aufdruck der FahrRad GmbH benötigt. 2.000 Prospekte und 100 T-Shirts bestellt Anton am 18. Mai bei der Werbeagentur Finke GmbH Haan, am gleichen Tag wird der Liefertemin „bis spätestens 19. Juni" für beide Posten bestätigt. Die Auszubildenden Linda und Tino helfen bei den Vorbereitungen zur Aktionswoche.

Am 17. Juni erhält Anton Krull von der Werbeagentur Finke GmbH eine E-Mail, dass die Werbe-T-Shirts mit dem Werbeaufdruck nicht pünktlich geliefert werden können, weil zwei Mitarbeiter krank seien. Anton Krull räumt der Werbeagentur eine letzte Frist bis zum 22. Juni ein. Einen Tag später ruft der Chef, Herr Finke, an und bedauert, dass die Werbeprospekte nicht gedruckt werden können, weil die Offset-Druckmaschine durch einen Kabelbrand defekt ist, eine neue kommt frühestens Ende Juli.

Auch am 22. Juni werden die T-Shirts nicht geliefert, außerdem teilt die Cobus KG per Telefon am Nachmittag mit, dass sich die Fahrradlieferung verzögere. Die 25 Cross-Country Bikes sind lieferbereit, aber aufgrund eines Streiks im belgischen Werk in Liege – dort werden die Akkus für die E-Bikes hergestellt – verzögert sich die Gesamtlieferung. Das Ende des Streiks ist in Sicht.

Herr Mayer fertigt am folgenden Tag an der Flipchart einen Zeitplan der Bestell- und Liefertermine an und bittet Anton Krull, zu überprüfen, inwieweit die Werbeagentur und die Cobus KG zur Lieferung verpflichtet sind und ob sie schuldhaft in Verzug geraten sind.

Gleichzeitig wendet er sich an Tino und Linda: *„Zuerst müsst ihr mal prüfen, ob die **Möglichkeit der Leistungserbringung** bei beiden Firmen überhaupt gegeben ist."* Die beiden Auszubildenden verstehen den Satz nicht wirklich.

LS 4 Lieferungsverzug (Nicht-rechtzeitig-Lieferung) erfassen und Maßnahmen einleiten

Arbeitsaufträge

1. Ergänzen Sie die fehlenden Angaben in der Tabellenübersicht, die Herr Mayer auf dem Tablet anfertigt, indem Sie die Tabelleneinträge vervollständigen bzw. ankreuzen.

Übersicht der Bestell- und Liefertermine (Aktionswoche vom 2. bis 7. Juli)				
Datum	**FahrRad GmbH**	**Werbeagentur Finke GmbH**	**Cobus KG**	**Ereignis**
17. Mai	X			**Bestellung** von
			X	**Bestätigung** der Bestellung fix zum
18. Mai				**Bestellung** von
				Bestätigung
				Selbstinverzugsetzung der Werbeagentur bezüglich der T-Shirts, Grund:
17. Juni				**Nachfrist setzen/Mahnung** an
18. Juni				**Selbstinverzugsetzung** der
				Selbstinverzugsetzung der
ab 23. Juni				überlegt, welche Rechte sie nun in Anspruch nehmen kann
2.–7. Juli				

LF 7 Waren annehmen, lagern und pflegen

Bürgerliches Gesetzbuch (BGB)

§ 275 Ausschluss der Leistungspflicht
(1) Der Anspruch auf Leistung ist ausgeschlossen, soweit diese für den Schuldner oder für jedermann unmöglich ist.
(2) Der Schuldner kann die Leistung verweigern, soweit diese einen Aufwand erfordert, der unter Beachtung des Inhalts des Schuldverhältnisses und der Gebote von Treu und Glauben in einem groben Missverhältnis zu dem Leistungsinteresse des Gläubigers steht. Bei der Bestimmung der dem Schuldner zuzumutenden Anstrengungen ist auch zu berücksichtigen, ob der Schuldner das Leistungshindernis zu vertreten hat.
(3) Der Schuldner kann die Leistung ferner verweigern, wenn er die Leistung persönlich zu erbringen hat und sie ihm unter Abwägung des seiner Leistung entgegenstehenden Hindernisses mit dem Leistungsinteresse des Gläubigers nicht zugemutet werden kann.
(4) Die Rechte des Gläubigers bestimmen sich nach den §§ 280, 283 bis 285, 311a und 326.

§ 286 Verzug des Schuldners
(1) Leistet der Schuldner auf eine Mahnung des Gläubigers nicht, die nach dem Eintritt der Fälligkeit erfolgt, so kommt er durch die Mahnung in Verzug. Der Mahnung stehen die Erhebung der Klage auf die Leistung sowie die Zustellung eines Mahnbescheids im Mahnverfahren gleich.
(2) Der Mahnung bedarf es nicht, wenn
1. für die Leistung eine Zeit nach dem Kalender bestimmt ist,
2. der Leistung ein Ereignis vorauszugehen hat und eine angemessene Zeit für die Leistung in der Weise bestimmt ist, dass sie sich von dem Ereignis an nach dem Kalender berechnen lässt,
3. der Schuldner die Leistung ernsthaft und endgültig verweigert,
4. aus besonderen Gründen unter Abwägung der beiderseitigen Interessen der sofortige Eintritt des Verzugs gerechtfertigt ist.

2. a) Benennen Sie den hier vorliegenden Leistungsverzug und bewerten Sie – stellvertretend für Tino und Linda – mithilfe des BGB § 275, ob die Möglichkeit der Leistungserbringung bei den beiden Unternehmen überhaupt gegeben ist.

b) Wie wird die Überprüfung von Anton Krull gegenüber Herrn Mayer ausfallen, ob bzw. inwieweit die Werbeagentur Finke GmbH und die Cobus KG zur pünktlichen Lieferung verpflichtet waren und schuldhaft in Verzug geraten sind? Sind Schadenersatzansprüche möglich? (siehe §§ 276, 280 BGB)

Bürgerliches Gesetzbuch (BGB)

§ 276 Verantwortlichkeit des Schuldners
(1) Der Schuldner hat Vorsatz und Fahrlässigkeit zu vertreten, wenn eine strengere oder mildere Haftung weder bestimmt noch aus dem sonstigen Inhalt des Schuldverhältnisses, insbesondere aus der Übernahme einer Garantie oder eines Beschaffungsrisikos zu entnehmen ist. Die Vorschriften der §§ 827 und 828 finden entsprechende Anwendung.
(2) Fahrlässig handelt, wer die im Verkehr erforderliche Sorgfalt außer Acht lässt.
(3) Die Haftung wegen Vorsatzes kann dem Schuldner nicht im Voraus erlassen werden.

§ 280 Schadensersatz wegen Pflichtverletzung
(1) Verletzt der Schuldner eine Pflicht aus dem Schuldverhältnis, so kann der Gläubiger Ersatz des hierdurch entstehenden Schadens verlangen. Dies gilt nicht, wenn der Schuldner die Pflichtverletzung nicht zu vertreten hat.
(2) Schadensersatz wegen Verzögerung der Leistung kann der Gläubiger nur unter der zusätzlichen Voraussetzung des § 286 verlangen.
(3) Schadensersatz statt der Leistung kann der Gläubiger nur unter den zusätzlichen Voraussetzungen des § 281, des § 282 oder des § 283 verlangen.

LF 7 | Waren annehmen, lagern und pflegen

3. Tino und Linda haben noch Probleme, alle Voraussetzungen eines Lieferungsverzugs zu verstehen. Herr Mayer stellt die Zusammenhänge auf Metaplan-Karten noch einmal zusammen, allerdings sind sie noch ungeordnet. Ordnen Sie die vier Definitionen und dazu passenden Beispiele den Begriffen in der Tabelle zu, übertragen Sie anschließend die Texte:

Karte A	Karte B	Karte C	Karte D
… bedeutet, dass der Verkäufer fahrlässig oder vorsätzlich die Leistung verzögert oder unterlassen hat.	Die Werbeagentur Finke liefert die Prospekte infolge eines Brandes nicht, es liegt eine unverschuldete Leistungsverzögerung vor, die Lieferung ist nicht rechtzeitig möglich, bei den T-Shirts jedoch schon.	… bedeutet, dass der Verkäufer noch seine Leistung erbringen könnte (trotz einer nicht rechtzeitigen Lieferung).	Die Werbeagentur hätte mit mehr Sorgfalt bei der Planung ein zeitgerechtes Fertigstellen der T-Shirts realisieren können, die Werbeagentur handelt fahrlässig.
Da bei der Auftragsvergabe ein genauer Termin vorgegeben war, ist die Fälligkeit der Leistung kalendermäßig genau bestimmt, dies ist auch bei Zweck-/Fixgeschäften so.	… bedeutet, dass die Leistung fällig gewesen sein muss, also kalendermäßig bestimmt.	Durch die Selbstinverzugsetzung ist keine Mahnung notwendig; dennoch ist aus einer Mahnung die nochmalige Aufforderung zur Lieferung erkennbar und bei nicht eindeutigem Liefertermin sinnvoll.	… bedeutet, dass der Käufer die Lieferung nach Eintritt der Fälligkeit beim Schuldner anmahnen muss, wenn der Termin nicht bestimmt war.

Voraussetzungen für einen Lieferungsverzug		
Bezeichnung	**Erklärung**	**Beispiele anhand der Werbeagentur Finke GmbH**
Möglichkeit der Leistung		
Fälligkeit der Leistung		
Verschulden des Schuldners		
Mahnung		

LS 4 Lieferungsverzug (Nicht-rechtzeitig-Lieferung) erfassen und Maßnahmen einleiten

4. Herr Mayer teilt der Werbeagentur Finke GmbH am 23. Juni schriftlich mit, dass die FahrRad GmbH aufgrund des Lieferungsverzuges vom Vertrag zurücktritt. Währenddessen hat Anton Krull eine andere Agentur in Wuppertal mit dem Druck der 2.000 Werbeprospekte und dem Bedrucken von 100 T-Shirts beauftragt. Die Prospekte kosten aufgrund der knappen Zeit 10 Prozent mehr, die T-Shirts sind 20 Prozent teurer. Begründen Sie, ob die FahrRad GmbH die Mehrkosten von der Werbeagentur Finke GmbH verlangen kann.

5. Ebenfalls am 23. Juni teilt Anton Krull der Cobus KG mit, dass die FahrRad GmbH weiterhin auf Vertragserfüllung bestehe. Sofern die Akkus noch nicht lieferbar seien, erwarte man die komplette Räderlieferung spätestens am 29. Juni, notfalls erst mal ohne Akkus.
Am Nachmittag des 28. Juni wird die gesamte Bike-Lieferung (40 Räder) vor dem Lager der FahrRad GmbH ausgeladen.
Warum hat die FahrRad GmbH die Bestellung aufrechterhalten? Kann sie trotzdem von der Cobus KG Schadenersatz fordern?

Aufgabe Plus

6. Das BGB sieht vor, dass der Verkäufer den durch den Lieferungsverzug entstandenen Schaden ersetzen muss. Erläutern Sie in diesem Zusammenhang den Unterschied zwischen konkreten und abstrakten Schäden, nennen Sie Beispiele und beurteilen Sie, ob eine Konventionalstrafe hier eine bessere Regelung schaffen kann.

Lernsituation 5

Das Lager nach kaufmännischen Grundsätzen organisieren

„Wie kann man sich nur merken, wo alle Fahrräder stehen und das ganze Zubehör gelagert wird?", fragt Linda Sukova den Lagermeister Ulli Henning, als sie für ein paar Wochen im Lager eingesetzt wird. „Naja, eigentlich müsstest du doch schon einige Themen der Lagerlogistik in der Berufsschule kennengelernt haben", antwortet Herr Henning. „Lagergrundsätze, -strategien, -kennzeichnung und viele andere Inhalte werden doch bereits im zweiten Lehrjahr vermittelt, da sind dir einige Dinge sicher schon bekannt. Seitdem wir nach dem Brand vor ein paar Jahren ein neues, größeres Gebäude bzw. Lager errichtet haben und außerdem das erweiterte WWS richtig einsetzen können, funktioniert hier alles ganz prima."

„Und seitdem der alte Lagermeister im Ruhestand ist, Herr Holze, den habe ich am Anfang noch kennengelernt. Da gab es doch immer eine ganze Menge Chaos im Lager," ergänzt Linda. Ab sofort wird Ulli Henning seine Auszubildende Linda intensiv mit der Lagerlogistik vertraut machen, denn im Frühjahr ist Abschlussprüfung. Es geht sofort los.

© pio3 – stock.adobe.com

Arbeitsaufträge

1. Um Lindas Vorwissen zu überprüfen, legt Herr Henning als erstes eine schwierige Übung vor, bei der die Begriffe ungeordnet und durcheinandergemischt sind und den jeweiligen Überschriften zugeordnet werden müssen.
   Arbeiten Sie in dieser Lernsituation möglichst in Zweier-/Dreiergruppen.

a) Umrahmen Sie zunächst die Begriffe auf der Folgeseite, die Ihrer Meinung nach zusammengehören, mit der gleichen Rahmenfarbe wie die Rahmenfarbe der Überschrift. (Hinweis: Maximal sechs Begriffe können zu einer Überschrift zugeordnet werden.)

b) Vergleichen Sie die Arbeitsergebnisse mit den Ergebnissen anderer Arbeitsgruppen. Fertigen Sie nun eine Mindmap an, damit Sie die Begriffe entsprechend geordnet darstellen können.

c) Jeder Einzelhändler hat einen mehr oder weniger großen Verkaufsraum, in dem die Waren präsentiert, für Kunden aufbereitet und somit natürlich auch gelagert werden. Nennen Sie je zwei Vor- und Nachteile, die das große Verkaufslager der FahrRad GmbH für das Unternehmen hat.

_____

_____

_____

_____

_____

_____

LF 7 | Waren annehmen, lagern und pflegen

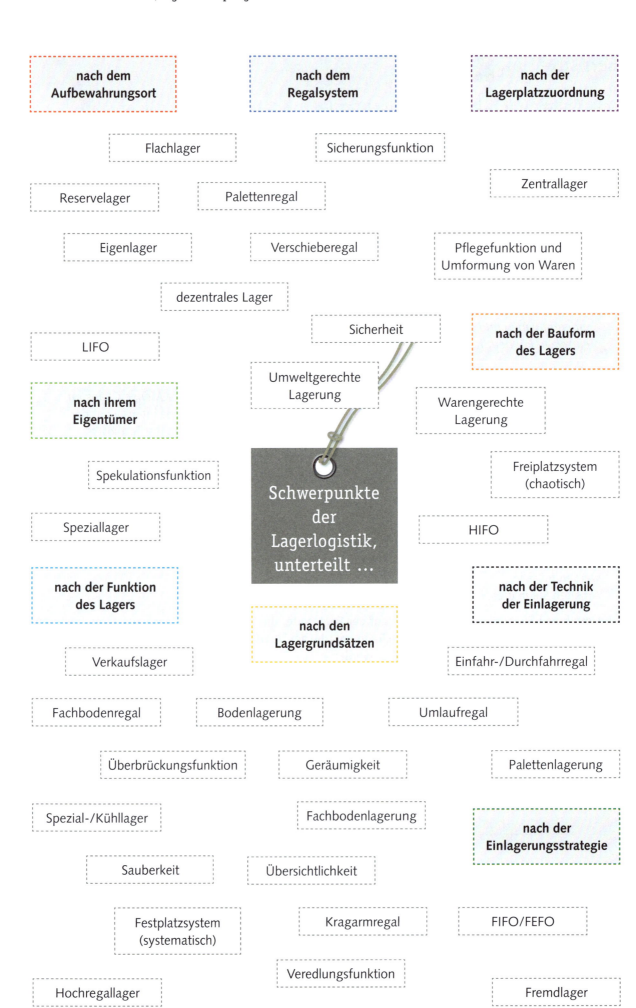

LS 5 Das Lager nach kaufmännischen Grundsätzen organisieren

Schwerpunkte der Lagerlogistik, unterteilt ...

- nach dem Aufbewahrungsort
- nach dem Regalsystem
- nach der Lagerplatzzuordnung
- nach der Bauform des Lagers
- nach ihrem Eigentümer
- nach der Funktion des Lagers
- nach den Lagergrundsätzen
- nach der Technik der Einlagerung
- nach der Einlagerungsstrategie

LF 7 Waren annehmen, lagern und pflegen

d) Welche Aufgabe hat im Vergleich dazu ein Reservelager? Geben Sie typische Merkmale an.

_____

_____

_____

_____

_____

2. Das Lager übernimmt eine Vielzahl von Funktionen für den Einzelhändler. Ergänzen Sie die fehlenden Angaben zur Definition eines Lagers, zu den Erläuterungen bzw. zu den Beispielen.

Definition und wesentliche Aufgaben eines Lagers		
Definition eines Lagers (allgemein): Das Lager ist der Ort,		
Detailaufgaben des Lagers	**Erläuterung**	**Beispiele der FahrRad GmbH**
Sicherung der Verkaufsbereitschaft		Das Fahrradgeschäft ist konjunktur- und saisonbedingt schwankend, durch den frühzeitigen Bezug vermeidet die FahrRad GmbH Liefer- und Transportverzögerungen. Eine große Produktauswahl fördert den Umsatz.
	Lange Lieferzeiten und eine große räumliche Entfernung machen die Warenbereitstellung nicht immer möglich. Das Lager überbrückt diese zeitlichen und räumlichen Probleme.	

Detailaufgaben des Lagers	Erläuterung	Beispiele der FahrRad GmbH
		Fahrradverkauf ist saisonabhängig; der stark ansteigende Bedarf führt i. d. R. zu höheren Preisen. Die FahrRad GmbH sichert sich durch Bestellungen außerhalb der Saison und/oder Rahmenverträge günstigere Preise.
Veredlungsfunktion		Für besondere Kunden verschenkt die FahrRad GmbH immer italienischen Rotwein. Bei entsprechender Lagerung wird der Qualitätscharakter des Weines noch erhöht.
	Einige Einzelhändler stellen Kunden bedarfsgerechte Kleinmengen oder Portionen zur Verfügung. Diese werden im Lager umgefüllt, gemischt, aufbereitet, sortiert bzw. abgepackt.	Insbesondere für den Fahrradhandel werden Zubehörteile bei der FahrRad GmbH unverpackt und einzeln angeboten. Dabei wird auf zusätzliche Verpackungen verzichtet.
		Die Alt-Akkus der E-Bikes und gekaufte Batterien werden von der FahrRad GmbH zurückgenommen, sie dürfen nicht im Hausabfall oder Sperrmüll entsorgt werden.

LF 7 | Waren annehmen, lagern und pflegen

3. Jedes Lager muss sich – unabhängig von der Größe, der Art der Lagerung bzw. der Art der gelagerten Waren – an bestimmten allgemeingültigen Grundsätzen orientieren, damit eine wirtschaftliche und geordnete Lagerung gewährleistet ist.
Erläutern Sie mindestens vier Aspekte, die die allgemeingültigen Lagergrundsätze von Einzelhandelsunternehmen widerspiegeln, und beschreiben Sie diese.

_____

4. Linda hat die Mindmap mit Herrn Hennings Hilfe fertiggestellt. Die Begriffe FIFO, FEFO, LIFO, HIFO hat sie zwar richtig zugeordnet, aber sie kann mit den Kurzbezeichnungen nichts anfangen.

a) Ordnen Sie zuerst die vier Abbildungen (auf der Folgeseite) den Abkürzungen zu:

_____

b) Erläutern Sie, was sich hinter den Abkürzungen verbirgt.

_____

LS 5 Das Lager nach kaufmännischen Grundsätzen organisieren

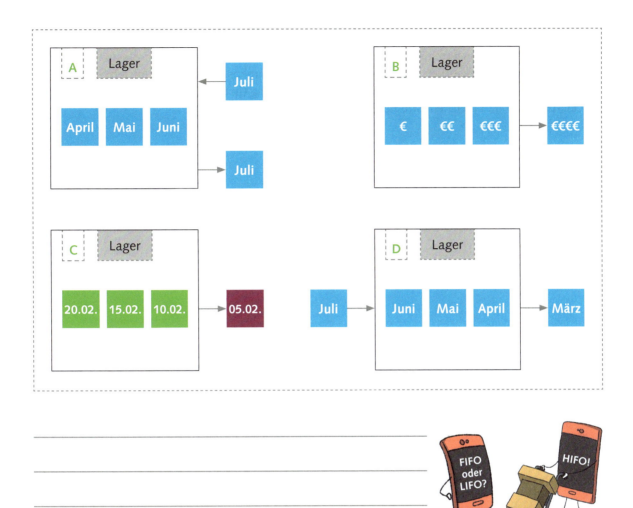

c) Beschreiben Sie den Unterschied zwischen einer systematischen (festen) und einer chaotischen (freien) Lagerplatzzuordnung. Nennen Sie Vor- und Nachteile beider Lagerplatzzuordnungen.

LF 7 — Waren annehmen, lagern und pflegen

5. Um die Lagerkosten zu senken und die Sicherheit zu verbessern, werden im Zusatzlager 50 Stück der 60-Watt-Glühlampen durch 25-LED-Deckenlampen mit 18 Watt ausgetauscht, die den Raum bei gleicher Brenndauer wesentlich heller ausleuchten. Die Stromkosten betrugen im letzten Jahr für den Raum 3.510,00 EUR. Berechnen Sie die jährliche Einsparung (in EUR), wenn von gleicher Brennzeit der LED-Leuchten und gleichem Strompreis auszugehen ist.

Aufgabe Plus

6. Lagerverluste schmälern den Gewinn, wenn Ware nicht sachgerecht behandelt und gelagert wird. Unsachgemäße Lagerung führt zu Qualitätsverlust bzw. fördert den Alterungsprozess.

a) Tragen Sie in die folgende Tabellenübersicht die fehlenden Angaben ein, die eine „Artgemäße Lagerung" beschreiben, nennen Sie Beispiele.

\multicolumn{5}{c}{**Artgemäße Lagerung und Warenpflege im Lager**}
Nr.	Warenschäden durch …	Schadbild, Aussehen der Ware	Maßnahmen zur Warenpflege, Schutz durch …	Beispiele
\multicolumn{5}{l}{Allgemein: Die Warenlagerung muss gewährleisten, dass Verderb und Beschädigung vermieden sowie die Qualität sichergestellt wird und sie jederzeit überprüft werden kann.}
I.	Lichtstrahlung		Sonnenschutz durch Rollos, Jalousien, in Dunkelheit lagern	
II.	• zu warm		in der Kühlung aufbewahren, vorgegebene Kühltemperatur einhalten und überwachen	Lebensmittel, Gartenpflanzen
III.	•	Frostschäden, Ware erfroren oder hat Kälteschäden		Lebensmittel, Zierpflanzen
IV.	•	Trockenschäden	Waren in Räumen mit höherer Luftfeuchtigkeit lagern, besprühen, Klimaanlage einsetzen	

LS 5 Das Lager nach kaufmännischen Grundsätzen organisieren

Artgemäße Lagerung und Warenpflege im Lager				
Nr.	Warenschäden durch …	Schadbild, Aussehen der Ware	Maßnahmen zur Warenpflege, Schutz durch …	Beispiele
V.	Luftfeuchtigkeit			Holz, Papier, Leder, Kleidung, Bücher, Metall
VI.		Insektenbefall, Spinnmilben, Fraßschäden durch Nager, Motten usw.		Zierpflanzen, Kleidung, Lebensmittel u. v. m.
VII.	mechanische Schäden		Schutz vor mechanischer Belastung durch geeignete Verpackung, Kennzeichnung und Lagerung	

b) Ordnen Sie die Bilder den in Aufgabe 5a beschriebenen Schäden zu, indem Sie die Ursachen der gezeigten Schadbilder im bzw. vor dem Lagerbereich benennen:

_____   _____   _____

_____   _____   _____

LF 7 Waren annehmen, lagern und pflegen

Lernsituation 6

Arbeitsschutz, Unfallverhütung und Umweltschutz im Lager kennenlernen und danach handeln

Die beiden Auszubildenden Linda und Tino sind heute gemeinsam im Lager tätig, weil zwei Schulungen über „Unfallverhütungsmaßnahmen sowie über Arbeits- und Umweltschutz im Betriebsalltag" stattfinden. Aufgrund des Lagerbrands vor zweieinhalb Jahren, bei dem es damals einen Totalschaden gegeben hatte, legt die Geschäftsleitung besonders viel Wert auf regelmäßige Schulungen.

„Obwohl die Vorschriften eingehalten wurden und viele technische Brandschutzeinrichtungen vorhanden waren, konnte die Feuerwehr das Gebäude nicht mehr retten", erzählt Linda, dabei zeigt sie Tino ein Foto vom abgebrannten Gebäude. „Ich wüsste echt nicht, was man alles so machen müsste, wenn ein Feuer ausbricht!", antwortet Tino. „Deshalb gibt es ja regelmäßig die Schulung mit Herrn Henning, der ist unser Brandschutzbeauftragter."

Arbeitsaufträge

1. Der Staat hat eine Vielzahl von Gesetzen und Verordnungen erlassen, um Beschäftigte und Kunden in Betrieben vor Gefahren zu schützen. Trotzdem kommt es im täglichen Alltag der Lagerhaltung immer wieder zu Unfällen und Schäden, wenn nicht ausreichend auf die Arbeitssicherheit geachtet wird und Vorschriften missachtet werden. Arbeiten Sie bei den nachfolgenden Arbeitsaufträgen möglichst in Dreier-/Vierergruppen.

   a) Nicht immer brennt gleich eine Lagerhalle ab, wenn die Sicherheitsvorschriften mangelhaft sind oder nicht beachtet werden. Beschreiben Sie anhand fünf verschiedener Beispiele aus Ihrem Betriebsalltag, wie es im Lager zu Unfällen oder Schäden kommen kann. Wo also „lauern Gefahren":

   _____
   _____
   _____
   _____
   _____
   _____

   b) Befragen Sie Ihre Gruppenmitglieder, ob sie schon einmal Zeuge von betriebsbedingten Unfällen bzw. Schäden geworden sind oder selbst beteiligt waren. Ergänzen Sie ggf. Ihre Auflistung.

LS 6 Arbeitsschutz, Unfallverhütung und Umweltschutz im Lager kennenlernen und danach handeln

---

Auszüge aus dem Arbeitsschutzgesetz (ArbSchG)

…

§ 3 Grundpflichten des Arbeitgebers
(1) Der Arbeitgeber ist verpflichtet, die erforderlichen Maßnahmen des Arbeitsschutzes unter Berücksichtigung der Umstände zu treffen, die Sicherheit und Gesundheit der Beschäftigten bei der Arbeit beeinflussen …
(2) Zur Planung und Durchführung der Maßnahmen nach Absatz 1 hat der Arbeitgeber …
1. für eine geeignete Organisation zu sorgen und die erforderlichen Mittel bereitzustellen sowie
2. Vorkehrungen zu treffen, dass die Maßnahmen erforderlichenfalls bei allen Tätigkeiten und eingebunden in die betrieblichen Führungsstrukturen beachtet werden und die Beschäftigten ihren Mitwirkungspflichten nachkommen können.
(3) Kosten für Maßnahmen nach diesem Gesetz darf der Arbeitgeber nicht den Beschäftigten auferlegen.

§ 5 Beurteilung der Arbeitsbedingungen
(1) Der Arbeitgeber hat durch eine Beurteilung der für die Beschäftigten mit ihrer Arbeit verbundenen Gefährdung zu ermitteln, welche Maßnahmen des Arbeitsschutzes erforderlich sind.
(2) Der Arbeitgeber hat die Beurteilung je nach Art der Tätigkeiten vorzunehmen. Bei gleichartigen Arbeitsbedingungen ist die Beurteilung eines Arbeitsplatzes oder einer Tätigkeit ausreichend.

§ 10 Erste Hilfe und sonstige Notfallmaßnahmen
(1) Der Arbeitgeber hat entsprechend der Art der Arbeitsstätte und der Tätigkeiten sowie der Zahl der Beschäftigten die Maßnahmen zu treffen, die zur Ersten Hilfe, Brandbekämpfung und Evakuierung der Beschäftigten erforderlich sind. Dabei hat er der Anwesenheit anderer Personen Rechnung zu tragen.

§ 12 Unterweisung
(1) Der Arbeitgeber hat die Beschäftigten über Sicherheit und Gesundheitsschutz bei der Arbeit während ihrer Arbeitszeit ausreichend und angemessen zu unterweisen. Die Unterweisung umfasst Anweisungen und Erläuterungen, die eigens auf den Arbeitsplatz oder den Aufgabenbereich der Beschäftigten ausgerichtet sind …

---

2. Wichtige Grundlage des betrieblichen Arbeitsschutzes ist das Arbeitsschutzgesetz (ArbSchG).

a) Welche Zielsetzung verfolgt der Arbeitsschutz, der im Arbeitsschutzgesetz verankert ist? Zählen Sie mehrere Punkte auf.

_____

_____

_____

_____

_____

_____

LF 7 — Waren annehmen, lagern und pflegen

b) Unterscheiden Sie zwischen den beiden Begriffen „sozialer Arbeitsschutz" und „technischer Arbeitsschutz". Ergänzen Sie dazu die Inhalte der folgenden Tabelle:

	Sozialer Arbeitsschutz	Technischer Arbeitsschutz	
Allg. Erläuterung	Schutz besonders bedürftiger		
	Maßnahmen für best. Personen	**Arbeitssicherheit**	**Gesundheitsschutz und Heilung**
Schwerpunkte dieses Arbeitsschutzbereiches	Schutz von Kindern/ Jugendlichen	Gefährdungsbeurteilung Sicherheitszeichen	Arbeitsmedizinische Vorsorge Gesundheitsfürsorge

c) Der technische Arbeitsschutz beinhaltet eine Vielzahl von Gesetzen, Verordnungen, Vorschriften und Regeln, die Arbeitsunfälle und Berufskrankheiten vorbeugen und Beschäftigte ausführlich über Gefahren am Arbeitsplatz informieren sollen. In den einzelnen Bundesländern erfolgt die Durchführung und Überwachung durch unterschiedliche Institutionen. Nennen Sie mindestens zwei:

_____

d) Nennen Sie je mindestens drei Gesetze, Verordnungen oder Vorschriften, die Sie den beiden Bereichen des Arbeitsschutzes zuordnen können:

	Gesetze, Verordnungen und Vorschriften des Arbeitsschutzes in Deutschland	
	Sozialer Arbeitsschutz	Technischer Arbeitsschutz
Gesetze, Verordnungen und Vorschriften (Beispiele)		

LS 6　Arbeitsschutz, Unfallverhütung und Umweltschutz im Lager kennenlernen und danach handeln

e) Welche Aussagen zu den Inhalten des Arbeitsschutzgesetzes sind zutreffend? Entscheiden Sie (anhand der §§ 3, 5, 10 und 13 ArbSchG). Nichtzutreffendes korrigieren Sie bitte mit Begründung:

Nr.	Inhalte des Arbeitsschutzgesetzes	Ja	Nein (mit Begründung)
1.	Die Maßnahmen zur Durchführung des Arbeitsschutzes sind für den Arbeitgeber (AG) verpflichtend.		
2.	Die Kosten für Arbeitsschutzmaßnahmen werden vom AG und von den AN (Arbeitnehmern) anteilig aufgeteilt.		
3.	Der AG hat dafür zu sorgen, dass seine AN ihren Mitwirkungspflichten nachkommen.		
4.	Der AG hat dafür zu sorgen, dass die Arbeitsschutzmaßnahmen durch eine geeignete Organisation geplant und durchgeführt werden.		
5.	Nach Arbeitsunfällen und Erste-Hilfe-Maßnahmen müssen die AN unverzüglich eine Gefährdungsbeurteilung am Arbeitsplatz durchführen.		
6.	Die Berufsgenossenschaft hat Maßnahmen zu treffen, die bei der Ersten Hilfe, bei der Brandbekämpfung oder bei der Evakuierung von Beschäftigten notwendig werden können.		
7.	Der AG muss bei der Planung von Arbeitsschutzmaßnahmen auch die Anwesenheit fremder Personen berücksichtigen, z. B. von Kunden.		
8.	Der AG muss bei Neueinstellungen die neuen Mitarbeiter grundsätzlich über die Sicherheit am Arbeitsplatz und den Gesundheitsschutz bei der Arbeit unterweisen.		
9.	Die Unterweisungen zum Arbeits- und Gesundheitsschutz erfolgen während der Arbeitszeit.		

3. Zu Beginn der Schulung für Linda, Tino und ein paar andere Mitarbeiter zeigt Herr Henning mit Hilfe eines Beamers eine Grafik zum Thema Arbeitsschutz. Er bittet die Teilnehmer, sich zu der Thematik spontan zu äußern.

LF 7 | Waren annehmen, lagern und pflegen

a) Wie werden die Schulungsteilnehmer die Grafik bewerten, welche Funktion hat der „Arbeitsschutz im Einzelhandelsunternehmen"?

_____

_____

_____

_____

_____

b) Erläutern Sie im Zusammenhang mit der Grafik und dem Thema Arbeitsschutz den Begriff „Prävention" und bewerten Sie die Bedeutung der Prävention.

_____

_____

_____

_____

_____

_____

_____

c) Welches Verhalten bezüglich der Arbeitssicherheit und der Gesundheitsvorsorge ist nicht sinnvoll. Kreuzen Sie an.

I.	Auf dem Fußboden liegen gebliebenes Verpackungsmaterial oder Gegenstände heben Sie umgehend auf, obwohl Sie es eilig haben.
II.	Sie gehen regelmäßig ins Fitness-Studio und stärken außerdem Ihre Muskulatur, indem Sie bei schweren Kartons auf Tragehilfen verzichten.
III.	Wenn sich Leitern nicht gerade anstellen lassen, nutzen Sie den ergonomisch geformten Stuhl für höher einzulagernde Warensendungen.
IV.	Um auf dem Boden gelagerte Gegenstände hochzuheben, gehen Sie beim Anheben mit gebeugten Knien in die Tiefe und lassen dadurch den Rücken gerade.
V.	Beim Hantieren mit einer Anstellleiter lassen Sie sich von einer zweiten Person zur Absicherung unterstützen.
VI.	Sie stellen ein Warnschild auf, wenn die Fußböden durch die Witterung feucht sind oder vom Reinigungspersonal gerade feucht aufgewischt wurden.

LS 6 Arbeitsschutz, Unfallverhütung und Umweltschutz im Lager kennenlernen und danach handeln

d) Alle Berufsgenossenschaften geben branchenbezogene Unfallverhütungsvorschriften heraus. Welches ist i. d. R. die für den Einzelhandel zuständige Berufsgenossenschaft, wie wird sie abgekürzt?

_____

e) Wie sieht das Logo dieser Berufsgenossenschaft aus?

_____

f) Herr Henning verteilt ein Informationsblatt mit den verschiedenen Sicherheitszeichen. Da der Farbkopierer defekt ist, ist alles in Schwarz-Weiß ausgedruckt.
Schreiben Sie zunächst die Bezeichnung der jeweiligen Sicherheitszeichen unter die Abbildungen.

A

_____

B

_____

C

_____

D

_____

Quelle: https://www.bghm.de/arbeitsschuetzer/praxishilfen/sicherheitszeichen/verbotszeichen

g) Beschreiben Sie, wie die Zeichen A – D farbig aussehen:

_____

_____

_____

_____

h) Was symbolisieren die jeweiligen Zeichen, beschreiben Sie die acht Bedeutungen:

_____

_____

_____

_____

111

4. Ulli Henning legt den Schulungsteilnehmern in seiner Eigenschaft als Brandschutzbeauftragter eine Mängelliste vor, die er letzte Woche bei Begehung des Betriebes zusammengestellt hat. Die Liste betrifft sowohl das Verkaufslager als auch das Reservelager.

„Schaut euch die Mängel an und beschreibt dann mit eigenen Worten, was ihr zur Beseitigung machen würdet", gibt Herr Henning den Teilnehmern zur Aufgabe. *„Da ist schnellstens Handlungsbedarf notwendig."*
Linda und Tino arbeiten die Liste gemeinsam ab.

a) Bearbeiten Sie stellvertretend für die beiden Auszubildenden die Aufgabe. Schlagen Sie jeweils eine begründete Maßnahme zur Beseitigung der beschriebenen Mängel vor.

	festgestellte Brandschutzmängel	Maßnahmen zur Mangelbeseitigung
A	Die Plomben an den Feuerlöschern im Bereich der Aufenthaltsräume sind beschädigt, der Sicherungsstift fehlt und die Prüfplakette ist nicht mehr lesbar.	
B	Ein Feuerlöscher im Reservelager ist in einer Nische hinter einem Vorhang verdeckt, im Brandfall wird man zu lange danach suchen.	
C	Im Verkaufslager gibt es nur einen funktionierenden Rauchmelder, beim anderen fehlt die Stromversorgung.	
D	Die Brandschutztüren, die das Reservelager selbstständig vom Verkaufslager schließen, sind tagsüber durch einen Keil blockiert, damit man schneller durchkommt.	
E	Im Abstellraum neben dem Heizungsraum wurde eine kleine Raucherecke eingerichtet.	

	festgestellte Brandschutzmängel	Maßnahmen zur Mangelbeseitigung
F	Kaffeemaschine in der Küche hat schadhaften Stecker, das Kabel dazu wurde notdürftig verlängert; außerdem werden von der Steckdose über einen Vierfachstecker noch Wasserkocher, Radio und Heizlüfter versorgt.	
G	Die letzte Brandschutzübung war vor vier Jahren, danach wurden keine Übungen oder Schulungen mehr durchgeführt.	
H	Im Bürobereich im Serverraum gibt es weder einen Feuerlöscher noch eine Löschanlage für den Serverschrank.	
I	Der Notausgang im Bereich des Reservelagers ist mit einer Gitterbox verstellt, weil dort immer die Papier- und Kartonreste gelagert werden.	
j	Letzte Woche wurde durch die Brandschutzwand eine Wasserleitung verlegt; das Bohrloch ist noch offen, durch die Öffnung zieht es.	
K	Die Feuerwehrzufahrt vor dem Reservelager ist durch Container vollgestellt. Vor dem Verkaufslager steht häufig neben der Feuerwehrzufahrt der Anhänger der FahrRad GmbH.	

LF 7 — Waren annehmen, lagern und pflegen

b) Um den Umgang mit Feuerlöschern zu erlernen, zeigt Herr Henning einige Situationen bei der Brandbekämpfung, die bildlich eine richtige und eine falsche Handhabung darstellen. Schreiben Sie eine kurze Handlungsanweisung zu jedem Bilderpaar, das den korrekten Umgang beschreibt.

Der richtige Umgang mit Feuerlöschern		
Falsches Verhalten	**Beschreibung der Handlungsanweisung**	**Richtiges Verhalten**

c) Zur Kennzeichnung der Standorte von Feuerlöschern oder Brandmeldern im Lager werden spezielle Sicherheitszeichen verwendet. Beschreiben Sie das allgemeine Aussehen dieser Zeichen. Wie werden diese Sicherheitszeichen genannt?

_____

_____

d) Die Schulungsteilnehmer lernen nach dieser Einführung, wie man sich bei einem betrieblichen Unfall verhält, wenn beispielsweise ein Verunfallter durch einen Stromschlag oder bei einem Sturz von einer Leiter regungslos auf dem Boden liegt. Wie sind die Erste-Hilfe-Maßnahmen durchzuführen? Füllen Sie dazu den Lückentext auf der Folgeseite mit den unten vorgegebenen Begriffen aus:

Begriffe:

Wärmeverlust, Notruf, Welche Art, lebensbedrohende Verletzungen, Ruhe bewahren, Wie viele, aus dem Gefahrenbereich, Überblick, Verletzungen, Stillung der Blutung, stabile Seitenlage, Wo, Herzdruckmassage und Beatmung, Was, Rettungsleitstelle, Warten auf Rückfragen, Verletzungsursache, Schock, regungslos, nicht lebensbedrohliche, verletzt, abgesichert

LS 6 Arbeitsschutz, Unfallverhütung und Umweltschutz im Lager kennenlernen und danach handeln

Text:

Sofortmaßnahmen am Unfallort

Wenn man eine verunfallte Person auffindet, die _____ oder _____ am Boden liegt, sind folgende Verhaltensmaßnahmen zu beachten: Zuerst sollte man _____ und sich über die Unfallsituation einen _____ verschaffen. Dabei ist es wichtig, dass die Unfallstelle zunächst _____ wird. Sofern noch eine akute Gefahr an der Fundstelle besteht, sollte man die verunfallte Person _____ bringen. Bei schweren Unfällen oder der Unsicherheit, ob _____ vorliegen, ist nun ein _____ abzusetzen oder auf die Notsituation aufmerksam zu machen. Sofern möglich, sollte nach _____ gesucht werden. Je nach Art der Verletzung und Zustand der Person sind nun unterschiedliche Erste-Hilfe-Maßnahmen notwendig: bei stark blutenden Wunden die _____ , bei Atemstillstand oder anormaler Atmung eine Herz-Lungen-Wiederbelebung durch eine _____ , bei Bewusstlosigkeit, aber regelmäßiger Atmung durch eine _____ . Dabei ist die verunfallte Person z. B. durch eine Decke vor _____ zu schützen, durch gestenreiche Zuwendung zu betreuen, um den _____ zu bekämpfen und die Atmung bzw. das Bewusstsein zu kontrollieren. Erst dann sind _____ Verletzungen zu versorgen.

Sofern ein Notruf notwendig ist, sind der _____ (Telefon 112) folgende Fragen mit den 5 „Ws" zu beantworten:

- _____ geschah der Unfall (Ort, Straße, Betrieb bzw. Betriebsteil, Raum usw.)?
- _____ geschah (_____ wie z. B. Unfall, Feuer, Stromschlag, Schnittverletzung)?
- _____ Verletzte bzw. Erkrankte?
- _____ der Verletzung/Erkrankung liegt vor (Blutung, Brüche, Atemstillstand usw.)?
- _____ durch die Leitstelle – also nicht gleich auflegen.

5. Bei der Anlieferung neuer Waren werden durch das WWS alle Daten erfasst, die für die Lagerhaltung, für die Pflege des Warenbestands, für Bestellvorgang oder für die Inventur wichtig sind. Trotzdem ergeben sich im Einzelhandel immer wieder erhebliche Inventurdifferenzen, die unterschiedliche Ursachen haben.

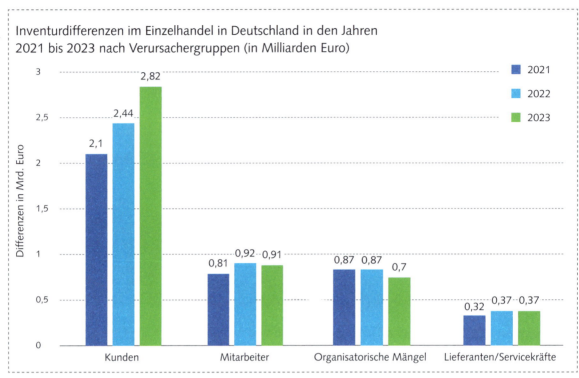

Quelle: https://de.statista.com/statistik/daten/studie/261630/umfrage/verursachergruppen-von-inventurdifferenzen-im-einzelhandel-in-deutschland/

a) Analysieren Sie die Statistikdaten, beschreiben Sie den für die Jahre 2021 bis 2023 abzulesenden Trend und den Grund der von Kunden verursachten Inventurdifferenz.

b) Ermitteln Sie den Gesamtverlust der durch Diebstahl oder andere Gründe verursachten Inventurdifferenz für das Jahr 2023 und den prozentualen Anstieg von 2022 zu 2023.

c) Berechnen Sie, wie viel Prozent der insgesamt bei der Inventurdifferenz ermittelten Verluste im Jahr 2023 von Kunden verursacht wurden.

d) Erläutern Sie, wie es zu „organisatorischen Mängeln" bei der Inventurdifferenz kommen kann.

e) Machen Sie je fünf Vorschläge, wie durch organisatorische oder technische Maßnahmen der Diebstahlschutz im Reservelager oder im Verkaufslager verbessert werden kann:

organisatorische Maßnahmen	technische Maßnahmen

f) Begründen Sie, ob sich von der alten Redensart „Gelegenheit macht Diebe" eine Erklärung für den Kundendiebstahl im Einzelhandel ableiten lässt.

Am Nachmittag wendet sich der Geschäftsführer der FahrRad GmbH, Herr Anton Krull, mit einem Vortrag über betriebsbedingte Umweltschutzmaßnahmen an die Schulungsteilnehmer. Zu Beginn zeigt er den Teilnehmern verschiedene Zeichen und Symbole. Auch bei der FahrRad GmbH wird auf das Thema „Nachhaltigkeit und Umweltschutz" besonderer Wert gelegt, aber es gibt immer wieder Unklarheiten, welche Bedeutung die verschiedenen Symbole haben.

© DSD – Duales System Holding GmbH & Co. KG, © Arbeitskreis Mehrweg GbR, © DPG Deutsches Pfandsystem GmbH, RAL GgmbH, TÜV, FSC, EMAS

Linda und Tino sind verschiedene Symbole aus dem ersten Ausbildungsjahr bekannt. Sie versuchen die Bedeutung der Symbole herauszufinden, als Herr Krull folgende Frage an die Schulungsteilnehmer stellt: „Wie ernst eine Gesellschaft oder ein Unternehmen das Thema Nachhaltigkeit und Umweltschutz nimmt, erkennt man gut am praktizierten Abfallmanagement. Dazu muss man sich nur die Abfallpyramide anschauen und wie wir z. B. hier bei uns in Haan danach handeln. Ihnen ist doch die Abfallpyramide bekannt, oder?"
Linda und Tino schauen sich fragend an.

6. a) **Tragen Sie zunächst in Partnerarbeit die Begriffe** *Menge, Recycling, Wiederverwendung, sonstige Verwertung, Vermeidung, Beseitigung, Priorität in die vorgegebene* Abfallpyramide **ein:**

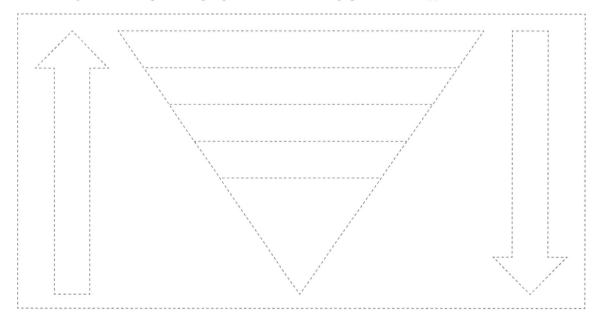

b) **Anton Krull fragt die Schulungsteilnehmer, wie man ihrer Meinung nach am besten Nachhaltigkeit und Umweltschutz sowohl privat als auch im Betrieb praktizieren kann. Er bittet alle, ihre kurzen Antworten auf der Flipchart einzutragen. Schlagen Sie stellvertretend für die Schulungsteilnehmer mindestens je fünf Antworten vor, die Sie stichwortartig in die Tabelle eintragen:**

Nachhaltigkeit und Umweltschutz – wirkungsvolle Maßnahmen	
… privat bzw. zuhause	… im Betrieb bzw. Unternehmen

c) **Anton Krull prüft das Wissen der Schulungsteilnehmer mithilfe der abgebildeten Zeichen und Symbole (von A–J). Anhand der vorgegebenen Aussagen sollen die Teilnehmer entscheiden, ob die Behauptung jeweils zutrifft oder nicht. Kreuzen Sie an, welche Aussagen richtig bzw. falsch sind:**

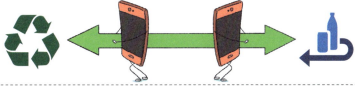

	Welche Symbole (A–J) sind zutreffend erklärt, welche nicht		
	Aussage	richtig	falsch
A	Der grüne Punkt ist ein Markenzeichen der „Der Grüne Punkt – Duales System Deutschland GmbH", die Organisation sorgt für die Sammlung z. B. in der Gelben Tonne oder in Altglascontainern, der Sortierung und Verwertung von Verpackungsmüll.		
B	Das Mehrweg-Logo findet man z. B. auf Bierflaschen, die als Mehrwegflaschen wiederbefüllt werden und somit einen wichtigen Beitrag zur Kreislaufwirtschaft und zum Umweltschutz leisten. PET-Kunststoffflaschen sind dabei vom Mehrweg ausgeschlossen.		
C	Haushalts- oder Reinigungsmittel, die umweltgefährdend sind, werden EU-einheitlich seit 2015 mit diesem Gefahrensymbol gekennzeichnet (Hintergrund weiß, Umrandung rot).		

Welche Symbole (A–J) sind zutreffend erklärt, welche nicht			
	Aussage	richtig	falsch
D	Das Logo der „Deutsche Pfandsystem GmbH" ist auf pfandpflichtigen Einweggetränkeverpackungen zu finden. Einzelhändler sind zur Rücknahme aller pfandpflichtigen Einweggetränkeverpackungen der Materialart verpflichtet, die sie vertreiben, unabhängig davon, ob die Verpackungen vom Händler oder einem Wettbewerber verkauft wurden.		
E	Wenn ein Einzelhändler Waren mit dem „Blauen Engel" anbietet, garantiert das Siegel, dass die Produkte hohe Ansprüche an Umwelt-, Gesundheits- und Gebrauchseigenschaften erfüllen; das Umweltbundesamt überprüft die Kriterien der Siegelvergabe regelmäßig.		
F	Mit dem Siegel „Geprüfte Sicherheit" (GS-Zeichen) wird einem verkaufsfertigen Produkt bescheinigt, dass es den hohen Nachhaltigkeitsanforderungen entspricht und besonders umweltfreundlich gefertigt worden ist.		
G	Die CE-Kennzeichnung ist ein EU-Umweltlabel für besonders umweltfreundlich gefertigte Waren mit geringem Stromverbrauch aus nachhaltiger Produktion.		
H	Das FSC-System zur Zertifizierung von Forstwirtschaft wurde gegründet zur Sicherung der nachhaltigen Waldnutzung; diese beinhaltet die Wahrung und auch Verbesserung der ökonomischen, ökologischen und sozialen Funktionen der Forstbetriebe.		
I	Das EMAS-Siegel erhalten z. B. Unternehmen, die sich zertifizieren lassen, um die Energie- und Materialeffizienz systematisch zu verbessern sowie schädliche Umweltwirkungen und umweltbezogene Risiken zu reduzieren; dies kann dann ein Unternehmen zu Werbezwecken und zur Imageverbesserung nutzen.		
J	Die drei grünen Pfeile symbolisieren, dass der Abfall recycelt wird. Deshalb sind alle Produkte mit diesem Symbol in der „Gelben Tonne" bzw. dem „Gelben Sack" zu entsorgen.		

d) In der FahrRad GmbH sollen im Reservelager die alten Kühlaggregate, die jährlich 900 kWh Strom verbraucht und 174,00 EUR Stromkosten verursacht haben, gegen neue mit höherer Energieeffizienz ausgetauscht werden. Diese verbrauchen jährlich nur noch 360 kWh Strom. Berechnen Sie, wie viel jährlich durch die neuen Aggregate gespart werden kann und wie hoch die prozentuale Einsparung ist.

e) Das Lager der FahrRad GmbH trägt einen großen Teil zum Umweltschutz bei. Ordnen Sie zu, indem Sie die Buchstaben von vier der insgesamt acht Maßnahmen den Begriffen zuordnen:

	Maßnahmen	Begriffe	
A	Ölverschmutzte Betriebsmittel werden als Sondermüll sortiert und in Spezialbehältern zur energetischen Verwertung abgegeben.	Abfallvermeidung	
B	Für die Lieferung der Fahrräder werden gar keine Kartonverpackungen mehr eingesetzt, viele Zubehörteile werden lose transportiert.		
C	Demir Özkan ist zum Umweltschutzbeauftragten ernannt worden, er kontrolliert die Müllcontainer wöchentlich.	Abfallverminderung	
D	Altglas, Altpapier und Kartons, Metalle, Kunststoffabfall und der Restmüll werden jeweils in entsprechenden Containern sortiert.		
E	Alle Wege im Lager und zum Müllplatz wurden durch eine Beschilderung mit Sicherheitskennzeichen neu markiert.	Abfallumwandlung	
F	Im Bereich der Müllentsorgung wurden Überwachungskameras installiert, damit Kunden nicht ihre Hausabfälle entsorgen.		
G	Die Umverpackungen bei den Zubehörteilen aus Hartkunststoff wurden seit 2020 eingespart und durch leichte Pappbehälter ersetzt.	Abfallbeseitigung	
H	Herr Özkan hat bei sich im Hausgarten eine große Kompostanlage aufgestellt.		

f) Beschreiben Sie das Grundprinzip der Abfallwirtschaft, das sich auch im Kreislaufwirtschaftsgesetz (KrWG) widerspiegelt. Formulieren Sie dazu Leitsätze oder ein praktikables Motto.

> **Kreislaufwirtschaftsgesetz – KrWG**
>
> **§ 1 Zweck des Gesetzes**
> (1) Zweck des Gesetzes ist es, die Kreislaufwirtschaft zur Schonung der natürlichen Ressourcen zu fördern und den Schutz von Mensch und Umwelt bei der Erzeugung und Bewirtschaftung von Abfällen sicherzustellen.
> …
> **§ 2 Geltungsbereich**
> (1) Die Vorschriften dieses Gesetzes gelten für
> 1. die Vermeidung von Abfällen sowie
> 2. die Verwertung von Abfällen,
> 3. die Beseitigung von Abfällen und
> 4. die sonstigen Maßnahmen der Abfallbewirtschaftung.

LF 7 — Waren annehmen, lagern und pflegen

Lernsituation 7

Eine Inventur durchführen sowie die Wirtschaftlichkeit der Lagerbestände analysieren

Die Auszubildenden Linda und Tino müssen heute zusammen mit Frau Löschen alle Helme, Taschen und Rucksäcke mengenmäßig erfassen, die im Verkaufs- und Reservelager vorhanden sind. Dieser vorverlegte Teil der **Inventur** ist notwendig, weil zurzeit keine genauen Daten vorliegen. Seit gestern Abend ist der Server vom Lagerverwaltungssystem ausgefallen, und das kurz vor Weihnachten. Normalerweise übernimmt das WWS diese **Bestandskontrolle**, aber die Bestellung der City- und Treckinghelme für die kommenden Wochen muss vorbereitet werden, da sind die aktuellen Bestände wichtig.

„Eigentlich bekommen wir die **Istbestände** und **Meldebestände** ja durch das WWS, aber Frau Löschen muss die Bestellung umgehend fertigmachen, da werden wir wohl zählen müssen, was noch auf Lager ist", erklärt Linda ihrem Auszubildendenkollegen. „Alle anderen **Lagerkennzahlen** liegen, glaube ich, vor. Und wir müssen ja sowieso bald eine körperliche Inventur machen, oder?" Tino überlegt, was Lagerkennzahlen sind. Aber er kann ja beim Zählen seine Kollegin und Frau Löschen fragen.

„Tino, mit der richtigen Analyse der Lagerkennzahlen weiß man, wie gut sich unsere Helme, Taschen und Rucksäcke verkaufen und wie wirtschaftlich unser Lager arbeitet", ergänzt Frau Löschen. Sie merkt an der Reaktion, dass da noch Aufklärungsarbeit zu leisten ist. Aber zuerst testet sie Linda mit Fragen zum Thema „Inventur".

Arbeitsaufträge

1. Neben den gesetzlichen Vorschriften, die die Durchführung einer Inventur erforderlich machen, kann es auch wirtschaftliche Gründe geben, um eine Inventur durchzuführen.

a) Erläutern Sie, was bei einer körperlichen Inventur bzw. einer Buchinventur erfasst wird.

_____

_____

_____

b) Was könnte durch eine körperliche Inventur aufgedeckt werden, was das Warenwirtschaftssystem bei einer buchmäßigen Inventur nicht lückenlos erfasst hat? Geben Sie drei Aspekte an.

„Stichtagsinventur"
„verlegte Inventur"

_____

_____

LS 7 Eine Inventur durchführen sowie die Wirtschaftlichkeit der Lagerbestände analysieren

2. Bei der FahrRad GmbH muss die Inventur wegen des Serverausfalls vorverlegt werden. Vergleichen Sie die Zeitpunkte der beiden Inventurarten „Stichtagsinventur" und „Verlegte Inventur".

a) Füllen Sie dazu die fehlenden Angaben in der nachfolgenden Tabelle aus:

Vergleich der beiden Inventurarten „Stichtagsinventur" und „Verlegte Inventur"		
Inventurart	**Stichtagsinventur**	**Verlegte Inventur**
Zeitpunkt	Die Bestandsaufnahme erfolgt grundsätzlich	Die körperliche Bestandsaufnahme erfolgt
Berücksichtigung der Bestandsveränderungen	Finden Bestandsveränderungen (also Warenzugänge bzw. -abgänge) zwischen dem Tag der Bestandsaufnahme und dem Stichtag statt, so	Der am Aufnahmetag ermittelte Bestand muss

b) Bei der Stichtagsinventur der FahrRad GmbH am 22.12.20.. (Aufnahmetag) wird der Warenwert von sämtlichen Schutzhelmen für Erwachsene mit 75.150 EUR ermittelt. Bis zum 31.12.20.. sind Abgänge von 8.800 EUR und Zugänge von 3.350 EUR zu verzeichnen. Führen Sie eine Wertfortschreibung zum Bilanzstichtag 31.12.20.. durch.

_____

_____

_____

3. In der Pause fragt Tino seine Kollegin Linda, was es genau mit dem Begriff „Meldebestand" auf sich hat. Linda zeigt ihm dazu ein Arbeitsblatt aus ihren Aufzeichnungen.
Ergänzen Sie stellvertretend für Tino die fehlenden Angaben in der Tabelle, um den Unterschied zwischen den Begriffen Höchst-, Melde- und Mindestbestand bei einer Bestandskontrolle zu verdeutlichen.

(= Überwachung des Warenbestands eines Unternehmens)		
	Meldebestand	
Bestand, bis zu dem das Lager maximal aufgefüllt wird		Reservebestand, der immer auf Lager sein muss, damit die Verkaufsbereitschaft jederzeit gegeben ist

LF 7 | Waren annehmen, lagern und pflegen

4. Tino hat zwischenzeitlich den Bestand an Kinder-Rad-Helmen ermittelt, es sind insgesamt 40 Stück vom Typ „Tour de France Junior". Von Frau Löschen bekommt Tino eine Artikelliste, in der sämtliche Monatsbestände des Jahres (außer dem Dezember) eingetragen sind.

a) Tragen Sie in die Artikelliste die fehlenden Daten für Dezember bzw. das 4. Quartal ein:

Artikelliste Rad-Helm „Tour de France Junior"

Artikel-Nr.: 2365-671 K		Lieferer: 23 45 667 89		Mindestbestand: 20, Meldebestand: xxx		
Jahresanfangsbestand: 122		Opt. Bestellmenge: 200		Bezugspreis: 19,90 EUR		VK-Preis: 34,90 EUR
Monat*	**Stück**	**Monat***	**Stück**	**Monat***	**Stück**	**Quartalsendbestand**	**Zugänge**	**Datum**
Januar	92	Februar	79	März	64	1. Quartal	64		
April	31	Mai	210	Juni	181	2. Quartal	181	+ 200	15. Mai
Juli	122	August	79	Sept.	26	3. Quartal	26		
Okt.	181	Nov.	138	Dez.		4. Quartal		+ 200	15. Okt.

*Bestand jeweils am Monatsende in Stück

Lena Löschen möchte gemeinsam mit Linda und Tino die verschiedenen **Lagerkennzahlen** erarbeiten, um damit die Wirtschaftlichkeit des Warensortiments ermitteln und mögliche Anpassungen vornehmen zu können. Sie legt den beiden ein Puzzle mit den unterschiedlichen Formeln der einzelnen Lagerkennzahlen vor. Die Aufgabe der beiden besteht nun darin, die Bestandteile der Formeln richtig zuzuordnen. Jede Formel beginnt mit einem **blau** eingefärbten Begriff, der Zähler der Formel ist immer **schwarz** eingefärbt und der Nenner – wenn vorhanden – in **violett**.

b) Bearbeiten Sie in Gruppenarbeit dieses Puzzle, indem Sie die passenden Teile der jeweiligen Formeln zusammenstellen. Übertragen Sie dann die Lösungen auf das Lösungsblatt.

Lagerkennzahlen
*wird der Lagerbestand in EURO ausgedrückt, spricht man von durchschnittlichem Lagerwert oder vom Lagerbestandswert

2	Umschlagshäufigkeit =	Anfangsbestand + 12 Monatsbestände		Umschlagshäufigkeit
13	5	Marktzinssatz (in %)	100	durchschnittlicher Lagerwert	360 Tage
Anfangsbestand + 4 Quartalsbestände		Lagerzinssatz =		belegte Fläche × 100
Lagerzinsen =	Lagerzinssatz =	360 Tage	Ø Lagerdauer	Ø Lagerbestand*$_{Monatsbasis}$ =
Wareneinsatz$_{wertmäßig}$ =	Anfangsbestand + Zugänge – Endbestand		Ø Verbrauch pro Zeiteinheit
360 Tage	Lagerabgang × Bezugspreis	Lagerreichweite =	durchschnittlicher Lagerbestand
Wareneinsatz (zu Einstandspreisen)	Umschlagshäufigkeit		Wareneinsatz (in Mengeneinheit)
Umschlagshäufigkeit$_{mengenmäßig}$ =	Ø Lagerbestand*$_{Quartalsbasis}$ =		durchschnittlicher Lagerbestand
Marktzinssatz (in %) × Ø Lagerdauer	Ø Lagerbestand*$_{Jahresbasis}$ =		Lagerumschlag/-abgang =
Wareneinsatz (zu Einstandspreisen)	Umschlagshäufigkeit$_{wertmäßig}$ =		verfügbare Lagerplätze
Umschlagshäufigkeit wertmäßig	Ø Lagerwert* × Lagerzinssatz		Lagernutzungsgrad =
Ø Lagerdauer =	(Jahres-)Anfangs- + Endbestand		durchschnittlicher Lagerwert* =

Lösungen zum Puzzle „Lagerkennzahlen":

Ø Lagerbestand*$_{Jahresbasis}$ =	
Ø Lagerbestand*$_{Quartalsbasis}$ =	
Ø Lagerbestand*$_{Monatsbasis}$ =	
Lagerumschlag/-abgang =	
Wareneinsatz $_{wertmäßig}$ =	
Umschlagshäufigkeit $_{mengenmäßig}$ =	
Umschlagshäufigkeit $_{wertmäßig}$ =	
Umschlagshäufigkeit =	
Ø Lagerdauer =	
durchschnittlicher Lagerwert* =	
Lagerreichweite =	
Lagerzinssatz =	
Lagerzinssatz =	
Lagerzinsen =	
Lagernutzungsgrad =	

c) Berechnen Sie auf Grundlage der in der Artikelliste (Rad-Helm „Tour de France Junior") aufgeführten Daten den durchschnittlichen Lagerbestand (Ø LB) der Rad-Helme auf Jahresbasis, auf Quartalsbasis und auf Monatsbasis sowie den Lagerabgang für das Jahr.

5. Anhand der Daten ist nun bekannt, wie viele Junior-Rad-Helme im Jahr durch die FahrRad GmbH verkauft worden sind.
Frau Löschen lässt sich zur Verkäuferschulung von Linda und Tino beim Helmkauf beraten und prüft die beiden Auszubildenden mit folgenden Fragen:
„Wie häufig ist denn im Jahr der komplette Lagerbestand (mengenmäßig) umgeschlagen worden? Wie lange ist so eine Helmlieferung im Durchschnitt im Lager, das kostet uns ja auch immer eine ganze Menge Zinsen?"

Was der Lagerbestand mit Zinsen zu tun haben sollte, versteht Tino nicht so ganz.

a) Berechnen Sie stellvertretend für die beiden Auszubildenden auf der Basis der vorhandenen Daten für den Rad-Helm „Tour de France Junior" die Umschlagshäufigkeit (mengenmäßig) und die durchschnittliche Lagerdauer, runden Sie die Werte auf bzw. ab.

b) Wenn der Bezugspreis und der Verkaufspreis sowie der durchschnittliche Lagerbestand bekannt sind, lässt sich ermitteln, wie viel Kapital durch die Junior-Helme – über das Jahr gesehen – durchschnittlich im Lager gebunden und wie viel Umsatz (einschließlich 19 % Umsatzsteuer) mit den Helmen insgesamt erzielt wurde. Berechnen Sie diese beiden Kennzahlen.

LS 7 Eine Inventur durchführen sowie die Wirtschaftlichkeit der Lagerbestände analysieren

c) Der Lieferant der Rad-Helme „Tour de France Junior" hat der FahrRad GmbH vormittags mitgeteilt, dass sich die Lieferzeit der Helme ab sofort durch Produktionsänderungen von fünf auf zehn Tage verlängert. Kreuzen Sie an, welche Auswirkungen das bei gleichem Kaufverhalten hat.

Nr.	Auswirkung	
I.	Der Meldebestand wird durch die Produktionsänderung später erreicht.	
II.	Der Mindestbestand muss durch die Produktionsänderung erhöht werden.	
III.	Der Höchstbestand verringert sich, da der Mindestbestand kleiner wird.	
IV.	Der Meldebestand wird zeitlich früher erreicht und erhöht sich.	
V.	Der zeitliche Abstand zwischen dem Melde- und dem Mindestbestand verringert sich.	

d) Nach den Weihnachtstagen rechnet Frau Löschen noch mit einem durchschnittlichen Verkauf von zwei Helmen pro Tag, die eiserne Reserve beträgt 20 Helme. Sie fragt Linda und Tino, wann der Meldebestand erreicht sein wird. Beide fangen an zu rechnen. Was werden sie antworten?

_____

_____

_____

6. Zwischen Wareneingang und Warenausgang fallen im Lager Kosten für die Bereitstellung der Waren an. Deshalb ist es regelmäßig notwendig, die Wirtschaftlichkeit der Lagerhaltung, die Frau Löschen angesprochen hat, zu überprüfen. Geben Sie zu den nachfolgend aufgeführten Begriffen mehrere Beispiele an, die die Kostenbereiche näher beschreiben.

Lagerkosten		
Kosten für die Lagerverwaltung	Kosten für Lagereinrichtung und Lagerausstattung	Kosten für die Lagerbestände

LF 7 — Waren annehmen, lagern und pflegen

7. Am Nachmittag sind die von Linda ermittelten Inventurdaten von Frau Löschen in die Artikelliste (Rad-Helme für Erwachsene) eingearbeitet worden. Sie schauen sich die Zahlen noch einmal gemeinsam an, um einige Lagerkennzahlen zu üben.

Artikelliste Rad-Helme für Erwachsene, City- und Treckinghelme Modelle: Tour de France, Atos Giro, Tour Europe			in versch. Größen
Bezugspreise: 19,90 EUR – 49,90 EUR		Lieferer: 23 45 667 89 und 23 46 566 81	
Zeit	Warenwert Lagerbestand (zu Bezugspreisen)	Warenwert der Zugänge (zu Bezugspreisen)	Datum
Jahresbeginn	2.060 EUR		
Ende 1. Quartal	2.120 EUR	+ 8.000 EUR	10. Januar
Ende 2. Quartal	2.520 EUR	+ 8.050 EUR	10. April
Ende 3. Quartal	1.960 EUR	+ 8.000 EUR	10. Juli
Ende 4. Quartal	1.840 EUR	+ 8.100 EUR	10. Oktober

a) Ermitteln Sie den Ø Lagerbestand, den Wareneinsatz und die Umschlagshäufigkeit; runden Sie die Werte auf ganze Zahlen ab:

b) Ermitteln Sie die Ø Lagerdauer der City- und Trecking-Helme für Erwachsene. Runden Sie das Ergebnis auf volle Tage ab:

c) Berechnen Sie den Lagerzinssatz sowie die Zinsen für die City- und Trecking-Helme für Erwachsene bei dem in Aufgabe 7a + b ermittelten Ø Lagerbestand, der Umschlagshäufigkeit und einem Bankzinssatz von 3 %; bitte verwenden Sie die gerundeten Werte.

LS 7 — Eine Inventur durchführen sowie die Wirtschaftlichkeit der Lagerbestände analysieren

Aufgabe Plus

8. Im Rahmen der Inventur sind die Bestände der Warengruppe „Fahrradtaschen, Fahrradkörbe und Rucksäcke" ermittelt worden. Die folgende Tabelle zeigt die Lagerbestände, jeweils zu Bezugspreisen bewertet.

Warengruppe „Fahrradtaschen, Fahrradkörbe und Rucksäcke"					
Stand 01. Januar:	9.300		*Bestand jeweils am Monatsende		
Monat*	EUR	Monat*	EUR	Monat*	EUR
Januar	10.800	Februar	15.100	März	14.600
April	14.200	Mai	15.000	Juni	13.800
Juli	12.100	August	13.900	September	17.400
Oktober	17.900	November	15.200	Dezember	11.400
Wareneingänge in dieser Warengruppe vom 01. Jan. bis 31. Dez.: **113.300 EUR**					

a) Berechnen Sie die Lagerkennziffern, die in der folgenden Tabelle aufgeführt sind.
Schreiben Sie zuerst die Formel in die erste Spalte, führen Sie in der zweiten Spalte die Berechnung durch. Formulieren Sie zu dem Ergebnis jeweils einen erläuternden Satz, der das Ergebnis bewertet.

Lagerkennziffern für die Warengruppe „Fahrradtaschen, Fahrradkörbe und Rucksäcke"		
Formel zur Berechnung	**Rechenweg/Ergebnis**	**Erläuterung/Bewertung**
durchschnittlicher Lagerbestand (Lagerbestandswert) =		
Umschlagshäufigkeit =		

LF 7 — Waren annehmen, lagern und pflegen

Lagerkennziffern für die Warengruppe „Fahrradtaschen, Fahrradkörbe und Rucksäcke"		
Formel zur Berechnung	**Rechenweg/Ergebnis**	**Erläuterung/Bewertung**
durchschnittliche Lagerdauer =		
Lagerzinssatz (in %) =		
Lagerzinsen =		

LS 7 Eine Inventur durchführen sowie die Wirtschaftlichkeit der Lagerbestände analysieren

b) Analysieren Sie, was ein Einzelhändler (für eine bestimmte Warengruppe) aus der Lagerkennzahl „Umschlagshäufigkeit" ableiten kann, wenn diese Zahl im Gegensatz zur Branche oder zu den Mitbewerbern deutlich geringer ist. Verdeutlichen Sie Ihre Analyse anhand mehrerer Aspekte.

c) Zeigen Sie auf, welche Folgen eine Erhöhung der Umschlagshäufigkeit mit sich bringen kann. Verwenden Sie bei Ihrer Analyse die Begriffe Liquidität und Wirtschaftlichkeit.

▸ ▸

d) Zur Sortimentsanpassung wird die Lagerreichweite (LRW) von Kinderzweirädern benötigt. Erläutern Sie, wie man die LRW ermittelt und wie eine hohe bzw. niedrige LRW zu bewerten sind.

e) Das Reservelager hat ein neues Regalsystem erhalten, die Maße sind der Skizze – nicht maßstabgerecht – zu entnehmen. Maße der Tische (grau): 2 m breit, 5 m lang. Der Hauptweg ist 2 m breit. Der Bereich der Sozialräume einschl. Büro (gelb) hat eine Fläche von 5 m x 5 m; für den Bereich der Kinderzweiräder sind zwei Regale gegenüber reserviert. Berechnen Sie die Nettolagerfläche und den Lagerfüllgrad, wenn das Lager zuerst nur für die Kinderzweiräder genutzt wird.

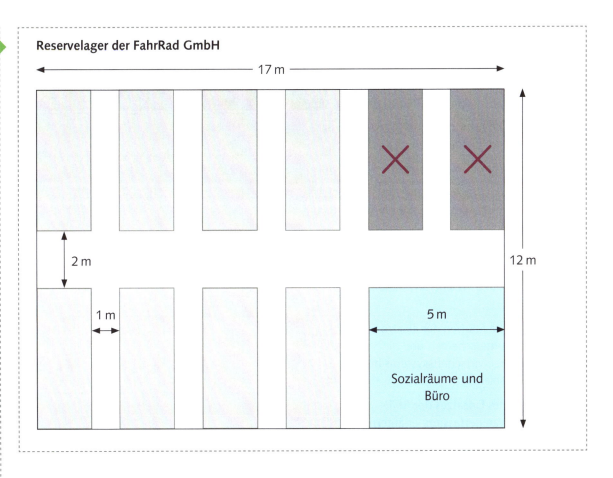

Reservelager der FahrRad GmbH

f) Aufgrund von Kapazitätsengpässen überlegen Sie, ob Sie das Eigenlager um 500 m² erweitern sollen oder ein Fremdlager mit gleicher Größe anmieten. Ermitteln Sie die Kosten für die Eigenlagerung bzw. die Fremdlagerung unter Berücksichtigung folgender Daten:

Eigenlager	Fremdlager
Monatliche **fixe** Kosten: Abschreibung: 3.000,00 EUR, Personal: 2.300,00 EUR, Nebenkosten: 700,00 EUR. Monatliche **variable** Kosten: 12,00 EUR/m²	25 EUR/m² für sämtliche Kosten

133

Kompetenzfragebogen

Ich kann …	ja	nein	unsicher	nachzulesen auf Seite	Übungs-aufgaben
… die Begriffe Waren- und Lagerlogistik unterscheiden und erklären.					
… verschiedene Warenbegleitpapiere benennen.					
… die Vorgehensweise bei einer Warenanlieferung chronologisch erfassen und eine Checkliste dazu erstellen.					
… ableiten, welche Tätigkeiten bei der Warenanlieferung sofort und welche unverzüglich zu tun sind.					
…. unterschiedliche Formen der elektronischen Warenerfassung unterscheiden und die Funktion des Warenwirtschaftssystems bei der Warenannahme ableiten.					
… die Vorteile eines Einsatzes der RFID-Technik bei der Warenerfassung erläutern.					
… verschiedene Angaben benennen, die nach der Abgabenordnung § 143 in einem Wareneingangsbuch erfasst sein müssen.					
… eine Feinkontrolle anhand der Warenbegleitpapiere und der Bestellung durchführen.					
… verschiedene Leistungsstörungen unterscheiden.					
… verschiedene Mängelarten unterscheiden und erläutern.					
… eine Mängelrüge an den Lieferer schreiben und einen geeigneten Regulierungsvorschlag machen.					
… bei Mängeln die Rechte und Pflichten des Käufers in Bezug auf die Rechtsstellung der Vertragspartner ableiten.					
… den Begriff „Beweislastumkehr" bei einem Verbrauchsgüterkauf erläutern.					
… Reklamationen von Kunden aufgrund gerügter Mängel rechtssicher bearbeiten.					
… zwischen vorrangigen und nachrangigen Rechten unterscheiden und Kunden zufriedenstellende Regelungen anbieten.					
… Bedingungen bewerten, die der Gesetzgeber im Zusammenhang mit der Inanspruchnahme nachrangiger Rechte voraussetzt.					
… den Begriff „Unternehmerrückgriff" erläutern.					

Ich kann …	ja	nein	unsicher	nachzulesen auf Seite	Übungs-aufgaben
… anhand der §§ des BGB bewerten, ob ein Leistungsverzug vorliegt oder nicht.					
… die Voraussetzungen für einen Lieferungsverzug ableiten.					
… erläutern, welche Rechte Kunden bei Lieferungsverzug in Anspruch nehmen können.					
… Grundsätze der Lagerlogistik erläutern und nach Schwerpunkten ordnen.					
… wesentliche Lagerfunktionen ableiten.					
… allgemeine Lagergrundsätze erklären.					
… Einlagerungsstrategien unterscheiden.					
… die artgemäße Lagerung und Warenpflege im Lager erläutern, Schadbilder zuordnen und geeignete Maßnahmen ableiten.					
… Unfälle und Schäden bewerten, die im Lager durch fehlerhaftes Verhalten und mangelnde Sicherheitsvorschriften entstehen.					
… Grundzüge des Arbeitsschutzgesetzes erläutern und die Zielsetzung des Arbeitsschutzes daraus ableiten.					
… zwischen sozialem und technischem Arbeitsschutz unterscheiden.					
… Institutionen nennen, die Überwachung des Arbeitsschutzes durchführen.					
… den Begriff „Prävention" erläutern.					
… die verschiedenen Sicherheitszeichen unterscheiden und die Bedeutung der einzelnen Symbole erklären.					
… Maßnahmen zum Arbeitsschutz, insbesondere beim Brandschutz erläutern.					
… bei Sicherheitsmängeln, insbesondere bei Brandschutzmängeln, geeignete Maßnahmen zur Beseitigung vorschlagen.					
… die Sofortmaßnahmen am Unfallort beschreiben und einen Notruf absetzen.					
… Gründe für Inventurdifferenzen erläutern.					
… technische und organisatorische Maßnahmen zum Diebstahlschutz ableiten.					
… betriebsbedingte Maßnahmen zur Förderung von Nachhaltigkeit und Umweltschutz benennen und bewerten.					

Ich kann …	ja	nein	unsicher	nachzulesen auf Seite	Übungs-aufgaben
… das Grundprinzip der Abfallwirtschaft und das ressourcenschonende Handeln nach dem Prinzip der Abfallpyramide erläutern.					
… die Bedeutung verschiedener Umweltsiegel und -symbole erläutern.					
… verschiedene Inventurarten voneinander unterscheiden und erläutern.					
… erklären, was bei einer Bestandskontrolle überwacht wird.					
… unterschiedliche Lagerkosten erläutern.					
… relevante Daten zur Berechnung von Lagerkennzahlen aus Inventurergebnissen ableiten.					
… Lagerkennzahlen benennen, berechnen und die Ergebnisse im Hinblick auf Wirtschaftlichkeit und Rentabilität analysieren.					

LF 8 Geschäftsprozesse erfassen und kontrollieren

LF 8 — Geschäftsprozesse erfassen und kontrollieren

Die Kompetenzentwicklung umfasst, …

… betriebliche Geschäftsprozesse in Prozesse des Absatzes und Prozesse der Beschaffung zu unterscheiden.

Problem von Über- bzw. Unterangebot	Beschaffung- und Absatzprozesse	Informationsflüsse
Güterströme und Geldströme	Erträge und Aufwendungen	Gewinnermittlung

… Teilbereiche, Aufgaben und Adressaten des betrieblichen Rechnungswesens kennen und zwischen internem und externen Rechnungswesen zu unterscheiden.

Externes und Internes Rechnungswesen	Finanzbuchhaltung, Bilanzierung, GuV	Grundsätze der ordnungsgemäßen Buchführung
Kosten- und Leistungsrechnung	Planungsrechnung	Buchführungspflicht nach HGB

… Inventurarten zu unterscheiden und ein ordnungsgemäßes Inventar aufstellen zu können.

Stichtagsverlegte und permanente Inventur	körperliche Inventur und Buchinventur	Inventar, Inventarverzeichnis und Inventarposten
Anlage- und Umlaufvermögen	Schulden und Verbindlichkeiten	Eigen- und Fremdkapital

… das Inventar in Kontenform in eine Bilanzstruktur zu übernehmen und zu analysieren.

Struktur der Bilanz	Bilanzpositionen	Bilanzsummen

… Wertveränderungen der Bilanzpositionen aufgrund von Geschäftsfällen zu erkennen und Buchungen im Haupt- und Grundbuch vorzunehmen.

Aktivtausch	Passivtausch	Aktiv-Passiv-Mehrung und -Minderung
Buchung auf T-Konten im Hauptbuch	Abschluss von T-Konten	Buchungssätze im Grundbuch

… die Erfolgsermittlung eines Unternehmens und die Preiskalkulation mittels GuV-Konto vorzunehmen.

Bestands-/Erfolgskonten	erfolgswirksame und erfolgsunwirksame Geschäftsfälle	
Aktiv-Passiv-Konten	Zuschlagssätze auf Grundlage eines GuV-Kontos	
Wareneinsatz	Handlungskostenzuschlagssatz	Gewinnzuschlagssatz

… die Bedeutung und die Funktion eines Warenwirtschaftssystems in einem Einzelhandelsbetrieb kennenzulernen und mit Hilfe der Daten aus dem WWS betriebliche Entscheidungen zu verstehen.

Offene oder geschlossene Warenwirtschaftssysteme	Barcode und RFID	Datenschutz und Datensicherung

… Diagramme zu analysieren und zu interpretieren sowie aus gegebenen Daten Diagramme mit Hilfe einer Tabellenkalkualtion zu erstellen.

Kreis-, Linien-, Säulen- und Balkendiagramme	Diagramme mit Tabellenkalkulation	Interpretation von Diagrammen

Der Modellbetrieb im Lernfeld 8

Unternehmensbeschreibung

Firma	**Baumarkt KG**
Geschäftszweck	Baumarkt für Heimwerker,- Bau- und Gartenbedarf
Geschäftssitz	Aachener Str. 15, 40223 Düsseldorf
Registergericht	Amtsgericht Düsseldorf HRB 0185
	Steuernummer: 5106/5077/4357
	USt.-Id.-Nummer: DE 152965189
Gesellschafter	Stefan Droscht (Komplementär)
	Sabine Turnis (Kommanditistin)
	Sahid Ibrahim (Kommaniditist)
Telefon	0211-657010
Telefax	0211-657000
Homepage	www.baumarkt-kg.de
E-Mail	info@baumarkt-kg.de
Bankverbindung	Sparkasse Düsseldorf
	BIC: DUSSDEDDXXX
	IBAN: DE60 3005 0110 0000 1654 89
Mitarbeiter	240 Mitarbeiter
	Davon 10 Auszubildende zur/zum Kauffau/-mann im Einzelhandel
Auszug aus dem Absatzprogramm	Werkzeuge, Eisenwaren, Farben, Holz, Elektro, Sanitär, Garten

Weitere Informationen für die Bearbeitung der Lernsituationen

Abteilungen	**Marktleiter:** Werner Seifert
	Abteilungsleiter:
	Werkzeugabteilung: Peter Müller
	Elektroabteilung: Paul Schneider
	Einkauf: Christian Lenzen
	Verkaufsleistung: Deniz Yilmaz
	Kassenleitung: Sabine Peters
	Eisenwaren: Petra Jungblut

LF 8 — Geschäftsprozesse erfassen und kontrollieren

Lernsituation 1

Grundlegende Geschäftsprozesse analysieren

Herr Müller, der Abteilungsleiter der Werkzeugabteilung der Baumarkt KG, hat festgestellt, dass es in der Vergangenheit häufiger vorkam, dass entweder zu viel oder zu wenig Ware vorhanden war. Dies hat sich negativ auf den Erfolg der Abteilung ausgewirkt. Deshalb möchte er die wichtigsten Geschäftsprozesse in seiner Abteilung reorganisieren, um dieses Problem besser in den Griff zu bekommen. Dazu sind zunächst die Geschäftsprozesse zu analysieren.

Arbeitsaufträge

1. Erläutern Sie, warum ein Überangebot bzw. ein Unterangebot von Ware für die Abteilung von Herrn Müller ein Problem darstellt?

   _____
   _____
   _____
   _____
   _____
   _____
   _____

2. Um das Warenangebot zu optimieren, sind verschiedene Geschäftsprozesse für die Werkzeugabteilung durchzuführen. Ordnen Sie anhand der nachfolgenden Tabelle den Beschaffungsprozess (bei einem Waren-Unterangebot) in der Werkzeugabteilung in eine sachlogische Reihenfolge und bestimmen Sie, ob es sich bei dem jeweiligen Geschäftsprozess um einen Güter-, Geld- oder Informationsfluss handelt.

   Geschäftsprozesse der Werkzeugabteilung
   - Überprüfung der Soll-Warenbestände
   - Erfassung der Absatzzahlen aus dem Kassensystem
   - Bestellung beim Lieferanten
   - Warenannahme und Kontrolle der Lieferung
   - Ermittlung des Abteilungsumsatzes
   - Ware etikettieren und verkaufsfertig machen
   - Warenschwund erfassen und Ermittlung des IST-Warenbestands
   - Warenbestand nach der Lieferung anpassen
   - Bezahlung der Lieferantenrechnung

LS 1 Grundlegende Geschäftsprozesse analysieren

Geschäftsprozesse	Güter-, Geld- oder Informationsstrom
1. Erfassung der Absatzzahlen aus dem Kassensystem	Güterstrom

3. Bestimmen Sie bei den folgenden Geschäftsfällen des vergangenen Monats der Werkzeugabteilung der Baumarkt KG, ob es sich entweder um Beschaffungs- oder Absatzprozesse bzw. um Erträge oder Aufwendungen handelt.

Sachverhalt	Beschaffungs- oder Absatzprozess	Ertrag oder Aufwand
1. Die Werkzeugabteilung der Baumarkt KG erzielte mit dem Warenverkauf Umsatzerlöse in Höhe von 130.720,00 EUR.		
2. Die Rechnung eines Warenlieferanten über Bohrmaschinen beträgt 12.3000,00 EUR.		
3. Das Unternehmen zahlt an den örtlichen Energieversorger die Stromrechnung. Der Werkzeugmaschinenabteilung werden anteilig Kosten in Höhe von 1.500,00 EUR zugeordnet.		

Sachverhalt	Beschaffungs- oder Absatzprozess	Ertrag oder Aufwand
4. Die Werkzeugabteilung begleicht eine Rechnung über Plakatwerbung in Höhe von 5.000,00 EUR.		
5. Die Baumarkt KG überweist an seine Mitarbeiter Löhne und Gehälter in Höhe von 50.500,00 EUR.		
6. Die Baumarkt KG vermietet für 1.000,00 EUR im Monat einen Teil der Verkaufsfläche an eine Bäckerei.		
7. Ein Kunde bezahlt an der Kasse einen Hammer für 10,00 EUR.		
8. Die Baumarkt KG überweist an den Lieferanten von Bandschleifern 10.000,00 EUR		
9. Ein Bauunternehmen kauft bei der Baumarkt KG Baustoffe im Wert von 5.000,00 EUR auf Rechnung.		
10. Die Miete für die Geschäftsräume der Baumarkt KG in Höhe von 50.000,00 EUR wird überwiesen.		
11. Für einen Kredit muss die Baumarkt KG 1.000,00 EUR Zinsen bezahlen.		
12. Die Baumarkt KG berechnet einem Kunden für die Miete einer Baumaschine 500,00 EUR.		

4. Berechnen Sie den Erfolg des vergangenen Monats der Werkzeugabteilung, indem Sie die Aufwendungen und die Erträge aus Aufgabe 3 addieren.

LS 2 Die Grundlagen des betrieblichen Rechnungswesenskennenlernen

Lernsituation 2

Die Grundlagen des betrieblichen Rechnungswesens kennenlernen

In der Elektroabteilung der Baumarkt KG herrscht das absolute Chaos. Warenbestände sind nicht korrekt dokumentiert, Rechnungen werden nicht oder zu spät bezahlt, Kundenaufträge gehen verloren. Die Dokumentation der Zu- und Abgänge wird nicht ordnungsgemäß erfasst, eine Erfolgsrechnung ist nicht durchführbar. Der Marktleiter der Baumarkt KG, Werner Seifert, ist verärgert und informiert den zuständigen Abteilungsleiter Herrn Schneider über die geschäftlichen und rechtlichen Notwendigkeiten des betrieblichen Rechnungswesens.

© fizkes – stock.adobe.com

Arbeitsaufträge

1. In der folgenden Liste sind die Begriffe durcheinandergeraten. Ordnen Sie die Adressaten, die Teilbereiche und die zugehörigen Aufgaben in der unteren Übersicht dem externen bzw. dem internen Rechnungswesen zu.

Teilbereiche des Rechnungswesens	Aufgaben des Rechnungswesens	Adressaten des Rechnungswesens
Finanzbuchhaltung	In einem Umsatz und Absatzplan werden die mittelfristigen Ziele festgelegt.	Geschäftsführung
Bilanzierung	Erstellung einer Grafik der Tagesumsätze	Finanzamt
Gewinn- und Verlustrechnung	Ermittlung des Betriebsergebnisses	Banken und Gläubiger
Kosten- und Leistungsrechnung	Gegenüberstellung von Aktiva und Passiva in einer Bilanz	Geschäftsführung
Statistik	Gewinn durch Gegenüberstellung von Erträgen und Aufwendungen ermitteln	
Planungsrechnung	Wertmäßige Erfassung von Belegen in einem Kontenrahmen	

Externes Rechnungswesen	Internes Rechnungswesen
Adressaten	Adressaten

LF 8 | Geschäftsprozesse erfassen und kontrollieren

▶
Externes Rechnungswesen		Internes Rechnungswesen	
Teilbereiche	Aufgaben	Teilbereiche	Aufgaben

2. **Die Baumarkt KG ist als Unternehmen zur Buchführung rechtlich verpflichtet. Tragen Sie in den folgenden Feldern die wichtigsten Informationen zur Buchführungspflicht ein:**

Ein Unternehmer ist gesetzlich buchführungspflichtig nach _____ , wenn er ein

_____ mit _____

betreibt, und sein **Jahresgewinn** größer ist als _____ und/oder sein **Umsatz**

größer ist als _____ .

Die **Buchführung** muss so beschaffen sein, dass ein _____

in _____ sich einen Überblick über die _____

_____ und die _____ verschaffen kann.

GoBD heißt: Grundsätze zur _____ und

Aufbewahrung von _____ , Aufzeichnungen und Unterlagen in

_____ sowie zum _____ .

LS 2 Die Grundlagen des betrieblichen Rechnungswesens kennenlernen

Die **vier Grundsätze** der ordnungsgemäßen Buchführung lauten:

1. Grundsatz _____

2. Grundsatz _____

3. Grundsatz _____

4. Grundsatz _____

3. **Welcher Grundsatz der ordnungsgemäßen Buchführung ist hier jeweils angesprochen? Schreiben Sie den richtigen Grundsatz in das Lösungsfeld.**

   a) Am Ende des Jahres erstellt die Baumarkt KG einen Jahresabschluss.

   _____

   b) Änderungen in den Konten werden mit einem dokumentenechten Stift leserlich kenntlich gemacht.

   _____

   c) Die Belege werden in einem Ordner 10 Jahre lang aufbewahrt.

   _____

   d) Die Belege werden nummeriert und nach dem Datum sortiert.

   _____

   e) Die Bilanz der Baumarkt KG ist in einem Kontenrahmen übersichtlich gegliedert.

   _____

   f) Die Datei des Buchhaltungsprogramms ist passwortgeschützt und wird regelmäßig auf einem externen Datenträger gesichert. _____

   g) Die Geschäftsfälle werden zeitnah in das Buchhaltungsprogramm eingetragen.

   _____

   h) Für jede Buchung ist immer ein Beleg vorhanden.

   _____

   i) Am Ende des Jahres ist die Baumarkt KG dazu verpflichtet, eine Bilanz und einen Jahresabschluss aufzustellen.

   _____

LF 8 — Geschäftsprozesse erfassen und kontrollieren

4. Welche der folgenden Aussagen zu den Grundsätzen der ordnungsgemäßen Buchführung sind richtig? Kreuzen Sie an und korrigieren Sie die falschen Aussagen.

Aussagen zu den GoBD	richtig	falsch	Korrektur
Die Regeln der GoBD sind für einen Kaufmann nicht verbindlich.			
Ein Geschäftsfall kann nur gebucht werden, wenn der jeweilige Beleg vorliegt.			
In der Bundesrepublik Deutschland kann jeder Unternehmer selbst entscheiden, in welcher Sprache er Steuererklärungen und Jahresabschlüsse einreicht.			
Die Aufzeichnungen der Buchführung sind lückenlos und zeitlich geordnet zu führen.			
Fehlerhafte Eintragungen im Grundbuch sind sofort unwiderruflich zu entfernen, so dass der ursprüngliche Inhalt nicht mehr erkennbar ist.			
Die Buchführung eines Unternehmens muss so klar und übersichtlich sein, dass jedermann in kürzester Zeit eine vollständige Übersicht erhalten kann.			
Die Eintragungen in den Büchern sind vollständig, wahrheitsgemäß, rechtzeitig und geordnet vorzunehmen.			
Buchungen können sich auch von dem ursprünglichen Inhalt der Belege unterscheiden.			

5. Erläutern Sie, welche Folgen die Missachtung der Grundsätze der ordnungsgemäßen Buchführung für die Baumarkt KG hat?

_____

_____

Lernsituation 3

Die Inventur durchführen und das Inventar aufstellen

Der Baumarkt KG möchte zum 31.12. den Jahresabschluss aufstellen. Dazu muss sie bereits im Dezember eine Inventur durchführen und das Inventar aufstellen.

Arbeitsaufträge

1. Um welches Inventurverfahren handelt es sich in diesem Fall?

2. Welche Inventurart wird in den folgenden Beispielen sinnvollerweise durchgeführt?

Beispiel	Inventurart
a) Der Bestand der Rasenmäher wird gezählt.	
b) In der Eisenwarenabteilung werden die losen Nägel und Schrauben gewogen.	
c) In der Baustoffabteilung wird die Anzahl der Pflastersteine geschätzt.	
d) Die Verbindlichkeiten und die Forderungen werden anhand der Rechnungen erfasst.	
e) Der Kreditrahmen wird anhand der Kreditverträge überprüft.	
f) Das Bankguthaben wird anhand der Kontoauszüge überprüft.	

3. Beantworten Sie die Fragen zum Inventar in der Tabelle in Stichworten.

Frage	Antwort
a) Wie ist das Inventarverzeichnis gegliedert?	
b) Wie wird ein Inventarverzeichnis aufgestellt und welche Angaben werden darin gemacht?	

Frage	Antwort
c) Bis wann muss das Inventar aufgestellt werden?	
d) Was besagt der Grundsatz der Übersichtlichkeit bei der Aufstellung des Inventars?	

4. Ordnen Sie die folgenden Inventarposten in der Tabelle richtig zu.

Bankguthaben, Darlehen mit fünfjähriger Laufzeit, Computersystem, Geschäftsgebäude, Lieferwagen, Forderungen an Kunden, Hubwagen, Kassenbestand, Warenregale, Reinvermögen, Verbindlichkeiten gegenüber einem Lieferanten, Warenvorräte, Überziehungskredit, Hypothekendarlehen über 10 Jahre

Anlagevermögen	Umlaufvermögen	Langfristige Schulden	Kurzfristige Schulden	Eigenkapital

5. Die Inventur der Baumarkt KG hat die folgenden Werte und Positionen ergeben. Erstellen Sie aus der Liste das Inventar zum 31.12., indem Sie die entsprechenden Positionen bzw. Beträge eintragen und aufsummieren:

Bezeichnung	Wert in EUR
Grundstück, Aachener Straße 15, 40233 Düsseldorf	500.000,00
Gebäude, Aachener Straße 15, 40233 Düsseldorf	600.000,00
Verkaufsregale Höhe: 5,00 m	15.000,00
Verkaufsregale Höhe: 2,50 m	20.000,00
Kassenserver DELL 5634	20.000,00
Kassensysteme DELL 125	40.000,00
Waren aus Kleinelektroabteilung	40.000,00
Waren aus Farben- und Lackeabteilung	50.000,00

Bezeichnung	Wert in EUR
Waren aus Eisenwarenabteilung	80.000,00
Waren aus Holzwarenabteilung	110.000,00
Waren aus Bauelementeabteilung	100.000,00
Kundenforderungen	40.000,00
Lieferantenverbindlichkeiten	50.000,00
Fuhrpark: PKW D SZ 8745	60.000,00
Fuhrpark: PKW D SZ 8746	50.000,00
Hypothekendarlehen (Laufzeit 10 Jahre)	500.000,00
Bankdarlehen (Laufzeit 5 Jahre)	120.000,00
Bankguthaben	65.000,00
Kassenbestand	10.000,00
Überziehungskredit bei Sparkasse	10.000,00

Inventar der Baumarkt KG, Aachener Straße 15, 40233 Düsseldorf zum 31.12.20..		
Position	EUR	Summe EUR
A. Vermögen		
I. Anlagevermögen		

Position	EUR	Summe EUR
II. Umlaufvermögen		
Summe des Vermögens		
B. Schulden bzw. Verbindlichkeiten		
I. langfristige Schulden		
II. kurzfristige Schulden		
Summe der Schulden		
C. Ermittlung des Eigenkapitals		
= Eigenkapital (Reinvermögen)		

Lernsituation 4

Die Bilanz aus dem Inventar erstellen und analysieren

Nachdem der Marktleiter Herr Seifert angeordnet hat, dass eine ordnungsgemäße Inventur durchzuführen ist und die Ergebnisse im Rahmen eines Inventars festzuhalten sind, fragt er Christian Lenzen, Abteilungsleiter Einkauf, wie der Jahresabschluss bei der Baumarkt KG erfolgen soll. „Die Grundlage einer jeden Buchführung ist dabei die Bilanz", antwortet Herr Lenzen.

Arbeitsaufträge

1. Entscheiden Sie, welche der Aussagen zur Bilanz wahr und welche falsch sind. Stellen Sie die falschen Aussagen richtig.

Aussagen	wahr	falsch	Korrektur
Die Bilanz stellt das Vermögen und das Kapital in einem T-Konto dar.			
Die Bilanz erfasst alle mengen- und wertmäßigen Bestände des Unternehmens.			
Die linke Seite der Bilanz ist die Passivseite.			
Die Bilanz zeigt die Mittelverwendung und die Mittelherkunft des Unternehmens.			
Die Bilanz wird aus dem Inventar erstellt.			
Jeder einzelne Posten des Inventars wird in die Bilanz übernommen.			
Die Aktivseite und die Passivseite der Bilanz sind nach Liquidität gegliedert.			

2. Stellen Sie die Bilanz zu dem Inventar der Baumarkt KG auf. Berechnen Sie auch die Bilanzsummen.

Inventar der Baumarkt KG, Aachener Straße 15, 40233 Düsseldorf zum 31.12.20..		
Position	**EUR**	**Summe EUR**
A. Vermögen		
I. Anlagevermögen		
1. Immobilien		
– Grundstück	500.000,00	
– Gebäude	600.000,00	1.100.000,00
2. Fuhrpark		
– PKW D SZ 8745	60.000,00	
– PKW D SZ 8746	50.000,00	110.000,00
3. Geschäftsausstattung		
– Regale 5,0 m	15.000,00	
– Regale 2,5 m	20.000,00	35.000,00
4. EDV Einrichtungen		
– Kassenserver	20.000,00	
– Kassensysteme	40.000,00	60.000,00
II. Umlaufvermögen		
1. Warenvorräte		
Eisenwaren lt. Liste 1	80.000,00	
Kleinelektro lt. Liste 2	40.000,00	
Farben und Lacke lt. Liste 3	50.000,00	
Holzwaren lt. Liste 4	110.000,00	
Bauelemente lt. Liste 5	100.000,00	380.000,00

LS 4 Die Bilanz aus dem Inventar erstellen und analysieren

Position	EUR	Summe EUR
II. Umlaufvermögen		
2. Forderungen		40.000,00
3. Bank		65.000,00
4. Kasse		10.000,00
Summe des Vermögens		
B. Schulden bzw. Verbindlichkeiten		
I. langfristige Schulden		
1. Hypothekendarlehen		500.000,00
2. Darlehen		120.000,00
II. kurzfristige Schulden		
1. Überziehungskredit		10.000,00
2. Verbindlichkeiten aus Lieferungen und Leistungen		50.000,00
Summe der Schulden		
C. Ermittlung des Eigenkapitals		
Summe des Vermögens		
– Summe der Schulden		
= Eigenkapital (Reinvermögen)		

© Stefan Yang – stock.adobe.com

LF 8 Geschäftsprozesse erfassen und kontrollieren

	Bilanz	
	Baumarkt KG	
Aktiv (A)	zum 31.12.20.. in EUR	Passiv (P)

Aktiv	Passiv
I. Anlagevermögen	**I. Eigenkapital**
Grundstücke und	**II. Verbindlichkeiten**
Gebäude	**langfristige Schulden**
Fuhrpark	Hypothek
Betriebs- und	Darlehen
Geschäftsausstattung	**kurzfristige Schulden**
II. Umlaufvermögen	Verbindlichkeiten
Waren	aus Lief. und Leist.
Forderungen	Überziehungskredit
Bank	
Kasse	

3. Berechnen Sie die Kennzahlen der Bilanz der Baumarkt KG.

Bilanzkennzahl	Rechenweg	Ergebnis
Eigenkapitalquote		
Fremdkapitalquote		
Quote des Anlagevermögens		
Quote des Umlaufvermögens		

4. Nehmen Sie zu der folgenden Aussage Stellung: „Das Anlagevermögen sollte zum größten Teil durch Eigenkapital finanziert werden." Gehen Sie dabei auch auf die Bilanzkennzahlen der Baumarkt KG ein.

_____

_____

_____

_____

Lernsituation 5

Auswirkungen von Geschäftsfällen auf die Bilanz erkennen

Nach der aufwendigen Inventur in der Elektroabteilung bittet Herr Seifert sämtliche Abteilungsleiter und Verantwortlichen zu einem Video-Meeting. Frau Peters, stellvertretende Marktleiterin, ist aus dem Homeoffice zugeschaltet.

Herr Seifert (Marktleitung): „Die dringend notwendige Inventur der Elektroabteilung hat viel Zeit und Personal gebunden. Auch in den anderen Abteilungen unseres Baumarktes sind die Bestände nicht viel besser geführt. Da wir stets aktuelle Zahlen unserer Bestände in allen Abteilungen der Baumarkt KG benötigen, müssen wir uns hier dringend verbessern!"

Herr Schneider (Leiter Elektroabteilung): „Damit wir immer tagesaktuelle Werte zu den Beständen haben, müssten wir jeden Abend die Waren zählen. Das kann keiner leisten."

Frau Peters (stellv. Marktleitung): „Da kann ich Sie beruhigen, Herr Schneider. Wir müssen keine tägliche Inventur machen. Wichtig ist nur, dass wir unsere Bücher gründlich führen. Daraus kann man dann schon eine Menge entnehmen."

Herr Genau (Leiter Buchhaltung): „Ich gebe zu, wir waren etwas nachlässig in der Buchhaltung in letzter Zeit. Für gewöhnlich arbeiten wir nach dem Motto „Keine Buchung ohne Beleg". Da der Krankenstand in letzter Zeit sehr hoch war, ist leider viel unbearbeitet geblieben."

Herr Schneider (Leiter Elektroabteilung): „Das verstehe ich jetzt nicht ganz. Was hat denn Ihre Buchführung mit unseren Beständen zu tun?"

Herr Genau (Leiter Buchhaltung): „Kommen Sie bitte morgen einmal zu mir ins Büro, Herr Schneider. Ich erkläre es Ihnen."

Arbeitsaufträge

1. Prüfen Sie bei den folgenden Geschäftsfällen der Baumarkt KG, welche Konten der Bilanz angesprochen werden und in welcher Höhe sie sich verändern. Ergänzen Sie dazu die Tabelleneinträge.

Geschäftsfälle (Nr. 1–5)	Welche Konten werden berührt?	Aktiv- oder Passivkonto? (A/P)	Mehrung oder Minderung? (+/–)
Nr. 1: Kauf eines Lastenregals auf Ziel in Höhe von 4.000,00 EUR.			
Nr. 2: Ein Kunde bezahlt eine offene Rechnung per Banküberweisung in Höhe von 500,00 EUR.			
Nr. 3: Einzahlung der Tageseinnahmen auf das Bankkonto in Höhe von 8.000,00 EUR.			

LF 8 — Geschäftsprozesse erfassen und kontrollieren

Geschäftsfälle (Nr. 1–5)	Welche Konten werden berührt?	Aktiv- oder Passivkonto? (A/P)	Mehrung oder Minderung? (+/–)
Nr. 4: Eine Lieferantenschuld wird in ein Darlehen umgewandelt in Höhe von 9.000,00 EUR.			
Nr. 5: Bezahlung eines Darlehens per Banküberweisung in Höhe von 4.000,00 EUR.			

2. Stellen Sie zu jedem Geschäftsfall aus der Aufgabe 1 eine neue Bilanz auf und prüfen Sie, ob bzw. wie sich die Bilanzsumme verändert. Geben Sie auch an, um welche Bilanzveränderung (Aktivtausch, Passivtausch, Aktiv-Passiv-Mehrung, Aktiv-Passiv-Minderung) es sich handelt.

Ausgangsbilanz
Aktiv (A)   Bilanz Baumarkt KG zum 31.12.20.. in EUR   Passiv (P)

Aktiv	EUR	Passiv	EUR
I. Anlagevermögen		**I. Eigenkapital**	1.120.000,00
Grundstücke und Gebäude	1.100.000,00	**II. Verbindlichkeiten**	
Fuhrpark	110.000,00	**langfristige Schulden**	
Betriebs- und Geschäftsausstattung	95.000,00	Hypothek	500.000,00
II. Umlaufvermögen		Darlehen	120.000,00
Waren	380.000,00	**kurzfristige Schulden**	
Forderungen	40.000,00	Verbindlichkeiten aus Lief. u. Leist.	50.000,00
Bank	65.000,00	Überziehungskredit	10.000,00
Kasse	10.000,00		
	1.800.000,00		1.800.000,00

Nach Geschäftsfall Nr. 1:
Aktiv (A)   Bilanz Baumarkt KG zum 31.12.20.. in EUR   Passiv (P)

Aktiv	EUR	Passiv	EUR
I. Anlagevermögen		**I. Eigenkapital**	
Grundstücke und Gebäude		**II. Verbindlichkeiten**	
Fuhrpark		**langfristige Schulden**	
Betriebs- und Geschäftsausstattung		Hypothek	
II. Umlaufvermögen		Darlehen	
Waren		**kurzfristige Schulden**	
Forderungen		Verbindlichkeiten aus Lief. und Leist.	
Bank		Überziehungskredit	
Kasse			

Änderung der Bilanzsumme um _____ EUR. Bilanzveränderung: _____

Nach Geschäftsfall Nr. 2:

Bilanz Baumarkt KG
Aktiv (A)　　　　　　　　　zum 31.12.20.. in EUR　　　　　　　　　Passiv (P)

Aktiv	Passiv
I. Anlagevermögen	**I. Eigenkapital**
Grundstücke und	**II. Verbindlichkeiten**
Gebäude	**langfristige Schulden**
Fuhrpark	Hypothek
Betriebs- und	Darlehen
Geschäftsausstattung	**kurzfristige Schulden**
II. Umlaufvermögen	Verbindlichkeiten
Waren	aus Lief. und Leist.
Forderungen	Überziehungskredit
Bank	
Kasse	

Änderung der Bilanzsumme um _____ EUR.

Bilanzveränderung: _____

Nach Geschäftsfall Nr. 3:

Bilanz Baumarkt KG
Aktiv (A)　　　　　　　　　zum 31.12.20.. in EUR　　　　　　　　　Passiv (P)

Aktiv	Passiv
I. Anlagevermögen	**I. Eigenkapital**
Grundstücke und	**II. Verbindlichkeiten**
Gebäude	**langfristige Schulden**
Fuhrpark	Hypothek
Betriebs- und	Darlehen
Geschäftsausstattung	**kurzfristige Schulden**
II. Umlaufvermögen	Verbindlichkeiten
Waren	aus Lief. und Leist.
Forderungen	Überziehungskredit
Bank	
Kasse	

Änderung der Bilanzsumme um _____ EUR.

Bilanzveränderung: _____

LF 8 | Geschäftsprozesse erfassen und kontrollieren

Nach Geschäftsfall Nr. 4:

Bilanz Baumarkt KG
Aktiv (A) zum 31.12.20.. in EUR Passiv (P)

I. Anlagevermögen	I. Eigenkapital
Grundstücke und	II. Verbindlichkeiten
Gebäude	langfristige Schulden
Fuhrpark	Hypothek
Betriebs- und	Darlehen
Geschäftsausstattung	kurzfristige Schulden
II. Umlaufvermögen	Verbindlichkeiten
Waren	aus Lief. und Leist.
Forderungen	Überziehungskredit
Bank	
Kasse	

Änderung der Bilanzsumme um _____ EUR.

Bilanzveränderung: _____

Nach Geschäftsfall Nr. 5:

Bilanz Baumarkt KG
Aktiv (A) zum 31.12.20.. in EUR Passiv (P)

I. Anlagevermögen	I. Eigenkapital
Grundstücke und	II. Verbindlichkeiten
Gebäude	langfristige Schulden
Fuhrpark	Hypothek
Betriebs- und	Darlehen
Geschäftsausstattung	kurzfristige Schulden
II. Umlaufvermögen	Verbindlichkeiten
Waren	aus Lief. und Leist.
Forderungen	Überziehungskredit
Bank	
Kasse	

Änderung der Bilanzsumme um _____ EUR.

Bilanzveränderung: _____

LS 5 Auswirkungen von Geschäftsfällen auf die Bilanz erkennen

3. Sichten Sie die Belege in der Anlage 1 und stellen Sie zunächst die Geschäftsfälle auf. Füllen Sie anschließend die Tabelle zu den Bilanzveränderungen aus.

Beleg	Geschäftsvorfall
1	
2	
3	
4	
5	

Geschäfts-fälle (Nr. 1–5)	Welche Konten werden berührt?	Aktiv- oder Passivkonto? (A/P)	Mehrung oder Minderung? (+/–)	Aktivtausch (1) Passivtausch (2) Aktiv-Passiv-Mehrung (3) Aktiv-Passiv-Minderung (4)

159

Anlage 1:

Beleg 1

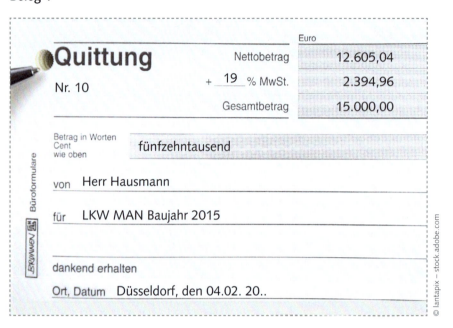

Beleg 2 und 3

Sparbank eG	Bankleitzahl	Konto-Nr.	Auszug-Nr.	Blatt-Nr.	Ausstellungsdatum
Filiale BILK	301235679	5403 5067 70	4	2	15.02.20..
				Saldo alt	+ 14.600,00
Datum	**Buchungstext**				**Umsatz**
01.02.	Tilgung Darlehen Nr. 386092 Rate Februar				– 10.000,00
05.02.	Rechnung-Nr. 01/973 Kundennummer: 3542 Kunde: Tillmann				+ 2.500,00
Baumarkt KG Aachener Straße 15 40223 Düsseldorf				Saldo neu	+ 7.100,00

Beleg 4

Düsseldorf, 10.02.20..

Baumarkt KG
Aachener Straße 15
40223 Düsseldorf

Sehr geehrter Herr Seifert,

hiermit bestätige ich Ihnen, dass die Rechnung von uns mit der Nummer **67293** vom 02.01.20.. in Höhe von **6.000,00 EUR** mit Zahlungsziel zum 02.02.20.. von Ihnen in Raten abgezahlt werden kann.
Als langjährigen Kunden bieten wir Ihnen diese Möglichkeit der Darlehensgewährung an und hoffen, Sie auch weiterhin als Kunden bei uns begrüßen zu können.

Freundliche Grüße

Ulrich Sondermann

Geschäftsführer Baustoffe-Großhandel

Beleg 5

Worker – Ideen fürs Büro, Frankfurter Straße 105, 44649 Gelsenkirchen

Baumarkt KG
Aachener Straße 15
40223 Düsseldorf

Tel.: 02 09 – 65 09 70
Fax: 02 09 – 65 09 00
Internet: www.worker.de
E-Mail: info@worker.de

Bankverbindung: Sparkasse Gelsenkirchen
IBAN: DE23 4205 001 0000 1563 98
BIC: WELADED1GEK
Steuernummer: 13353193609
USt-IdNr.: DE678125603

Rechnung

Ihre Bestellung vom: 01.02.20..
Lieferdatum: 20.02.20..

Kunden-Nr.: 82972	Rechnungs-Nr. 680	Rechnungsdatum: 20.02.20..
	Bei Zahlung bitte angeben.	

Menge in Stück	Beschreibung	Einzelpreis in EUR	Gesamtpreis in EUR
100	Schreibtisch „Flex"	150,00	15.000,00
100	Schreibtischstuhl „Ergo"	100,00	10.000,00
		Nettogesamtpreis	21.008,40
		+ 19 % Umsatzsteuer	3.991,60
		Bruttogesamtpreis	**25.000,00**

Rechnung nach Erhalt der Ware zahlbar innerhalb von 30 Tagen.
Vielen Dank für Ihre Bestellung!

Lernsituation 6

Das Hauptbuch der Buchführung – Buchen auf T-Konten

Am nächsten Morgen bespricht sich Herr Genau mit der Auszubildenden, Frau Pia Wüst, die in der Baumarkt KG ihre Ausbildung zur Kauffrau im Einzelhandel absolviert.

Frau Wüst: „Herr Genau, ich schaffe es einfach nicht, alle täglichen Belege zu verbuchen, wenn ich nach jeder Rechnung eine neue Bilanz erstellen soll. Das muss doch auch schneller gehen, oder?"

Herr Genau: „Sie haben recht, Frau Wüst! Von nun an buchen Sie bitte alle Belege im Hauptbuch. Sie wissen doch, wie das geht, oder?"

Arbeitsaufträge

1. **Entscheiden Sie, welche Aussagen zum Hauptbuch der Buchführung wahr und welche falsch sind. Stellen Sie die falschen Aussagen richtig.**

Aussagen	richtig	falsch	Korrektur
Im Hauptbuch werden die Geschäftsfälle auf T-Konten gebucht.			
Die Bilanzposten werden im Hauptbuch in Bestandskonten aufgelöst.			
Die Seiten eines Bestandskontos heißen Aktiv und Passiv.			
Bestandskonten haben keinen Anfangsbestand.			
Aktivkonten mehren sich im Haben.			
Der Schlussbestand eines Passivkontos steht im Haben.			
Der Anfangsbestand eines Aktivkontos steht im Soll.			

LS 6 Das Hauptbuch der Buchführung – Buchen auf T-Konten

2. Füllen Sie die Übersicht zu den Bestandskonten ordnungsgemäß aus, indem Sie die Begriffe aus dem Kasten in die dargestellten Konten an die passende Stelle übertragen.

Haben (2×), Mehrung (2×), Schlussbestand (2×), Anfangsbestand (2×), Aktivkonto, Passivkonto, Soll (2×), Minderungen (2×)

3. Gegeben sind die folgenden Geschäftsfälle der Baumarkt KG. Entscheiden Sie, welche Konten der Bilanz durch die Geschäftsfälle berührt werden, in welcher Höhe sich die Konten mehren oder mindern und auf welcher Kontenseite gebucht werden muss.

Geschäftsfälle	Welche Konten werden berührt?	Mehrung oder Minderung? (+/–)	Soll oder Haben? (S/H)
Nr. 1: Ein Handwerker zahlt seine Rechnung aus der letzten Woche in Höhe von 10.000,00 EUR per Banküberweisung.			
Nr. 2: Kauf eines LKW auf Ziel in Höhe von 55.000,00 EUR.			
Nr. 3: Aufnahme eines Darlehens, welches auf das Bankkonto ausgezahlt wird, zum späteren Kauf eines Grundstücks in Höhe von 60.000,00 EUR.			
Nr. 4: Kauf eines Grundstücks zum Ausbau der Parkplatzfläche in Höhe von 60.000,00 EUR per Banküberweisung.			

LF 8 | Geschäftsprozesse erfassen und kontrollieren

4. Eröffnen Sie die T-Konten der Bilanz der Baumakt KG und buchen Sie die Geschäftsfälle aus Aufgabe 3 auf die T-Konten. Schließen Sie anschließend die Konten ab und erstellen Sie das SBK.

Bilanz
Baumarkt KG
zum 31.12.20.. in EUR

Aktiv (A)			Passiv (P)
I. Anlagevermögen		**I. Eigenkapital**	1.120.000,00
Grundstücke und		**II. Verbindlichkeiten**	
Gebäude	1.100.000,00	**langfristige Schulden**	
Fuhrpark	110.000,00	Hypothek	500.000,00
Betriebs- und		Darlehen	125.000,00
Geschäftsausstattung	99.000,00	**kurzfristige Schulden**	
II. Umlaufvermögen		Verbindlichkeiten	
Waren	380.000,00	aus Lief. u. Leist.	45.000,00
Forderungen	39.500,00	Überziehungskredit	10.000,00
Bank	69.500,00		
Kasse	2.000,00		
	1.800.000,00		1.800.000,00

S Grundstücke und Gebäude H

S Fuhrpark H

S BGA H

S Waren H

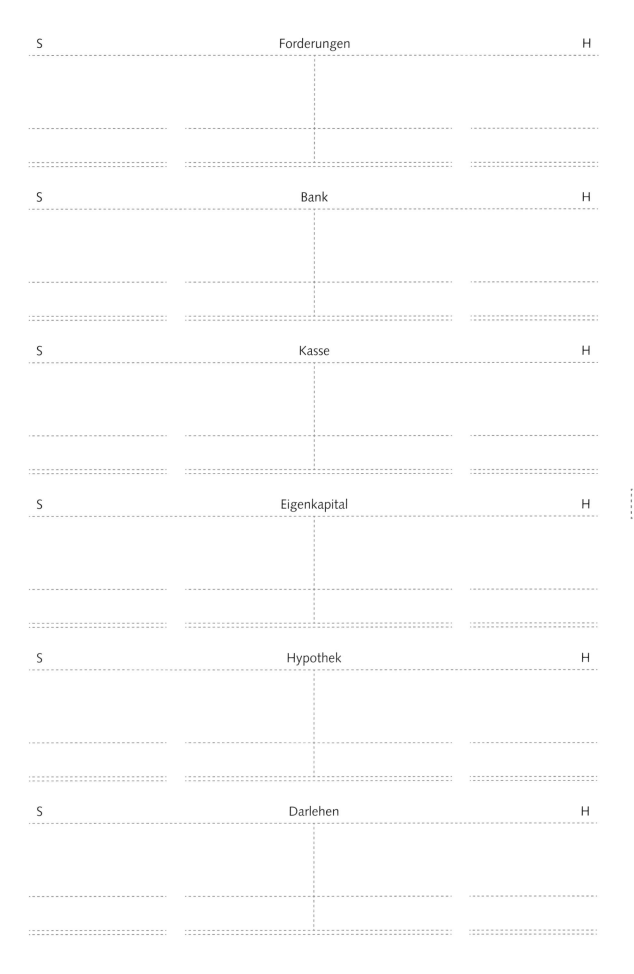

S   Verbindlichkeiten aus Lief. u. Leist.   H

S   sonstige Verbindlichkeiten (Überziehungskredit)   H

Aktiv (A)	SBK	Passiv (P)
Grundstücke und Gebäude	Eigenkapital	
Fuhrpark	Hypothek	
Betriebs- und Geschäftsausstattung	Darlehen	
Waren	Verbindlichkeiten aus Lief. u. Leist.	
Forderungen	Überziehungskredit	
Bank		
Kasse		

Lernsituation 7

Geschäftsfälle ordnungsgemäß im Grundbuch erfassen

Das Buchen der Geschäftsfälle auf T-Konten im Hauptbuch hat Pia Wüst viel Arbeit abgenommen. In der Berufsschule hat Frau Wüst gelernt, dass tagesaktuell im Grundbuch gebucht werden soll. Sie recherchiert dazu und findet immer den Merksatz „**Soll an Haben**". Pia sucht nun Rat bei ihrer Ausbilderin Frau Ernst.

Frau Wüst: *„Frau Ernst, ich möchte mich daran versuchen, die Geschäftsfälle zunächst im Grundbuch zu buchen. Den Merksatz „Soll an Haben" habe ich schon mal in der Berufsschule gehört. Ich bin mir nur nicht sicher, wie es nun weitergeht."*

Frau Ernst: *„Das ist gar nicht schwer! Das Grundbuch besteht lediglich aus Buchungssätzen und ist um einiges übersichtlicher als das Hauptbuch. Ich gebe Ihnen das Grundbuch von gestern mit. Schauen Sie sich das in Ruhe an und versuchen Sie dann die Belege von heute im Grundbuch zu verbuchen."*

© auremar – stock.adobe.com

Arbeitsaufträge

1. Gegeben sind die folgenden Geschäftsfälle aus der Lernsituation 6. Bilden Sie die passenden Buchungssätze im Grundbuch.

Geschäftsfälle
1. Ein Handwerker zahlt seine Rechnung aus der letzten Woche in Höhe von 10.000,00 EUR per Banküberweisung.
2. Kauf eines LKW auf Ziel in Höhe von 55.000,00 EUR.
3. Aufnahme eines Darlehens, welches auf das Bankkonto ausgezahlt wird, zum späteren Kauf eines Grundstücks in Höhe von 60.000,00 EUR.
4. Kauf eines Grundstücks zum Ausbau der Parkplatzfläche in Höhe von 60.000,00 EUR per Banküberweisung.

Grundbuch:

Lfd. Nummer	Buchungssatz	Soll	Haben

LF 8 | Geschäftsprozesse erfassen und kontrollieren

2. Ordnen Sie die Geschäftsfälle der Baumarkt KG den passenden Buchungssätzen aus dem Grundbuch von Frau Ernst zu, indem Sie die Geschäftsfälle und die Buchungssätze verbinden.

Geschäftsfälle
Bargeldabhebung vom Bankkonto
Tilgung eines Darlehens per Banküberweisung
Kauf eines Firmenwagens per Banküberweisung
Kunde zahlt Rechnung per Banküberweisung
Kauf eines Schreibtisches für die Verwaltung in bar.
Kauf von einer Verkaufstheke auf Ziel.

Buchungssätze
BGA an Forderungen
Darlehen an Bank
BGA an Verbindlichkeiten
Bank an Kasse
Forderungen an Bank
Fuhrpark an Bank
BGA an Kasse
Kasse an Bank
Bank an Darlehen
Bank an Forderungen

3. Buchen Sie die folgenden Geschäftsfälle im Grundbuch.

Geschäftsfälle
1. Bareinzahlung auf das Bankkonto in Höhe von 2.000,00 EUR
2. Zieleinkauf eines Kassensystems in Höhe von 35.000,00 EUR
3. Verkauf eines Firmen LKW in bar für 15.000,00 EUR
4. Ausgleich einer Lieferantenrechnung per Banküberweisung in Höhe von 2.000,00 EUR
5. Einkauf eines Kopierers in bar in Höhe von 1.500,00 EUR
6. Ein Kunde begleicht seine Rechnung in bar in Höhe von 200,00 EUR

Lfd. Nummer	Buchungssatz	Soll	Haben

4. Buchen Sie die Buchungssätze aus Aufgabe 3 im Hauptbuch. Ein Abschluss der Konten ist nicht notwendig.

S	Fuhrpark	H
AB 100.000,00		

S	BGA	H
AB 300.000,00		

S	Forderungen	H
AB 50.000,00		

S	Bank	H
AB 400.000,00		

S	Kasse	H
AB 70.000,00		

S	Verbindlichkeiten	H
AB 540.000,00		

Lernsituation 8

Den Erfolg einer Unternehmung durch Erfolgskonten feststellen

Die Auszubildende Pia Wüst erhält von ihrer Ausbilderin Frau Ernst folgende E-Mail:

Senden
von: b.ernst@baumarkt-kg.de
an: p.wuest@baumarkt-kg.de
Betreff: Gewinnermittlung

Liebe Frau Wüst,

mit Ihrer bisherigen Arbeit bin ich mehr als zufrieden. Unsere Bestände in der Buchführung sind gut gepflegt und immer tagesaktuell.

Herr Seifert möchte nun wissen, wie erfolgreich die Baumarkt KG in diesem Jahr war. Er hat den Eindruck, dass unser Gewinn im Gegensatz zum Vorjahr gestiegen ist.

Ich möchte Sie bitten, sich zu informieren, wie wir den Erfolg der Baumarkt KG buchhalterisch ermitteln können.
Vielleicht haben Sie dazu schon mal was in der Berufsschule gehört?

Mit freundlichen Grüßen

Brigitte Ernst

Arbeitsaufträge

1. **Nach eigener Recherche findet Pia Wüst den folgenden Text über die Erfolgskonten in ihren Schulunterlagen. Allerdings handelt es sich um einen Lückentext. Ergänzen Sie die Text-Lücken mithilfe der vorgegebenen Wortsammlung.**

   Eigenkapitals, Umsatzerlöse für Waren, Habenseite, Erträge, Aufwendungen, Eigenkapitalkonto, Unterkonten, Gewinn- und Verlustkonto, Erträge, Gewinn- und Verlustrechnung, erfolgswirksame, Erfolgskonten, Eigenkapital, erfolgsunwirksame, Sollseite, Ertragskonten, Soll, Unternehmens, Aufwendungen, Aufwandskonten, Haben, Bestandskonten, Aufwendungen für Waren

   Bisher wurde das Eigenkapital durch die Geschäftsfälle nicht berührt. Dies ändert sich nun. Das Eigenkapital kann entweder zunehmen oder abnehmen. Die Zugänge des _____

   ergeben sich durch _____ und die Abgänge durch _____.

   Um die einzelnen Aufwendungen und Erträge übersichtlich und jederzeit verfügbar zu haben, werden

   die Aufwendungen und Erträge nicht direkt auf dem _____ gebucht, sondern es werden _____ des Eigenkapitals gebildet. Dabei werden die

_____ auf _____ und die

_____ auf _____ gebucht.

Die Erfolgskonten verhalten sich wie das Eigenkapitalkonto.

Da Aufwendungen das Eigenkapital mindern, werden sie auf der _____

des Aufwandskontos gebucht. Erträge werden demnach auf der _____

des Ertragskontos gebucht, da hier das Eigenkapital gemehrt wird.

Durch die Aufwands- und Ertragskonten werden die Ursachen des Erfolgs (Gewinn oder Verlust)

eines _____ deutlich. Die Aufwands- und Ertragskonten werden

daher als _____ bezeichnet. Erfolgskonten haben im Gegensatz zu

_____ nie einen Anfangsbestand.

Geschäftsfälle, die das Eigenkapital verändern, bezeichnet man als _____

Geschäftsfälle. Geschäftsfälle, die das Eigenkapital nicht verändern, bezeichnet man als _____

_____ (erfolgsneutrale) Geschäftsfälle. Aus diesem Grund werden Wareneinkäufe und

Warenverkäufe unmittelbar auf den Konten _____

und _____ gebucht. So fließen diese Geschäftsfälle ohne

Umwege in die _____ ein.

Erfolgskonten werden über das _____ abgeschlossen. Dieses

sammelt alle Aufwendungen im _____ und alle Erträge im _____. Mittels

GuV-Konto wird dann der Gewinn oder der Verlust ermittelt. Ein Gewinn steht im Soll, ein Verlust im

Haben des GuV-Kontos. Das GuV-Konto wird über _____ abgeschlossen.

2. Vervollständigen Sie die Übersicht zu den Erfolgskonten ordnungsgemäß, indem Sie die Begriffe aus dem Kasten in die dargestellten Konten an die passende Stelle übertragen.

Soll (4×), Minderung (3×), Aufwandskonto, Haben (4×), Aufwendungen, Gewinn, GuV (2×), Mehrungen (3×), Ertragskonto, Verlust, SBK, Anfangsbestand, Erträge

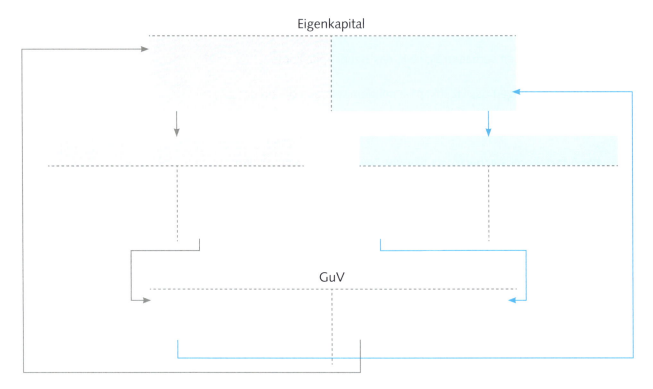

3. Entscheiden Sie sich bei den nachfolgenden Konten, ob ein Bestandskonto oder ein Erfolgskonto vorliegt. Geben Sie auch an, über welches Konto der Posten abgeschlossen wird.

Konto	Bestands- oder Erfolgskonto	Aktiv- oder Passivkonto? Aufwands- oder Ertragskonto?	Das Konto wird abgeschlossen über …
Aufwendungen für Waren			
Fuhrpark			
Gehälter			
Umsatzerlöse für Waren			
Eigenkapital			
Forderungen			
Büromaterial			
Betriebliche Steuern			
Mietaufwand			
Bank			
Zinserträge			
Versicherungsbeiträge			

Lernsituation 9

Erfolgswirksame Geschäftsfälle im Grundbuch buchen

Pia Wüst unterhält sich in der Mittagspause mit dem Abteilungsleiter „Verkauf", Herrn Deniz Yilmaz. Sie bereitet sich auf die Klassenarbeit zum Thema „Buchführung" und auf das spätere Gespräch mit Frau Ernst vor.

Frau Wüst: „Ich habe mich nun umfassend über die Erfolgsermittlung in der Buchführung informiert. Dazu werden „erfolgswirksame Geschäftsfälle" auf den Erfolgskonten verbucht und dann über das GuV-Konto abgeschlossen. So kann der Gewinn oder Verlust ermittelt werden. Ich frage mich allerdings, was erfolgswirksame Geschäftsfälle sind. Können Sie mir da helfen, Sie kennen sich doch mit Buchführung aus?"

Deniz Yilmaz: „Alle Geschäftsfälle, die Sie bislang kennengelernt haben, sind erfolgsunwirksam. Hier sind einige Belege von gestern. Sehen Sie sich diese einmal an. Dann werden Sie erkennen, welche Geschäftsfälle erfolgswirksam sind. Wenn Sie noch weitere Fragen haben, wenden Sie sich bitte an Frau Ernst, die sitzt im Büro. Ich habe gleich einen Termin außer Haus."

© auremar – stock.adobe.com

Arbeitsaufträge

1. Sichten Sie die Belege in der Anlage und erstellen Sie zu jedem Beleg die entsprechenden Geschäftsfälle. Kreuzen Sie anschließend an, ob der Geschäftsfall erfolgswirksam oder erfolgsunwirksam ist.

Beleg-nummer	Geschäftsfall	Erfolgs-wirksam?	Erfolgsun-wirksam?

LF 8 | Geschäftsprozesse erfassen und kontrollieren

Beleg-nummer	Geschäftsfall	Erfolgs-wirksam?	Erfolgsun-wirksam?

2. Füllen Sie auf Grundlage der Geschäftsfälle aus der Aufgabe 1 die Tabelle zur Buchungsvorbereitung aus und bilden Sie anschließend die Buchungssätze im Grundbuch.

Beleg-nummer	Welche Konten werden berührt?	Aktiv/Passiv? Aufwand/Ertrag?	Mehrung oder Minderung? (+/–)	Soll oder Haben? (S/H)
1				
2				
3				
4				
5				

LS 9 Erfolgswirksame Geschäftsfälle im Grundbuch buchen

Beleg-nummer	Welche Konten werden berührt?	Aktiv/Passiv? Aufwand/Ertrag?	Mehrung oder Minderung? (+/−)	Soll oder Haben? (S/H)
6				
7				
8				
9				
10				
11				
12				

Lfd. Nr.	Buchungssatz	Soll	Haben
1			
2			
3			
4			
5			
6			
7			

Lfd. Nr.	Buchungssatz	Soll	Haben
8			
9			
10			
11			
12			

Anlage 1: Belege

Beleg 1

Umsatzdetails	
Buchungstag	30.05.20..
Betrag	2.150,00 EUR
Umsatzart	Online-Überweisung
Name	Christina Müller
IBAN	DE78 5616 1651 7894 34
BIC	56116168824
Verwendungszweck	Gehalt Mai 20..

Beleg 2

```
              Baumarkt KG
            Aachener Straße 15
            40223 Düsseldorf

Artikel              Einzelpreis   Menge   Gesamtpreis
Gartenschlauch „Oase"   20,00       1x       20,00
Balkonstuhl „Comfort"   45,00       2x       90,00
Sonnenschirm „Sun"     150,00       1x      150,00
Balkontisch „Comfort"   55,00       1x       55,00

Nettosumme                         264,71
Umsatzsteuer 19 %                   50,29

Summe                              315,00
1 Artikel
Bar                      EUR       315,00

*15.05.20..   11:11

           Unsere Öffnungszeiten
           Mo–Sa: 8:00–20:00 Uhr

                VIELEN DANK
              FÜR IHREN EINKAUF

Steuernummer: XXX
Umsatzsteuer-ID: XXX
```

Beleg 3

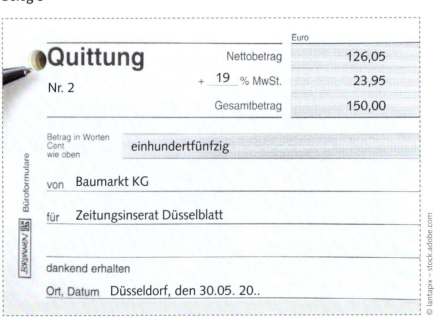

Beleg 4

Umsatzdetails	
Buchungstag	31.05.20..
Betrag	50.000,00 EUR
Umsatzübersicht Gutschrift – gesammelte *girocard*-Zahlungen Mai	

Beleg 5–7

Sparbank eG	Bankleitzahl	Konto-Nr.	Auszug-Nr.	Blatt-Nr.	Ausstellungsdatum
Filiale BILK	301235679	5403 5067 70	4	2	31.05.20..
				Saldo alt	+ 8.200,00
Datum	**Buchungstext**				**Umsatz**
12.05.	Folgelastschrift phonekom Rechnung Mai 20..				– 120,00
13.05.	Gutschrift Miete Lagerhalle Mai 20.., Firma Glasblick				+ 3.500,00
22.05.	Bargeldeinzahlung Verwendungszweck: Tageseinnahmen				+ 1.200,00
Baumarkt KG Aachener Straße 15 40223 Düsseldorf				Saldo neu	+ 12.780,00

Beleg 8

Großhandel Heimwerkerbedarf

Großhandel Heimwerkerbedarf, Duisburger Str. 150, 46047 Oberhausen

Großhandel Heimwerkerbedarf
Tel.: 02 08 – 47 13 90
Fax: 02 08 – 47 13 00
Internet: www.heimwerken.de
E-Mail: info@heimwerken.de

Baumarkt KG
Aachener Str. 15
40223 Düsseldorf

RECHNUNG

Ihre Bestellung vom:
25.05.20..
Lieferdatum:
01.06.20..

Kunden-Nr.	Rechnungs-Nr.	Rechnungsdatum
1789	2180	01.06.20..

Bei Zahlung bitte angeben

Menge in Stück	Beschreibung	Einzelpreis in EUR	Gesamtpreis in EUR
20	Bohrmaschine „Super Fix"	150,00	3.000,00
50	Gartenmöbelset (Stühle, Tisch) „Summer"	450,00	22.500,00
400	Terrassendiele „Bangkirai" L × B × H 300 × 15 × 3 cm	30,00	12.000,00
	Nettogesamtpreis		31.512,61
	+ 19 % Umsatzsteuer		5.987,39
	Bruttogesamtpreis		**37.500,00**

Rechnung nach Erhalt der Ware zahlbar innerhalb von 30 Tagen.
Vielen Dank für Ihre Bestellung!

Handelsregister Oberhausen
HRB 26269
Steuernummer 57 105 24918
Ust.-ID DE076235220

Tel.: 02 08 – 47 13 90
Fax: 02 08 – 47 13 00
Internet: www.heimwerken.de
E-Mail: info@heimwerken.de

Bankverbindung
Stadtsparkasse Oberhausen
IBAN: DE61 3655 0000 0000 1579 89
BIC: WELADED10BH

LS 9 Erfolgswirksame Geschäftsfälle im Grundbuch buchen

Beleg 9

Bürobedarf Paperclip
Nordstraße 80
40125 Düsseldorf

Artikel	Einzelpreis	Menge	Gesamtpreis
Kopierpapier DIN A4 80g/m² 5x100 Blatt	13,75	4x	55,00
Druckerpatrone für Laser-Drucker schwarz	37,50	4x	150,00
Schnellhefter DIN A4 Verschiedene Farben	0,75	20x	15,00

Nettosumme		184,87
Umsatzsteuer 19 %		35,13
Summe		**220,00**
1 Artikel		
Bar	EUR	250,00
Zurück	EUR	30,00

*07.06.20..   15:10

Unsere Öffnungszeiten
Mo–Sa: 7:00–18:00 Uhr

VIELEN DANK
FÜR IHREN EINKAUF

Steuernummer: XXX
Umsatzsteuer-ID: XXX

Beleg 10–12

Sparbank eG	Bankleitzahl	Konto-Nr.	Auszug-Nr.	Blatt-Nr.	Ausstellungsdatum
Filiale BILK	301235679	5403 5067 70	11	2	15.06.20..
			Saldo alt		+ 12.780,00
Datum	**Buchungstext**				**Umsatz**
03.06.	Folgelastschrift Miete Lagerhalle Herr Müller				– 500,00
06.06.	Sparkasse Düsseldorf Tilgung Darlehen: 1.5000,00				– 1.500,00
06.06.	Zinsen: 500,00				– 500,00
Baumarkt KG Aachener Straße 15 40223 Düsseldorf			Saldo neu		+ 10.280,00

Lernsituation 10

Erfolgsermittlung mittels Gewinn- und Verlustkonto vornehmen

Nachdem Pia Wüst zu allen Belegen die Buchungssätze im Grundbuch gebildet hat, ist sie schon gespannt, wie hoch der Gewinn oder Verlust der Baumarkt KG in diesem Jahr ist. Sie geht mit ihren Unterlagen ins Büro und fragt Frau Ernst um Rat.

Frau Ernst: „Ihre Buchungen im Grundbuch waren fehlerfrei! Sehr gut, Pia! Da Herr Seifert auf die Zahlen wartet, sollten Sie – nun zügig – das GuV-Konto aufstellen und den Erfolg des letzten Jahres ermitteln."

Frau Wüst: „GuV-Konto? Das heißt, ich muss jetzt im Hauptbuch buchen, oder?"

© auremar – stock.adobe.com

Arbeitsaufträge

1. Buchen Sie die folgenden Buchungssätze im Hauptbuch.
   Schließen Sie anschließend die Erfolgskonten ordnungsgemäß ab und ermitteln Sie den Gewinn oder den Verlust mittels GuV-Konto. Geben Sie an, ob es sich um einen Gewinn oder einen Verlust handelt. Ein Abschluss der Bestandskonten ist nicht notwendig.

	Buchungssatz	Soll	Haben
a)	Gehälter an Bank	2.150,00 EUR	2.150,00 EUR
b)	Werbeaufwand an Kasse	150,00 EUR	150,00 EUR
c)	Bank an Umsatzerlöse für Waren	50.000,00 EUR	50.000,00 EUR
d)	Bank an Kasse	1.200,00 EUR	1.200,00 EUR
e)	Aufwendungen für Waren an Verbindlichkeiten	37.500,00 EUR	37.500,00 EUR
f)	Darlehen an Bank	1.500,00 EUR	1.500,00 EUR
g)	Zinsaufwand an Bank	500,00 EUR	500,00 EUR
h)	Aufwendungen für Waren an Kasse	5.000,00 EUR	5.000,00 EUR
i)	Kasse an Umsatzerlöse für Waren	3.000,00 EUR	3.000,00 EUR

S Bank H

AB 8.200,00

LS 10 Erfolgsermittlung mittels Gewinn- und Verlustkonto vornehmen

S	Kasse	H
AB	2.000,00	

S	Darlehen	H
	AB	185.000,00

S	Verbindlichkeiten	H
	AB	100.000,00

S	Aufwendungen für Waren	H

S	Gehälter	H

S	Werbeaufwand	H

LF 8 — Geschäftsprozesse erfassen und kontrollieren

S	Zinsaufwand	H

S	Umsatzerlöse für Waren	H

S	Gewinn- und Verlustkonto	H

Gewinn ☐

Verlust ☐

2. Schließen Sie die folgenden GuV-Konten ab und ermitteln Sie den Endbestand des Eigenkapitals. Bestimmen Sie, ob ein Gewinn oder ein Verlust erwirtschaftet worden ist, indem Sie das zutreffende unterstreichen und geben Sie an, wie hoch dieser ist.

Soll	GuV-Konto		Haben
Aufwendungen	850.000,00	Erträge	1.500.000,00

Gewinn/Verlust in Höhe von: _____

Soll	Eigenkapital		Haben
		Anfangsbestand	2.000.000,00

Soll	GuV-Konto		Haben
Aufwendungen	990.000,00	Erträge	760.000,00

Gewinn/Verlust in Höhe von: _____

Soll	Eigenkapital		Haben
		Anfangsbestand	2.000.000,00

3. Gemäß des GuV-Kontos von Aufgabe 2 wurden Aufwendungen in Höhe von 850.000,00 EUR und Erträge in Höhe von 1.500.000,00 EUR gebucht. Die Buchhaltung entdeckt nachträglich einen Fehler.

a) Wie hoch wäre der Gewinn, wenn durch einen Schreibfehler tatsächlich nur 1.050.000,00 EUR als Erträge für das GuV-Konto ermittelt wurden?

_____

_____

b) Wie viel Prozent weniger Gewinn sind durch den Schreibfehler entstanden?

_____

_____

_____

LF 8 Geschäftsprozesse erfassen und kontrollieren

Lernsituation 11

Kalkulation der Verkaufspreise auf Grundlage des Gewinn- und Verlustkontos vornehmen

Herr Schneider, der Leiter der Elektroabteilung, erhält eine Lieferung brandneuer Türsprechanlagen mit integrierter Kamera. Nun muss er die Ware im Verkaufsraum einräumen und mit einem Preis auszeichnen. Er fragt Herrn Seifert, den Marktleiter, um Rat.

Herr Schneider: „Herr Seifert, ich denke, so circa 300 Euro ist ein guter Preis für die Anlage. Was denken Sie?"

Herr Seifert: „Das kann ich so nicht sagen! Wie hoch ist denn der Einkaufspreis? Und bedenken Sie, dass wir einen angemessenen Gewinn an jedem verkauften Produkt erzielen wollen. Zudem sollten unsere Handlungskosten auch gedeckt sein!"

Herr Schneider: „Ja, das stimmt. Dann sollte ich noch mal genauer kalkulieren. Aber woher soll ich denn unsere Handlungskosten kennen?"

Arbeitsaufträge

1. **Entscheiden Sie durch Ankreuzen, welche Ausgaben zu den Handlungskosten gehören.**

Ausgaben	Handlungskosten	Keine Handlungskosten
Miete		
Zinserträge		
Gehälter		
Kauf von neuen Schreibtischen		
Aufwendungen für Waren		
Stromkosten		
Betriebliche Steuern		
Kauf eines neuen LKW		
Telefonkosten		
Tilgung eines Darlehens		
Zinszahlungen für das Darlehen		

2. **Gegeben ist das folgende Gewinn- und Verlustkonto der Elektronikabteilung der Baumarkt KG. Bestimmen Sie die folgenden Strukturgrößen. Recherchieren Sie zunächst die Formeln im Allgemeinen und berechnen Sie diese dann auf Grundlage des Zahlenmaterials.**

11 Kalkulation der Verkaufspreise auf Grundlage des Gewinn- und Verlustkontos vornehmen

S	GuV der Elektronikabteilung der Baumarkt KG		H
AfW	30.000,00	UfW	55.000,00
Gehälter	8.000,00		
Mietaufwendungen	200,00		
AfEnergie	120,00		
Werbung	90,00		
Büromaterial	150,00		
Versicherungen	350,00		
EK (Gewinn)	16.090,00		
	55.000,00		55.000,00

Strukturgröße	Formel/Beschreibung	Ergebnis auf Grundlage des GuV
(Netto-) Umsatz		
Wareneinsatz		
Rohgewinn		
Handlungskosten		
Handlungskostenzuschlagssatz		
Selbstkosten		
Reinergebnis		
Gewinnzuschlagssatz		
Wirtschaftlichkeit		

3. Erläutern Sie, was der Rohgewinn und der Reingewinn jeweils aussagen.

_____

_____

_____

_____

_____

_____

4. Interpretieren Sie die Wirtschaftlichkeit der Elektronikabteilung.

_____

_____

_____

_____

_____

_____

_____

5. Kalkulieren Sie den Ladenverkaufspreis für die Türsprechanlage auf Grundlage des GuV-Kontos und der Strukturgrößen aus Aufgabe 2.

Bezugspreis	_____
+ Handlungskosten	_____
= Selbstkostenpreis	_____
+ Gewinn	_____
= Nettoverkaufspreis	_____
+ Umsatzsteuer	_____
= Ladenverkaufspreis	_____

Lernsituation 12

Den Unternehmenserfolg mithilfe eines Warenwirtschaftssystems analysieren

Der Baumarkt KG hat ein elektronisches Warenwirtschaftssystem eingeführt. Der Einkaufsleiter, Herr Lenzen, der Verkaufsleiter Herr Yilmaz die Kassenleitung Frau Müller und Frau Peters, die stellvertretende Marktleiterin diskutieren über die Vor- und Nachteile eines Warenwirtschaftssystems:

Herr Yilmaz: (Verkaufsleiter): „Seit wir das Warenwirtschaftssystem haben, gehen die Vorgänge nun deutlich schneller: Mein Verkaufsteam erhält über das System schnelle, aktuelle und detaillierte Informationen über die Produkte. Das vereinfacht die Preisauszeichnung, insbesondere wenn es hier Änderungen gibt."

Frau Müller (Kassenleitung): „Ja, gleichzeitig geht der Kassiervorgang durch das Scannen der Barcodes nun deutlich schneller und es werden weniger Eingabefehler gemacht."

Herr Lenzen (Einkaufsleiter): „Das führt dazu, dass wir auch weniger Inventurdifferenzen haben. Gleichzeitig können wir im System immer auf den aktuellen Bestand zurückgreifen, das verbessert unsere Bestellverfahren. Auch Preisänderungen können zeitnah für den Verkauf und die Kasse sichtbar gemacht werden."

Frau Peters (stellv. Marktleiterin): „Das freut mich, dass durch das Warenwirtschaftssystem die Arbeit nun produktiver und schneller erfolgen kann. Denn das System hat eine große Summe Geld gekostet, und viele Mitarbeiter wissen noch nicht, wie sie damit umgehen müssen. Hier sind noch Schulungen nötig. Ich hoffe, die Investition bringt mehr ein, als sie gekostet hat."

Herr Lenzen (Einkaufsleiter): „Aber gleichzeitig sparen wir auch Kosten, wir benötigen z. B. weniger Papier, und außerdem haben Sie jetzt den vollen Überblick über alle Geschäftstätigkeiten und können so schneller Entscheidungen treffen, z. B. welche Produkte im Sortiment verbleiben und welche nicht."

Frau Peters (stellv. Marktleiterin): „Das stimmt! Das ist in der Tat eine große Erleichterung. Ich hoffe nur, dass das System nicht eines Tages ausfällt. Das wäre eine riesengroße Katastrophe."

Arbeitsaufträge

1. Stellen Sie aus den Aussagen der Mitarbeiter der Baumarkt KG die Vor- und Nachteile eines Warenwirtschaftssystems in der folgenden Übersicht dar.

LF 8 Geschäftsprozesse erfassen und kontrollieren

Vorteile	Nachteile

2. Unterscheiden Sie bei dem Artikel „Bohrmaschine DX500" zwischen Stamm- und Bewegungsdaten. Begründen Sie, warum man bei der Eingabe von Stammdaten besonders sorgfältig sein muss.

_____

_____

_____

_____

3. Ordnen Sie die folgenden Begriffe der Übersicht eines Warenwirtschaftssystems zu.

Einkauf – Wareneingang – Lager – Warenausgang – Verkauf – Geschäftsführung

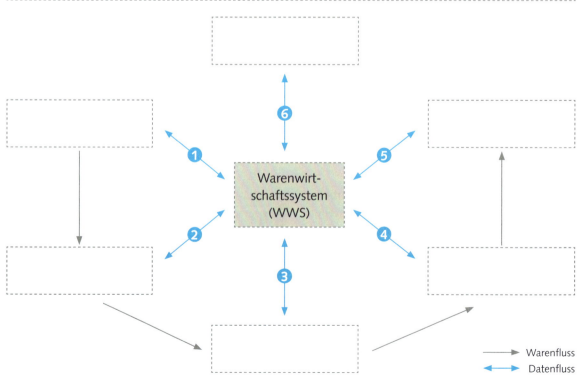

4. Entscheiden Sie, in welchem Bereich die folgenden Tätigkeiten von einem Warenwirtschaftssystem unterstützt werden können? Tragen Sie in die Spalte „Datenfluss" die zugehörige Ziffer aus der obigen Abbildung ein.

Tätigkeiten	Datenfluss	Abteilung
Durchführung einer permanenten Inventur durch elektronische Warenbestandserfassung	3	Lager
Ermittlung der Kundenfrequenzen für die Personaleinsatzplanung		
Aktualisierung des Bruttoverkaufspreises und Druck der Etiketten		
Eingabe von Bestellmenge und Liefertermin in eine Auftragsdatei		
Vergleich der Rechnung mit dem Lieferschein und Überweisung der Rechnung unter Abzug von Skonto		
Erstellung von detaillierten und aktuellen Absatzstatistiken für einzelne Artikel		
Anpassung von Werbung und Sortimentsplanung aufgrund der Auswertung der Verkaufsstatistik		
Zugriff der Verkaufsberater auf detaillierte Produktinformationen		
Überprüfung der Lagerbestände		

5. Tragen Sie den Aufbau eines EAN-Codes in die Lösungsfelder ein.

❶ _____

❷ _____

❸ _____

❹ _____

6. Erläutern Sie den Unterschied zwischen einem offenen und einem geschlossenem Warenwirtschaftssystem.

_____

_____

_____

_____

7. Entscheiden Sie in den folgenden Fällen, ob es sich um ein offenes oder um ein geschlossenes Warenwirtschaftssystem handelt.

a) Bei der Baumarkt KG werden beim Verkauf der Ware alle Artikel mengen- und wertmäßig exakt von den Datenkassen erfasst, die eine Verbindung zur EDV-Anlage haben. Diese Daten werden in alle anderen Bereiche der Warenwirtschaft weitergeleitet und dort ausgewertet.

b) Im Zentrallager der Blaumann OHG werden die Lagerbestände mithilfe eines Computers gesteuert und kontrolliert. Die Umsätze in den Filialen werden warengruppengenau mit mechanischen Registrierkassen ohne Anbindung an die EDV erfasst.

8. Herr Yilmaz zeigt den Teilnehmern der Gesprächsrunde eine Strategiegrafik und erstellt zur Veranschaulichung aus den Daten des Warenwirtschaftssystems eine Penner- und eine Rennerliste.

a) Erläutern Sie die Bedeutung solcher Listen vor dem Hintergrund der nebenstehenden Strategiegrafik.

b) Warum ist es für die Mitarbeiter der Baumarkt KG wichtig, Renner und Penner zu erkennen?

c) Welche Maßnahmen sollte Herr Yilmaz bei Rennern und Pennern ergreifen?

LS 12 Den Unternehmenserfolg mithilfe eines Warenwirtschaftssystems analysieren

d) Warum ist eine Liste aus dem Warenwirtschaftssystem aussagekräftiger als die mündlichen Aussagen des Verkaufspersonals.

___

9. Überlegen Sie, welche Artikel aus Ihrem Ausbildungssortiment Renner- oder Penner- Artikel bzw. Gewinner- oder Verlierer-Artikel sein könnten. Fragen Sie Ihren Ausbilder, ob Sie Ihre Vermutungen anhand der Daten des betrieblichen Warenwirtschaftssystems überprüfen dürfen.

___

10. Lesen Sie die letzte Aussage von Frau Peters aus der Ausgangssituation.

a) Welche Bedeutung hat Datenschutz und Datensicherheit im Zusammenhang mit einem modernen Warenwirtschaftssystem?

___

b) Zählen Sie vier Maßnahmen auf, um den Anforderungen von Datenschutz und Datensicherheit gerecht zu werden:

___

LF 8 | Geschäftsprozesse erfassen und kontrollieren

Aufgabe Plus

Der Baumarkt KG möchte den Erfolg der Abteilung Eisenwaren auswerten. Die Abteilung ist 200 qm groß und normalerweise mit 8 Mitarbeitern (mit jeweils 40 Stunden Verträgen) besetzt. In den wichtigsten Verkaufsmonaten können zusätzliche Kräfte angestellt werden. Die folgenden Daten können aus dem Warenwirtschaftssystem und dem Personalinformationssystem entnommen werden:

© fascinadora – stock.adobe.com

Abteilung Eisenwaren Baumarkt KG							
	Umsatz in EUR	Arbeitsstunden in h	Kosten in EUR	Arbeitsproduktivität Umsatz in EUR/h	Flächenproduktivität Umsatz in EUR/qm	Gewinn in EUR	Umsatzrentabilität in Prozent
Januar	30.000,00	320	20.000,00	30.000,00 ÷ 320 = 93,75	30.000,00 ÷ 200 = 150,00	30.000,00 − 20.000,00 = 10.000,00	10.000 ÷ 30.000 × 100 = 33,33
Februar	40.000,00	320	35.000,00				
März	50.000,00	400	45.000,00				
April	70.000,00	400	60.000,00				
Mai	80.000,00	400	65.000,00				
Juni	70.000,00	480	65.000,00				
Juli	60.000,00	480	50.000,00				
August	50.000,00	400	35.000,00				
September	70.000,00	480	60.000,00				
Oktober	80.000,00	480	65.000,00				
November	50.000,00	400	45.000,00				
Dezember	22.000,00	320	25.000,00				
Summe							
Durchschnitt							

11. **Berechnen Sie den Jahresumsatz, die Jahresarbeitsstunden und die Summe der Kosten aller Monate. Tragen Sie die Werte in der Tabelle in die Zeile Summe ein.**

LS 12 Den Unternehmenserfolg mithilfe eines Warenwirtschaftssystems analysieren

▶ 12. Berechnen Sie den durchschnittlichen Umsatz, die durchschnittlichen Arbeitsstunden und die Durchschnittskosten für das gesamte Jahr. Tragen Sie die Werte in der Tabelle in die Zeile Durchschnitt ein.

_____

_____

_____

13. Berechnen Sie den durchschnittlichen Umsatz pro Arbeitsstunde. Verwenden Sie dazu die Methode des gewogenen Durchschnitts.

_____

_____

_____

14. Berechnen Sie die Arbeits- und die Flächenproduktivität sowie den Gewinn und die Umsatzrentabilität für die Monate Februar bis Dezember. Tragen Sie die Werte in die Tabelle ein.

15. Berechnen Sie die Summe und den Durchschnitt der Arbeits- und der Flächenproduktivität sowie der Summe des Gewinns und der Umsatzrentabilität. Tragen Sie die Werte in die entsprechenden Felder in der Tabelle ein.

16. Analysieren Sie die Umsatzrentabilität! Welche Monate verliefen positiv und welche negativ für die Eisenwarenabteilung der Baumarkt KG?

a) Begründen Sie diese Entwicklung.

_____

_____

_____

_____

_____

_____

b) Schlagen Sie Maßnahmen vor, um die jährliche Umsatzrentabilität auf 16 % anzuheben.

_____

_____

_____

LF 8 | Geschäftsprozesse erfassen und kontrollieren

Lernsituation 13

Betriebliche Daten aufbereiten und grafisch darstellen

Der Baumarkt KG möchte wichtige Trends im Einzelhandel analysieren, um daraus Schlüsse für die zukünftige Geschäftspolitik zu ziehen. Herr Seifert hat dazu zu einem Workshop eingeladen, bei dem die Mitarbeiter aus der Marketingabteilung verschiedene Diagramme und Grafiken zusammenstellen sollen, die bei der nächsten Video-Konferenz über den wirtschaftlichen Erfolg der Baumarkt KG Auskunft geben sollen.

Arbeitsaufträge

1. Bilden Sie **acht** etwa gleich große Gruppen und ordnen Sie je eines der unten abgebildeten Diagramme den einzelnen Gruppen zu. (Alternativ können auch vier Gruppen gebildet werden, die jeweils zwei Diagramme bearbeiten.)

   a) Bearbeiten Sie zuerst die folgenden Fragen nach dem Schema zur Diagramminterpretation (Schritt 1–3).
      - **Schritt 1 – Beobachtung:** Um welche Diagrammart handelt es sich in dem von Ihnen ausgewählten Diagramm? Wie lautet der Titel und welche Informationen können Sie den Achsen entnehmen. Welche Daten werden hier gezeigt?
      - **Schritt 2 – Beschreibung:** Wie ist der Verlauf der Daten? Gibt es auffällige Punkte, bzw. wann gab es Abweichungen? Lässt sich ein Trend feststellen?
      - **Schritt 3 – Interpretation:** Versuchen Sie Gründe für den Verlauf der Daten zu finden.

   b) Präsentieren Sie anschließend die Gruppen-Ergebnisse Ihren Mitschülern.

   c) Welche Bedeutungen könnten die Aussagen der Grafiken für die zukünftige Geschäftspolitik der Baumarkt KG haben?

Grafik 1

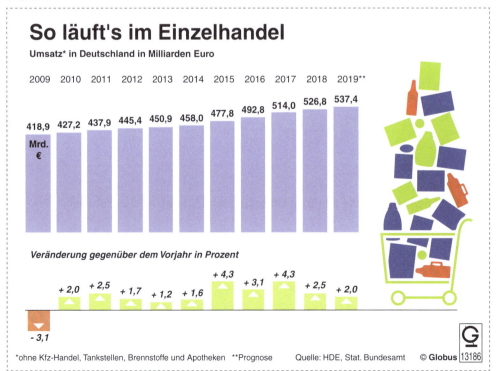

LS 13 Betriebliche Daten aufbereiten und grafisch darstellen

Grafik 2

Grafik 3

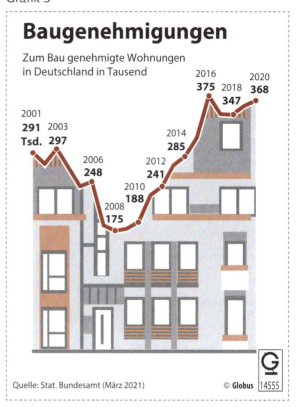

Grafik 4

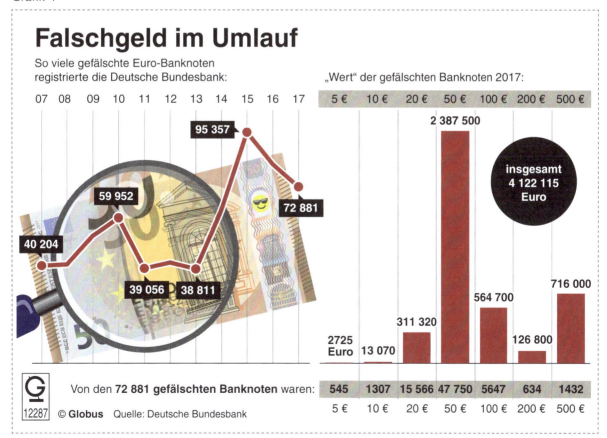

LF 8 Geschäftsprozesse erfassen und kontrollieren

Grafik 5

Grafik 6

Grafik 7

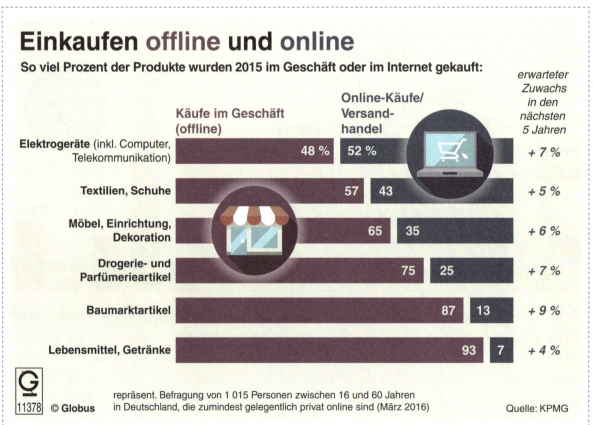

Grafik 8

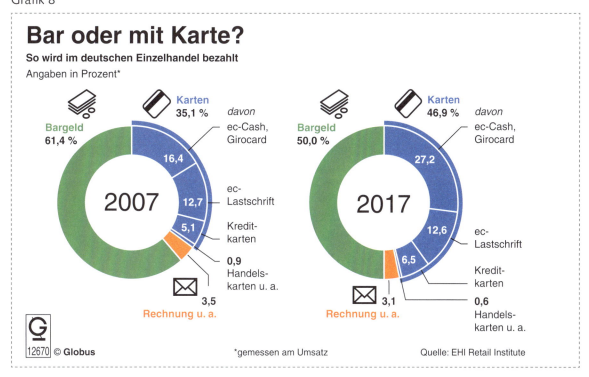

2. Erstellen Sie aus den Daten der Lernsituation 12 (Aufgabe Plus Seite 192) mithilfe von Microsoft Excel oder Numbers von Apple eine Grafik. Stellen Sie die monatlichen Umsatzzahlen der Baumarkt KG im Jahresverlauf in einem Säulendiagramm grafisch dar. Gehen Sie dabei wie folgt vor, wenn Sie das Programm Excel benutzen: (Wenn Sie Numbers benutzen wollen, finden Sie dazu Hinweise auf der nächsten Seite).

a) Tragen Sie in die erste Zeile in jede Zelle den Monat ein. Tragen Sie dann in der Zeile darunter den dazugehörigen Umsatz ein. Achten Sie darauf, die Zahlen ohne Tausenderpunkt, Komma oder Euro- Zeichen einzugeben. Die Tabelle müsste so aussehen:

	A	B	C	D	E	F	G	H	I	J	K	L
1	Jan	Feb	Mär	Apr	Mai	Jun	Jul	Aug	Sep	Okt	Nov	Dez
2	30000	40000	50000	70000	80000	70000	60000	50000	70000	80000	50000	20000
3												

b) Markieren Sie den Bereich von A1 bis L2 mit der gedrückter linker Maustaste. Wenn Sie Excel benutzen, klicken Sie auf „Einfügen" und wählen Sie dann bei „Empfohlene Diagramme" das Diagramm „Gruppierte Säulen" aus. Das Ergebnis sollte so aussehen:

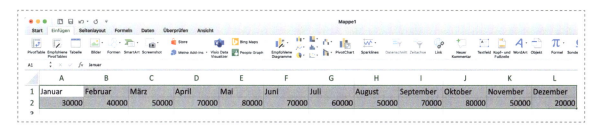

c) Zum Schluss muss noch der Titel des Diagramms geändert werden. Um diesen anzupassen, klicken Sie in den Titel und tragen dann z. B. „Umsatzentwicklung Baumarkt KG" ein. Nun kann das Diagramm mit Kopieren und Einfügen z. B. in ein Word Dokument kopiert werden.

d) Erstellen Sie auf die gleiche Weise ein Liniendiagramm. Vergleichen Sie die Aussagekraft der beiden nachfolgenden Diagramme.

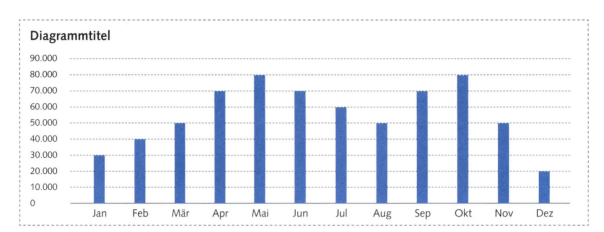

Verwenden Sie das Programm **Numbers** von Apple, löschen Sie zunächst die Titelspalte und geben die Monatsdaten in die Titelzeile ein, die Umsatzdaten tragen Sie in die Zeile darunter ein. Markieren Sie den Bereich mit gedrückter linker Maustaste und klicken Sie dann im Feld Diagramm im Register 2D auf das rechte obere Symbol mit den Säulen.

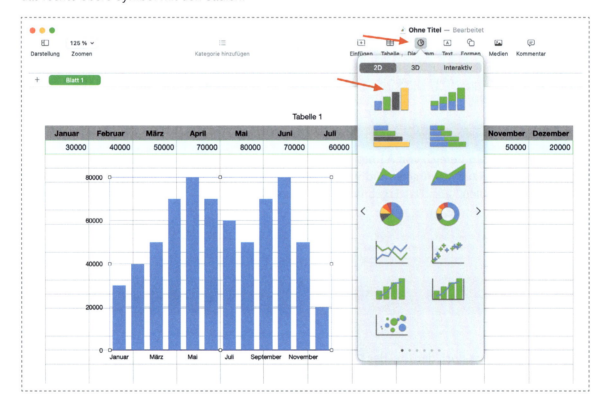

Gegebenenfalls müssen Sie das Diagramm an den Ecken etwas vergrößern, damit man alle Monate ausgeschrieben sieht. Einen Titel können Sie einfügen, indem Sie im rechten Seitenmenü auf Titel klicken. So lässt sich ein Titel hinzufügen.

Kompetenzfragebogen

Ich kann …	ja	nein	unsicher	nachzulesen auf Seite	Übungs-aufgaben
… betriebliche Geschäftsprozesse in Güter-, Geld- und Informationsflüsse unterscheiden.					
… verschiedene Geschäftsfälle einem Aufwand oder einem Ertrag zuordnen.					
… die Teilbereiche des Rechnungswesens sowie die Aufgaben und die Adressaten benennen.					
… den Unterschied zwischen externem und internem Rechnungswesen erklären.					
… die wichtigsten Regeln zur ordnungsgemäßen Buchführungspflicht benennen und die Grundsätze richtig zuordnen.					
… die verschiedenen Inventurarten benennen und zuordnen.					
… den Aufbau eines Inventarverzeichnisses beschreiben, die verschiedenen Inventarpositionen benennen und richtig zuordnen.					
… aus Inventurdaten ein Inventarverzeichnis in der richtigen Reihenfolge aufstellen.					
… eine Bilanz aus dem Inventar erstellen.					
… die Bilanz auf Grundlage der Bilanzkennzahlen analysieren.					
… die Auswirkungen von Geschäftsfällen auf die Bilanz anhand von Bilanzveränderungen erkennen und benennen.					
… die Bilanz in Bestandskonten auflösen, Geschäftsfälle auf T-Konten verbuchen und die Bestandskonten abschließen.					
… Geschäftsfälle mittels Buchungssätzen im Grundbuch verbuchen.					
… erfolgswirksame Geschäftsfälle auf Erfolgskonten verbuchen.					
… erfolgswirksame Geschäftsfälle mittels Buchungssätzen im Grundbuch verbuchen.					
… den Gewinn oder Verlust durch Abschluss der Erfolgskonten ermitteln.					
… das Gewinn- und Verlustkonto analysieren und Verkaufspreise auf Grundlage von Zuschlagssätzen kalkulieren.					
… die Vor- und Nachteile eines Warenwirtschaftssystems erläutern.					

Ich kann …	ja	nein	unsicher	nachzulesen auf Seite	Übungs-aufgaben
… die betrieblichen Tätigkeiten dem schematischen Aufbau eines Warenwirtschaftssystems richtig zuordnen.					
… den Unterschied zwischen einem offenen und einem geschlossenen Warenwirtschaftssystem erläutern.					
… die betriebliche Bedeutung des Warenwirtschaftssystems zur Entwicklung unternehmerischer Strategien erläutern.					
… die Bedeutung von Datenschutz und Datensicherheit im Zusammenhang mit der Verwendung eines Warenwirtschaftssystems erläutern und Maßnahmen zum Datenschutz benennen.					
… verschiedene betriebliche Messgrößen wie Umsatz, Arbeitsproduktivität und Flächenproduktivität berechnen und analysieren.					
… die Umsatzrentabilität berechnen und Maßnahmen zur Verbesserung vorschlagen.					
… Grafiken beschreiben, analysieren und interpretieren. Diese Ergebnisse kann ich vor einer Gruppe vortragen.					
… mit Hilfe einer Tabellenkalkulation statistische Daten aufbereiten und als Diagramm darstellen.					

LF 9 Preispolitische Maßnahmen vorbereiten und durchführen

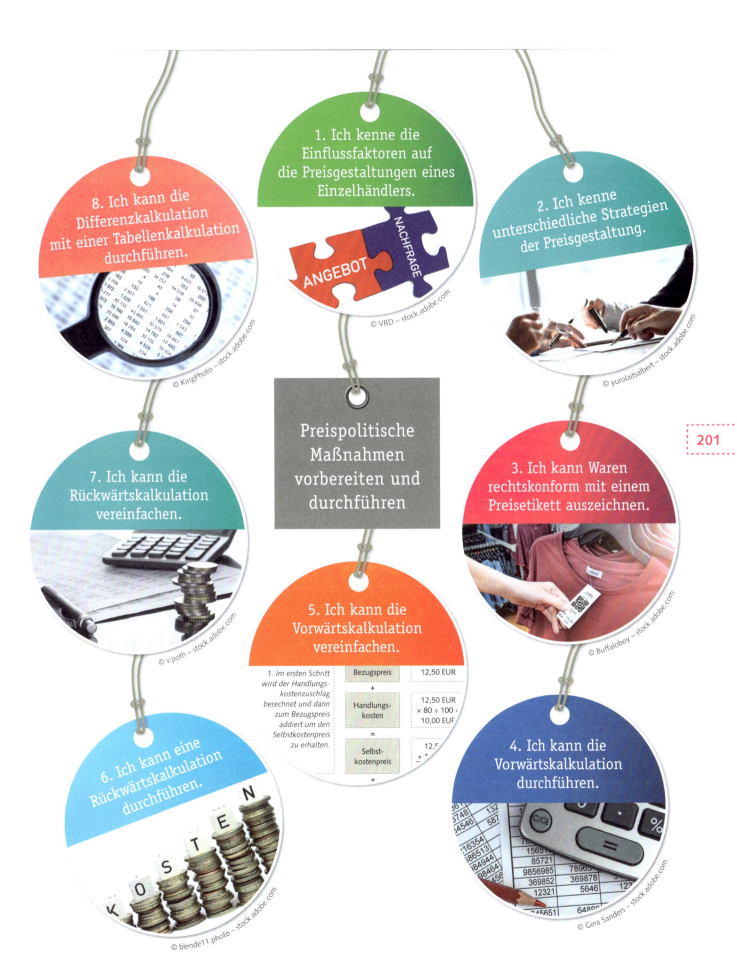

Die Kompetenzentwicklung umfasst, …

… die Einflussfaktoren auf die Preisgestaltung und den Verkaufspreis kennenzulernen.

Marktformen und Marktstrukturen		interne Einflussfaktoren auf den Preis
Angebot und Nachfrage		externe Einflussfaktoren auf den Preis
Modell der Preisbildung	Preispolitische Maßnahmen	Preisstrategien
Konditionen- und Rabattpolitik		Preisdifferenzierungen

… den rechtlichen Rahmen auf die Preisgestaltung zu berücksichtigen.

Wucherpreise		irreführende Angaben		falsche Preisnachlässe
Preisabsprachen		Preisauszeichnung		Preisbindung
UVP	PAngV	UWG	GWB	TextilKennzG

… den Verkaufspreis anhand der Vorwärtskalkulation zu ermitteln.

Bezugskosten		Handlungs-/Selbstkosten	Gewinnzuschlag
Nettoverkaufspreis		Umsatzsteuersatz	Bruttoverkaufspreis
Rohgewinn	Reingewinn	Wareneinsatz	Umsatzerlöse
Gewinn- und Verlustrechnung		Kalkulationsfaktor	Kalkulationszuschlag

… den Bezugspreis anhand der Rückwärtskalkulation zu ermitteln.

Grundwert	vermehrter/verminderter Grundwert	Prozentwert
Kalkulationsabschlagssatz	Handelsspanne	MwSt.-Berechnungen
vollständige Rückwärtskalkulation mit Berücksichtigung der Bezugskalkulation		

… die Differenzkalkulation mit dem Taschenrechner oder mit einem Tabellenkalkulationsprogramm durchzuführen.

Selbstkostenpreisermittlung mit Vorwärtskalkulation	Nettoverkaufspreisermittlung mit Rückwärtskalkulation
Gewinnzuschlag durch Differenzkalkulation	Mischkalkulation

Der Modellbetrieb im Lernfeld 9

Unternehmensbeschreibung	
Firma	**Modehaus Bernert e. K.**
Geschäftszweck	Fachgeschäft für Damen- und Herrenmode
Geschäftssitz	Friedrichsstraße Str. 133, 40217 Düsseldorf
Registergericht	Amtsgericht Düsseldorf HRA 4567
	Steuernummer: 6089/5771/3456
	USt.-Id.-Nummer: DE 1248798
Inhaberin	Karolina Bernert
Telefon	0211-45 00 11
Telefax	0211-45 00 12
Homepage	www.modehaus-bernert.de
E-Mail	info@modehaus-bernert.de
Bankverbindung	Sparkasse Düsseldorf
	BIC: DUSSDEDDXXX
	IBAN: DE60 3005 0110 0000 1654 86
Mitarbeiter	20 Mitarbeiter
	Davon 3 Auszubildende zur/zum Kauffau/-mann
	im Einzelhandel
	Viktor Lubitzki, Aylin Noack, Sibel Efe
Auszug aus dem Absatzprogramm	**Damenbekleidung, (Erdgeschoss)**
	Herrenbekleidung, (Obergeschoss)
Weitere Informationen für die Bearbeitung der Lernsituationen	
Abteilungen	**Inhaberin:** Karolina Bernert
	Abteilungsleiter:
	Damenabteilung: Sabine Müller
	Herrenabteilung: Paul Schneider

Lernsituation 1

Das Modell der Marktpreisbildung verstehen

Aylin und Viktor sind Auszubildende im zweiten Ausbildungsjahr im Modehaus Bernert e.K. Die Inhaberin, Frau Bernert, möchte verstärkt jüngere Kunden in das Geschäft locken. Deshalb soll eine neue Boutique-Abteilung für junge Mode mit exklusivem Charakter eigerichtet werden und in zwei Wochen „an den Start" gehen. Dazu wurden schon die ersten Waren bestellt. Frau Bernert bittet die Azubis, sich über die Preisgestaltung Gedanken zu machen. Aylin und Viktor diskutieren heute, wovon es abhängt, zu welchem Preis das Modehaus die Waren verkaufen sollte:

Viktor: Wir haben jetzt zwar sehr allgemein festgestellt, was wir bei der Preissetzung beachten müssen. Aber wie teuer z. B. die Winterjacke von Olivero sein soll, wissen wir immer noch nicht.

Aylin: Wichtig ist, dass wir die Jacken zu dem Preis auch verkaufen können. Es bringt ja nichts, wenn ein zu hoher Preis die Kunden abschreckt. Deswegen brauchen wir Informationen über die Zahlungsbereitschaft unserer potenziellen Kunden.

Viktor: Aber die ist doch bei jedem Kunden unterschiedlich.

Aylin: Ja, aber wir müssen ja auch nicht jeden einzeln betrachten, sondern den Gesamtmarkt.

Viktor: Und wir müssen unbedingt darauf achten, zu welchem Preis unsere Konkurrenz die Jacken anbietet.

Wenige Tage später erhalten die Azubis von Ihrer Chefin folgende Marktdaten für die Winterjacken von Olivero.

Nachfrage

Preis (in EUR)	Menge (in Stück)
0	5.000
50,00	4.000
100,00	3.000
150,00	2.000
200,00	1.000
250,00	0

Angebot

Preis (in EUR)	Menge (in Stück)
0	0
50,00	0
100,00	1.000
150,00	2.000
200,00	3.000
250,00	4.000

Arbeitsaufträge

1. Zeichnen Sie die oben vorgegebenen Daten in ein Koordinatensystem ein, beschriften Sie die Achsen und bestimmen Sie Gleichgewichtsmenge und Gleichgewichtspreis der Winterjacke von Olivero zeichnerisch.

LS 1 Das Modell der Marktpreisbildung verstehen

2. Erläutern Sie anhand der nachfolgend geschilderten Beispiele, weshalb es in der Realität selten nur **einen** Preis für ein Produkt bei verschiedenen Anbietern gibt! Was führt zu unterschiedlicher Preisgestaltung der Händler bzw. unterschiedlichem Nachfrageverhalten?

a) Aylin ist überzeugt: Das einfarbige Polo-Shirt von „Grant" ist besser als das exakt gleiche Model von „Olivero". Viktor findet das Polo-Shirt von „Olivero" besser.

b) Die Cousine von Aylin hat früher bei der Mode-Boutique Krause gearbeitet. Sie mag Ihren alten Chef nicht und geht somit dort – trotz guter Preise – nicht mehr zum Einkaufen hin.

c) Viktor hat sich bei Drogerie Kaiser, die nebenan eine Filiale haben, neues Desinfektionsspray für seinen Betrieb gekauft. Er wusste nicht, dass er dieses beim Drogeriemerkt Rossbauer günstiger bekommen könnte.

3. Kreuzen Sie an, ob folgende Aussagen wahr oder falsch sind!

Aussage	wahr	falsch
Der Gleichgewichtspreis ist der Preis, zu dem kein Kunde mehr bereit ist, ein Produkt zu kaufen.		
Derzeit kostet ein Marken-Sweatshirt der Marke „Neikie" 39.95 EUR. Sinkt der Preis auf 29,95 EUR, steigt die Menge, die die Kunden nachfragen.		
Kostet ein Marken-Sweatshirt der Marke „Neikie" im Schlussverkauf 29,95 EUR und wird dann der Preis später auf 39,95 EUR angehoben, dann steigt die Menge, die die Händler beim Unternehmen „Neikie" nachfragen.		
Bei einem Preis von 0,00 EUR wird unendlich viel von einem Produkt nachgefragt.		
Der Preis auf einem Markt bildet sich durch Angebot und Nachfrage.		
Je höher der Preis für ein Gut ist, desto größer ist das Angebot		
Je höher der Preis für ein Gut ist, desto höher ist die Nachfrage		
Das Verhalten der nachfragenden Haushalte bezeichnet man auch als Angebotsmaximierung		
Anbieter verfolgen das Ziel der Gewinnmaximierung		
Der Staat setzt durch unverbindliche Preisempfehlungen fest, zu welchem Preis Kleidung verkauft werden darf.		

4.
a) Erläutern Sie den Unterschied zwischen **Substitutionsgütern** und **Komplementärgütern**, nennen Sie dazu mehrere Beispiele.

b) Erläutern Sie, wie sich Preisveränderungen eines Produktes auf die Nachfrage eines dazu gehörenden Substitutions- bzw. Komplementärgutes auswirken?

LS 1 Das Modell der Marktpreisbildung verstehen

Aufgabe Plus

Die einmal ermittelten Daten für Angebot und Nachfrage sind nicht fix, sondern verändern sich im Laufe der Zeit. Steigt beispielsweise der Preis für Rohöl, einem wichtigen Rohstoff für die Produktion von Benzin, hat dies eine Auswirkung auf das Angebot des Produktes.

Die Angebotskurve verschiebt sich in diesem Fall nach links. (siehe gestrichelte Linie).

Beim bisherigen Gleichgewichtspreis wird also eine geringere Menge angeboten. Es entsteht ein neues Marktgleichgewicht mit einem höheren Preis und einer geringeren Menge.

5. Zeichnen Sie folgende Veränderungen von Angebot oder Nachfrage auf dem Markt für T-Shirts in ein Koordinatensystem ein und beurteilen Sie, wie sich der Gleichgewichtspreis verändert.

a) **Das Einkommen der Menschen in Deutschland steigt. Die Angebotsmenge bleibt unverändert.**

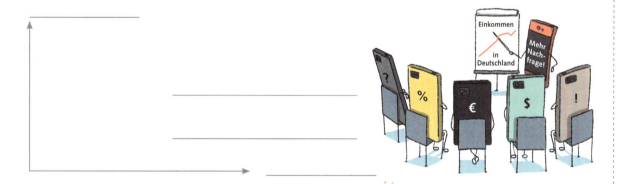

b) **Die Näherinnen in Asien erhalten einen höheren Lohn.**

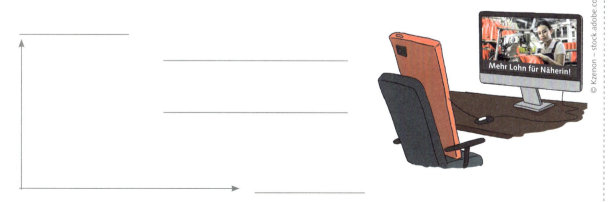

c) Die Produktionskosten können gesenkt werden, da nun zu noch geringeren Kosten in Äthiopien produziert werden kann.

d) Die Einkommens- oder Mehrwertsteuer in Deutschland wird erhöht, die Menschen haben weniger Geld für den Konsum zur Verfügung.

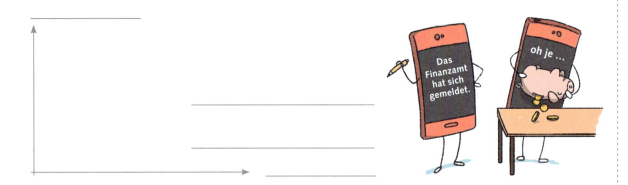

6. Der unten abgebildete Konjunkturverlauf mit langfristigem Wachstum lässt sich in vier Phasen unterteilen, die sich nach Ende eines Konjunkturzyklusses wiederholen. Tragen Sie in die Bezeichnung der Phasen in die vorgegebenen Teilflächen ein und beschriften Sie die Achsen.

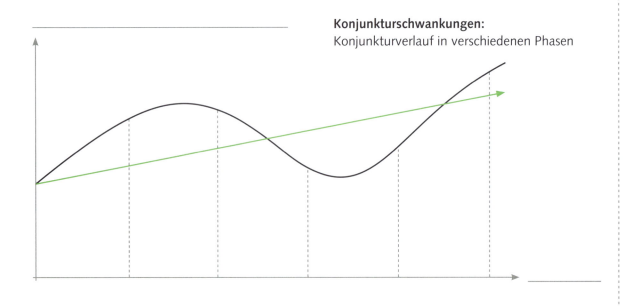

Konjunkturschwankungen:
Konjunkturverlauf in verschiedenen Phasen

Lernsituation 2

Eine Preisstrategie festlegen

Sibel, die Auszubildende aus dem 3. Ausbildungsjahr, und Aylin schauen sich einige Kleidungsstücke der neuen Modekollektion an, die gerade angekommen ist.

Am Vormittag hatte Frau Bernert beide gebeten, sich aus dem Internet und aus Fachzeitschriften der Modebranche einige Artikel herauszusuchen, da das Modehaus Bernert e. K. eine Preisstrategie für die neue Boutique-Abteilung mit junger Mode festlegen muss.

Um die sehr unterschiedlichen Strategien der untersuchten Unternehmen zu verdeutlichen haben die beiden die jeweiligen Überschriften herausgeschrieben, die sie nun Frau Bernert und der Abteilungsleiterin der Damenabteilung, Frau Müller, präsentieren.

> **Der Kunde legt wieder verstärkt Wert auf Qualität.**
> **Die Zahlungsbereitschaft für Textilien ist gestiegen.**

> **Textildiscounter wie Primark, KiK und Takko boomen. Ein Umsatzrekord jagt den nächsten.**

> **Hugo Boss baut neue Fabrik:**
> **Immer mehr Menschen möchten teure Designerkleidung kaufen!**

> **Durch günstige Einführungspreise hat sich das Modehaus Baier schnell hohe Marktanteile gesichert. Nun sollen Preise erhöht werden.**

> **Preissenkungen bei vielen großen Modemarken.**
> **Ist der Markt für Designerkleidung gesättigt?**

Arbeitsaufträge

1. Welche **internen** Einflussgrößen muss das Modehaus Bernert bei der Wahl der Preisstrategie für ihre neue Abteilung beachten? Zählen drei verschiedene Einflussgrößen auf.

2. Welche **externen** Einflussgrößen werden das Modehaus Bernert bei der Wahl der Preisstrategie für ihre neue Abteilung beeinflussen? Zählen vier verschiedene Einflussgrößen auf.

3. Die Preisbildung für die neuen Waren in der Boutique ist abhängig von der generellen Strategie, die das Modehaus Bernert unter Berücksichtigung der internen und externen Einflussgrößen planen sollte. Füllen Sie dazu in Partnerarbeit zunächst die Übersicht zu den einzelnen Preisstrategien aus. Nennen Sie verschiedene Strategien und erläutern Sie die strategische Überlegung, die der Einzelhandel dabei beabsichtigt.

Preisstrategie	Erläuterung

4. Geben Sie eine begründete Empfehlung ab, für welche Preisstrategie sich die Boutique des Modehauses Bernert entscheiden sollte.

LS 2 Eine Preisstrategie festlegen

5. Um einen möglichst großen Kundenkreis anzulocken und den Umsatz zu steigern, überlegen die zwei Azubis, ob sie dies durch Preisdifferenzierung und besondere Konditionen erreichen können. Machen Sie für das Modegeschäft passende Vorschläge!

___

___

___

___

___

Aufgabe Plus

Einkaufen in Zeiten von Big Data

Wenn der Preis persönlich wird

BERLIN taz | Nudeln sind heute billiger. Zumindest für den jungen Mann an Kasse zwei. 1,29 Euro statt 1,59 Euro. Die Kunden vor und hinter ihm müssen den Normalpreis zahlen.

„Dynamic Pricing" heißt das Prinzip, das hier in einem Supermarkt erprobt wird. Der Kunde soll dabei auf ihn zugeschnittene Preise angeboten bekommen. Dafür registriert das Unternehmen über eine Karte, was er kauft. Eine Liste mit den Produkten, die er heute billiger bekommt, druckt sich der Kunde im Laden selbst aus.

Bei Flügen, Hotels, Reisen sind unterschiedliche Preise für die gleiche Leistung schon normal geworden. Wer sehr früh oder wahlweise sehr spät bucht, bekommt Rabatte.

...

Neu ist die individuelle Komponente. Big Data, das massenhafte Sammeln und Verarbeiten von Daten führt dazu, dass Unternehmen ihren Kunden maßgeschneiderte Preise vorsetzen können.

Nicht mehr nur die Marktlage bestimmt den Preis, sondern ein Algorithmus errechnet auf Basis von Informationen wie Kundendaten, was dieser wohl bereit ist, zu zahlen. Dabei kann die Tageszeit Einfluss auf den Preis nehmen oder – auch das ist möglich – das Gerät, mit dem der Kunde die Website eines Onlinehändlers besucht.

„Die Unternehmen nutzen die je nach Situation unterschiedliche Zahlungsbereitschaft von Kunden", erklärt der Marketingprofessor F. Stahl von der Universität Mannheim das Prinzip.

Der Supermarkt hat sich für die „Zuckerbrot"-Variante entschieden.

Dafür, als eher hochpreisiger Supermarkt den Kunden Rabatte anzubieten und sie so in den Laden zu locken. Und wenn sie schon mal da sind, wird es wohl zu dem kommen, was der Dienstleister, der sich um das Auswertungssystem kümmert, Bonzeilenverlängerung nennt: Ist der Kunde drin, kauft er gleich Waren mit, für die er eigentlich zu einem anderen Händler gegangen wäre.

„Jemand, der ein großer Milka-Liebhaber ist, könnte zum Beispiel einmal die Schokolade von Ritter Sport angeboten bekommen", erklärt eine Supermarkt-Sprecherin. Sie sieht einen Datenschutzvorteil, weil im Unterschied zu Bonuskarten keine personenbezogenen Daten wie Name, Adresse oder Geburtsdatum abgefragt werden. Nur die Einkäufe zählen. Für Kunden kann das tatsächlich ein Vorteil sein – solange niemand persönliche Daten etwa aus Girocard- oder Kreditkartenzahlungen mit der Einkaufshistorie verknüpft.

Es gibt Unternehmen, die wollen nicht allein auf Zuckerbrot setzen. Das kann dann etwa so aussehen: Ein Kunde hat bereits in der Vergangenheit häufiger Filme eines bestimmten Genres mit bestimmten Darstellern bestellt. Die Wahrscheinlichkeit ist also hoch, dass er auch eine Neuerscheinung, die die beiden Kriterien erfüllt, kaufen wird. Ein Schnäppchenpreis, mit dem Unentschlossene gelockt werden sollen, ist hier nicht notwendig – im Gegenteil. Wahrscheinlich ist der Kunde bereit, einen höheren Preis zu zahlen, als der Händler ihn in Form eines Einheitspreises anbieten würde. Das Szenario ist nicht fiktiv. Es stammt aus einer Patentschrift von Google aus dem Jahr 2011. Und es zeigt, dass es mit personalisierten Preisen für den Kunden billiger werden kann, aber nicht muss.

Schwankende Preise als Geschäftsmodell

...
Die Verbraucherzentrale Nordrhein-Westfalen hat bei Testkäufen am PC und per Tablet festgestellt: Kaufen Kunden per Tablet in einem Onlineshop, kann es passieren, dass sie mehr zahlen müssen als Kunden, die das gleiche Produkt zum selben Zeitpunkt über den PC bestellen. „Der Kunde sollte nicht blind vertrauen", empfiehlt Georg Tryba von der Verbraucherzentrale. Sondern von den technischen Möglichkeiten wie Preissuchmaschinen Gebrauch machen.

Kunde bleibt König

Marketingprofessor Stahl glaubt trotzdem, dass in der Regel die Verbraucher die Gewinner seien. „Die Anbieter versuchen, Kunden zu akquirieren, die sonst nicht oder woanders kaufen würden", sagt Stahl. Der Wettbewerb um Kunden, die sowieso deutlich besser informiert seien als noch vor einigen Jahrzehnten, werde härter.

...

Quelle: http://www.taz.de/!5016635/
(Text teilweise eingekürzt).

6. Fassen Sie wesentliche Kernaussagen des Zeitungsartikels in eigenen Worten stichwortartig zusammen!

LS 2 Eine Preisstrategie festlegen

▶ 7. Beurteilen Sie die geschilderten Entwicklungen aus Sicht des Einzelhandels und aus Sicht des Kunden!

_____

_____

_____

_____

_____

_____

_____

_____

8. Preisdifferenzierungen und eine gezielte Rabattgewährung sind Elemente einer gut überlegten Preispolitik sowohl des stationären Einzelhandelsbetriebes, als auch im Onlinehandel.

   a) Erklären Sie folgende Preisdifferenzierungen und geben Sie Beispiele an:

   personelle Preisdifferenzierung: _____

   _____

   mengenmäßige Preisdifferenzierung: _____

   _____

   räumliche Preisdifferenzierung: _____

   _____

   b) Erklären Sie folgende Rabattarten und geben Sie Beispiele an:

   Draufgabe: _____

   _____

   Treuerabatt: _____

   _____

   Coupons oder Rabattgutscheine: _____

   _____

   _____

LF 9 Preispolitische Maßnahmen vorbereiten und durchführen

Lernsituation 3

Waren ordnungsgemäß auszeichnen

Die Eröffnung der Modeboutique im Modehaus Bernert e.K. steht kurz bevor. Die Ware ist eingeräumt und der Verkaufsraum gestaltet. Frau Bernert schaut sich im PC gerade noch einmal die Warenbestellungen an und ordnet die jeweiligen Preise den Waren zu, damit diese gedruckt werden können. Es fehlen allerdings noch die Preisschilder an den Verkaufsständern und den Regalen, für die Aylin und Viktor zuständig sind. Es kommt zu folgendem Gespräch zwischen den Azubis und Ihrer Chefin.

Aylin: Ich kann die Preisschilder gerne gestalten. Das ist überhaupt kein Problem.

Viktor: Weißt du denn überhaupt, was du da alles draufschreiben musst?

Aylin: Na Preise, du Idiot.

Frau Bernert: So einfach ist das leider nicht. Denkt doch mal an Euren letzten Lebensmitteleinkauf zurück. Dort steht doch auch immer ein Grundpreis auf dem Schild.

Aylin: Haben Sie schon einmal gesehen, dass bei einer Hose 49,99 je Kilogramm draufsteht?

Frau Bernert: Das nicht. Aber auch bei Textilien müssen bei der Kennzeichnung bestimmte Vorschriften beachtet werden.

Viktor: Wir sind hier schließlich in Deutschland. Es gibt für alles eine Verordnung.

Arbeitsaufträge

1. Überlegen Sie, worauf die drei Azubis bei der Gestaltung der Preisschilder und weiteren Warenkennzeichnung achten sollten!

   _____
   _____
   _____
   _____
   _____

2. Im Folgenden finden Sie die wichtigsten Paragraphen zur Warenauszeichnung gemäß der Preisangabenverordnung. Fassen Sie die wichtigsten Inhalte in der rechten Spalte zusammen!

LS 3 Waren ordnungsgemäß auszeichnen

Text	Bedeutung
Preisangabenverordnung	
§1 (1) Wer Letztverbrauchern […] Waren oder Leistungen anbietet oder als Anbieter von Waren oder Leistungen gegenüber Letztverbrauchern unter Angabe von Preisen wirbt, hat die Preise anzugeben, die einschließlich der Umsatzsteuer und sonstiger Preisbestandteile zu zahlen sind (Endpreise). Soweit es der allgemeinen Verkehrsauffassung entspricht, sind auch die Verkaufs- oder Leistungseinheit und die Gütebezeichnung anzugeben, auf die sich die Preise beziehen. […]	
(7) Die Angaben nach dieser Verordnung müssen der allgemeinen Verkehrsauffassung und den Grundsätzen von Preisklarheit und Preiswahrheit entsprechen. […]	
§2 (1) Wer Verbrauchern gewerbs- oder geschäftsmäßig oder wer ihnen regelmäßig in sonstiger Weise Waren in Fertigpackungen, offenen Packungen oder als Verkaufseinheiten ohne Umhüllung nach Gewicht, Volumen, Länge oder Fläche anbietet, hat neben dem Gesamtpreis auch den Preis je Mengeneinheit einschließlich der Umsatzsteuer […] anzugeben. […]	
(3) Die Mengeneinheit für den Grundpreis ist jeweils 1 Kilogramm, 1 Liter, 1 Kubikmeter, 1 Meter oder 1 Quadratmeter der Ware. Bei Waren, deren Nenngewicht oder Nennvolumen üblicherweise 250 Gramm oder Milliliter nicht übersteigt, dürfen als Mengeneinheit für den Grundpreis 100 Gramm oder Milliliter verwendet werden. […]	

3. Erstellen Sie für Aylin eine Übersicht in Form einer Mind-Map, was sie bei der Preisfindung und Warenauszeichnung beachten muss und was sie auf keinen Fall darf.

4. Gestalten Sie ein Preisschild für eine Jeans. Diese kostet ohne Umsatzsteuer 81,00 EUR. (Wählen Sie bei einer krummen Zahl einen geeigneteren Auszeichnungspreis). Die Jeans besteht zu 95 % aus Baumwolle und zu 5 % aus Elasthan.

Lernsituation 4

Ermittlung des Auszeichnungspreises (Vorwärtskalkulation)

Für das Modehaus Bernert e. K. ist neue Ware für die kommende Saison eingetroffen. Frau Bernert hat letzte Woche mit den beiden Auszubildenden Aylin und Viktor die Vorwärtskalkulation besprochen und bittet nun die beiden, anhand der vorliegenden Rechnung der Textil Müller GmbH die vier Artikel mit einem Bruttoverkaufspreis zu versehen.

Viktor und Aylin fragen sich, wie sie dabei am besten vorgehen müssen, um keine Fehler zu machen.

Textil Müller GmbH, Theater Str. 30, 53111 Bonn

Modehaus Bernert e. K.
Friedrichstraße 133
40217 Düsseldorf

Rechnung

Rechnungs-Nr.	Ihr Auftrag vom	Kunden-Nr.	Bearbeiter	Datum
258	10.11.20..	1258	Ihr Name	01.03.20..

Pos.	Beschreibung	Menge in Stück	Einzelpreis	Gesamtpreis
1	Herren T-Shirt (Weiß)	50	5,50 EUR	275,00 EUR
2	Herren Shorts	40	12,30 EUR	492,00 EUR
3	Herren Hemd gestreift	20	8,20 EUR	164,00 EUR
4	Herren Unterwäsche	30	3,30 EUR	99,00 EUR
			Gesamtnettopreis	1.030,00 EUR
			19 % Umsatzsteuer	195,70 EUR
			Gesamtbruttopreis	**1.225,70 EUR**

Lieferung frei Haus
Zahlbar sofort

Theater Str. 30	Sparkasse Köln Bonn	Ust-Ident:	Geschäftsführer	HRB 25580
53111 Bonn	BLZ: 37050198	DE811808436	Carsten Plöger	AG Bonn
	Konto: 2462940			

LF 9 — Preispolitische Maßnahmen vorbereiten und durchführen

Arbeitsaufträge

1. Unterstützen Sie Viktor und Aylin. Entnehmen Sie aus der Rechnung den Bezugspreis für ein Herren T-Shirt (weiß).

---

2. Berechnen Sie den Bruttoverkaufspreis für ein Herren T-Shirt, wenn das Modehaus Bernert mit einem Handlungskostenzuschlagssatz von 70 % und einem Gewinnzuschlagssatz von 8 % kalkuliert. Der Umsatzsteuersatz für Textilien beträgt 19 %.

Bezeichnung	Prozentsatz	Betrag/Rechnung
Bezugspreis		
= Bruttoverkaufspreis		

3. Berechnen Sie die Bruttoverkaufspreise für die anderen Artikel der Rechnung.

Bezeichnung	Prozentsatz	Herren Shorts	Herren Hemd	Herren Unterwäsche
Bezugspreis				
= Bruttoverkaufspreis				

LS 4 Ermittlung des Auszeichnungspreises (Vorwärtskalkulation)

4. Berechnen Sie den Rohertrag, den das Modehaus Bernert für die gesamte Lieferung erzielt.

Bezeichnung	Bezugspreis (Netto)	Nettoverkaufspreis	Rohertrag
T-Shirts			
Herren Shorts			
Herren Hemd			
Herren Unterwäsche			
Summe			

5. Berechnen Sie den Reingewinn, den das Modehaus Bernert für die gesamte Lieferung erzielt.

Bezeichnung	Selbstkostenpreis	Nettoverkaufspreis	Reingewinn
T-Shirts			
Herren Shorts			
Herren Hemd			
Herren Unterwäsche			
Summe			

6. a) Welchen Verkaufspreis sollte das Textilhaus Bernert ansetzen, wenn ein Discounter T-Shirts für 9,99 EUR und eine bekannte Modekette T-Shirts in gleicher Qualität für 15,00 EUR anbietet.

_____

_____

_____

b) Frau Bernert bespricht mit Ihrem Abteilungsleiter, Herrn Schneider, dass die Herren-T-Shirts der Textil Müller GmbH (siehe Aufgaben 1 + 2) statt des ursprünglich ermittelten Bruttoverkaufspreises von 12,02 EUR wegen der konkurrenzorientierten Preisbildung nun 11,50 EUR kosten sollen. Um wie viel Prozent wurde der alte Preis dann reduziert?

_____

_____

_____

Aufgabe Plus

7. **Aufgabe zum Kalkulationsschema:**

a) Bringen Sie in der unten angegebenen Tabelle die Begriffe des Kalkulationsschemas in die richtige Reihenfolge: Umsatzsteuer, Selbstkosten, Nettoverkaufspreis, Gewinnzuschlag, Bruttoverkaufspreis, Handlungskosten, Bezugspreis.

b) Ordnen Sie die folgenden Erläuterungen den Begriffen im Kalkulationsschema zu, indem Sie die Ziffern den Begriffen zuordnen.

(1) Pauschale für Personalkosten, Miete, Werbung usw.

(2) Dies ist der Preis, mit dem die Ware ausgezeichnet wird.

(3) Betrag, der die dem Unternehmen entstandenen Kosten abdeckt. Ein Gewinn wird noch nicht erzielt.

(4) Zuschlag für den Gewinn des Unternehmens.

(5) Verkaufspreis ohne Umsatzsteuer.

(6) Sie wird vom Kunden bezahlt und vom Einzelhändler an das Finanzamt abgeführt.

(7) Betrag, der sämtliche Kosten für die Ware beinhaltet, bis sie sich im Lager des Einzelhändlers befindet.

Kalkulationsschema	
Begriffe (Aufgabe 1a)	**Erläuterungen (Aufgabe 1b)**
=	
+	
=	
+	
=	
+	
=	

8. Ihnen liegt die Rechnung der Fashion + Outdoor GmbH vom 01.06.20.. vor.

a) Errechnen Sie den Bezugspreis für eine Herren-Funktionsjacke. Berücksichtigen Sie, dass das Modehaus Bernert innerhalb der Skontofrist bezahlt.

LS 4 Ermittlung des Auszeichnungspreises (Vorwärtskalkulation)

Fashion +Outdoorr GmbH, Bonner Allee 123, 12345 Berlin

Modehaus Bernert e. K.
Friedrichstr. 133
40217 Düsseldorf

HRB 33235 Amtsgericht Berlin
USt-IdNr.: DE231611322

Volksbank Mitte
IBAN: DE44 2608 0001 0023 0003 77
BIC: NGENODEF1BER

Tel.:   0 30/8 54 32 32-13
info@fashion+outdoor.de
www.fashion-outdoor-online.de

Geschäftsführer:
Elke Gellemann
Wulf Mahler

Ihr Zeichen, Ihre Bestellung vom …	Unsere Zeichen, unsere Nachricht vom	Telefon	Datum
20. Mai 20.., K. Bernert	W-M, Herr Mahler	0 30/8 54 32 32-13	01.06.20..

Rechnung

Sehr geehrte Frau Bernert,
wir bedanken uns für Ihre Bestellung bezüglich unserer zertifizierten Funktionsjacken.
Wir lieferten Ihnen am 28.05.20.. folgende Artikel frei Haus:

Artikel	Art.-Nr.	Modell	Einzelpreis	Menge	Gesamtpreis
Funktionsjacke „Arctic Winter" in den Größen M (5), L (5), XL (5)	5211-2	3-1 Damen	87,00 EUR	15	1.305,00 EUR
Funktionsjacke „Snow Protect" in den Größen L (4), XL (4), XXL (2)	6432-1	2-1 Herren	61,00 EUR	10	610,00 EUR

Skonto	Skonto-Frist	Netto-Frist	USt-Betrag	USt-Satz	Endbetrag
2 %	10.06.20..	30 Tage	1.915,00 EUR	19 %	**2.278,85 EUR**

b) Der Bezugspreis für eine Damen-Funktionsjacke beträgt 85,26 EUR. Berechnen Sie den Bruttoverkaufspreis, den das Modehaus Bernert kalkulieren muss, wenn es mit einem Handlungskostenzuschlagssatz von 20 % und einem Gewinnzuschlagssatz von 12 % rechnet (Rechenweg angeben).

Lernsituation 5

Die Vorwärtskalkulation vereinfachen

Die Abteilungsleitung der Damenabteilung des Modehauses Bernert, Frau Müller, muss auch für die anderen Waren, die sie für den kommenden Sommer eingekauft hat, die Bruttopreise kalkulieren. Das Modehaus Bernert e. K. kalkuliert auch hier mit einem Handlungskostenzuschlagssatz von 70 %, einem Gewinnzuschlagssatz von 8 % und mit einem Umsatzsteuersatz von 19 %.

Frau Müller bittet Viktor und Aylin um Mithilfe und zeigt ihnen eine Methode zur Vereinfachung der Vorwärtskalkulation, die die beiden verwenden können, um sich dabei die Arbeit zu erleichtern.

Folgende Artikel aus der Olivero-Kollektion findet Frau Müller bereits im WWS mit den jeweiligen Bezugspreisen, nun sind sie mit Brutto-Verkaufspreisen zu versehen:

Artikelbezeichnung	Bezugspreis (EUR)
1 – Damen Bluse cashmere	50,00
2 – Freizeitkleid – navy blue	60,00
3 – Bluse mood indigo	25,00
4 – T-Shirt Pront grau	30,00
5 – Jerseykleid chinese red	70,00
6 – Bluse navy	35,00
7 – Etuikleid black iris	45,00
8 – Cocktailkleid	55,00
9 – Langarmshirt gestreift	75,00
10 – Stoffhose ivy green	20,00
11 – Leichte Jacke beige	40,00
12 – Freizeitkleid pink	80,00

Arbeitsaufträge

1. Aylin und Viktor geben die Kalkulationsdaten anhand des folgenden Schemas direkt in den Taschenrechner ein und übertragen dann die Ergebnisse.

   a) Ermitteln Sie mithilfe des Kalkulationsschemas und anhand der oben aufgeführten prozentualen Zuschläge den Bruttoverkaufspreis einer Damen Bluse cashmere.

LS | 5 | Die Vorwärtskalkulation vereinfachen

Bezeichnung	Prozentsatz	Betrag/Rechnung
Bezugspreis		50,00 EUR
= Bruttoverkaufspreis		

b) Aus der Differenz von Bruttoverkaufspreis und Bezugspreis lässt sich nun der zugehörige Kalkulationszuschlagssatz einfach ermitteln. Tragen Sie Rechnung und Ergebnis in das untere Feld ein.

Kalkulationszuschlagssatz = _____

c) Erklären Sie mit einem Satz, was mit dem Kalkulationszuschlagssatz ausgedrückt wird.

_____

_____

2. Berechnen Sie nun mit Hilfe des Kalkulationszuschlagssatzes aus Aufgabe 1b zunächst die Kalkulationszuschläge und dann die Bruttoverkaufspreise der Artikel 2–6. Runden Sie dabei auf zwei Stellen hinter dem Komma. Alternativ können Sie auch mithilfe der Zuschläge aus Aufgabe 1 zuerst die Bruttoverkaufspreise ermitteln und danach den Kalkulationszuschlag.

Artikelbezeichnung	Bezugspreis (EUR)	+	Kalkulations-zuschlag (EUR)	=	Bruttoverkaufs-preis (EUR)
1 – Damen Bluse cashmere	50,00	+	59,24	=	109,24
2 – Freizeitkleid – navy blue	60,00	+		=	
3 – Bluse mood indigo	25,00	+		=	
4 – T-Shirt Pront grau	30,00	+		=	
5 – Jerseykleid chinese red	70,00	+		=	
6 – Bluse navy	35,00	+		=	

3. Errechnen Sie aus dem Bezugspreis und dem Bruttoverkaufspreis der Aufgabe 1 den zugehörigen Kalkulationsfaktor. Runden Sie das Ergebnis auf vier Stellen hinter dem Komma.

LF 9 Preispolitische Maßnahmen vorbereiten und durchführen

4. a) Berechnen Sie nun mit Hilfe des Kalkulationsfaktors die Bruttoverkaufspreise der letzten sechs Artikel. Runden Sie dabei auf zwei Stellen hinter dem Komma.

Artikelbezeichnung	Bezugspreis (EUR)	×	Kalkulationsfaktor	=	Bruttoverkaufspreis (EUR)
7 – Etuikleid black iris	45,00	×		=	
8 – Cocktailkleid	55,00	×		=	
9 – Langarmshirt gestreift	75,00	×		=	
10 – Stoffhose ivy green	20,00	×		=	
11 – Leichte Jacke beige	40,00	×		=	
12 – Freizeitkleid pink	80,00	×		=	

b) Welche Folgen hätten die Ergebnisse aus Aufgabe 4a, wenn man den Kalkulationsfaktor auf zwei Stellen hinter dem Komma gerundet hätte?

_____

_____

_____

Aufgabe Plus

5. Berechnen Sie für die folgenden Artikel den Kalkulationszuschlagssatz mit zwei Stellen hinter dem Komma und den Kalkulationsfaktor mit vier Stellen hinter dem Komma:

Artikel	Bezugspreis (EUR)	Bruttoverkaufspreis (EUR)	Kalkulationszuschlagssatz	Kalkulationsfaktor
Warengruppe A	20,30	40,60		
Warengruppe B	43,20	87,50		
Warengruppe C	100,20	405,50		
Warengruppe D	2,50	3,20		

LS 5 Die Vorwärtskalkulation vereinfachen

6. Der Bezugspreis einer Ware beträgt 14,68 EUR. Bei diesem Artikel wird mit einem Kalkulationszuschlag von 70 % kalkuliert. Berechnen Sie den Bruttoverkaufspreis.

7. Der Bareinkaufspreis einer Ware beträgt 179,00 EUR. An Bezugskosten fallen 21,00 EUR an. Sie kalkulieren mit einem Kalkulationszuschlagssatz von 52 %. Wie viel Euro beträgt der Bruttoverkaufspreis?

8. Folgende Daten zu zwei Artikeln aus dem Sortiment Lederwaren liegen Ihnen vor:

    Ledertasche „Deluxe":   Bezugspreis = 400,00 EUR   Nettoverkaufspreis = 500,00 EUR

    Ledertasche „Simple":   Bezugspreis = 250,00 EUR   Kalkulationsfaktor = 1,684

    a) Wie viel Prozent beträgt der Kalkulationszuschlagsatz für die Ledertasche „Deluxe"?

    b) Ermitteln Sie den Bruttoverkaufspreis der Ledertasche „Simple".

    c) Ein Kunde zeigt Interesse an der Ledertasche „Deluxe". Er wünscht einen Preisnachlass, da ein Mitbewerber diese Tasche günstiger anbietet. Welcher Preis ist die Untergrenze, um keinen Verlust zu machen? Kreuzen Sie die richtige Aussage an.

    - 1. Selbstkostenpreis zuzüglich Umsatzsteuer
    - 2. Nettoverkaufspreis zuzüglich Umsatzsteuer
    - 3. Bezugspreis zuzüglich Umsatzsteuer
    - 4. Bezugspreis ohne Umsatzsteuer
    - 5. Selbstkostenpreis ohne Umsatzsteuer

9. Folgende Daten zu zwei Artikeln aus dem Sortiment Kinder-Trainingsanzüge liegen Ihnen vor:

	Anzug „Soccer Eurogoal"	Anzug „Kids perfect"
Bezugspreis (netto) pro Stück	45,00 EUR	35,00 EUR
Kalkulationszuschlag	70 %	
Bruttoverkaufspreis (inkl. 19 % USt.)		59,50 EUR

a) Ermitteln Sie den Bruttoverkaufspreis für ein einen Anzug „Eurogoal".

b) Mit welchem Kalkulationsfaktor wurde der Anzug kalkuliert?

c) Ermitteln Sie den Kalkulationszuschlag für den Trainingsanzug „Kids perfect".

10. Frau Bernert hat von der Buchhaltung eine Aufstellung über die wichtigsten Aufwendungen des vergangenen Jahres erhalten. Es ergeben sich folgende Ausgaben (Beträge in EUR):

Wareneinsatz	6.550.000,00	Betriebsausstattung	43.400,00
Gehälter	1.880.000,00	Kredite	585.000,00
Ausbildungsvergütungen	75.000,00	Steuern + Versicherungen	59.100,00
AG-Anteil Sozialversicherungen	260.000,00	Werbeaufwendungen	88.300,00
Mietaufwendungen	180.000,00	Abschreibungen	34.000,00
Energiekosten	53.500,00	sonstige Aufwendungen	1.326.700,00

a) Berechnen Sie anhand der vorliegenden Aufwendungen den Handlungskostenzuschlagssatz.

b) Wie hoch müssten die Umsatzerlöse für das gleiche Jahr gewesen sein, wenn das Modehaus Bernert e. K. mit einem Gewinnzuschlagssatz von 8 % kalkuliert hat?

Lernsituation 6

Die Rückwärtskalkulation anwenden

In der Warengruppe „Textile Basics" befindet sich das Modehaus Bernert e. K. in einem großen Wettbewerb zu seinen Mitbewerbern, da in diesem Segment sehr ähnliche Produkte vorzufinden sind. Deshalb muss das Modehaus bei seiner Preisgestaltung die Preise der Konkurrenz beachten.

Heute liegt ein Angebot der Textil Müller GmbH vor.

Aylin und Viktor haben im Auftrag des Modehauses Bernert e. K. eine Konkurrenzanalyse durchgeführt, dabei haben sie für die unten aufgeführten Artikel aus der Olivero-Kollektion die nachfolgenden durchschnittlichen Marktpreise herausgefunden. Nun sollen sie gemeinsam beurteilen, ob sie Ihrer Chefin empfehlen, das Angebot der Textil Müller GmbH anzunehmen.

Textil Müller GmbH, Theater Str. 30, 53111 Bonn

Modehaus Bernert e. K.
Friedrichstraße 133
40217 Düsseldorf

Angebot

01.04.20..

Sehr geehrte Damen und Herren,
wir möchten Ihnen gerne das folgende Angebot unterbreiten:

Pos.	Bezeichnung	Menge	Einzelpreis (netto)
1	Damen Hemd (weiß)	ab 1 Stk.	9,85 EUR
2	Damen Bluse (einfach)	ab 1 Stk.	11,80 EUR
3	Jogginghose (schwarz)	ab 1 Stk.	7,00 EUR
4	Socken (einfach schwarz)	ab 1 Stk.	2,50 EUR

Bei Bestellung ab 100 Stück gewähren wir einen Rabatt von 10 % auf den Einzelpreis. Lieferung: frei Haus

Mit freundlichen Grüßen

Artikel	durchschnittliche Bruttoverkaufspreise der Konkurrenzunternehmen
Hemd (einfach weiß)	20,00
Bluse (einfach weiß)	26,00
Jogginghose (schwarz)	14,00
Socken (Paar)	4,00

LF 9 — Preispolitische Maßnahmen vorbereiten und durchführen

Arbeitsaufträge

1. Damit die beiden Auszubildenden eine Entscheidung treffen können, müssen Sie eine Rückwärtskalkulation durchführen. Berechnen Sie in Partnerarbeit anstelle von Aylin und Viktor den möglichen Bezugspreis für ein Damen Hemd, das im Laden mit einem Bruttoverkaufspreis von 20,00 EUR ausgezeichnet werden soll. Wie hoch müsste der Bezugspreis sein, damit das Modehaus Bernert ebenfalls mit dem Preis der Konkurrenten mithalten könnte. Das Modehaus kalkuliert mit einem Handlungskostenzuschlagssatz von 70 %, einem Gewinnzuschlagssatz von 8 % und einem Umsatzsteuersatz von 19 %.

Bezeichnung	Prozentsatz	Betrag/Rechnung
Bruttoverkaufspreis		20,00 EUR
= Nettoverkaufspreis		
= Selbstkostenpreis		
= Bezugspreis		

2. Ermitteln Sie mit Hilfe der Rückwärtskalkulation die möglichen Einkaufspreise der anderen drei Artikel der Textil Müller GmbH. Berücksichtigen Sie für Ihre Berechnung die durchschnittlichen Bruttoverkaufspreise der Konkurrenzunternehmen.

Bezeichnung	Prozentsatz	Bluse (einfach weiß)	Jogginghose (schwarz)	Socken
Bruttoverkaufspreis				
	19 %			
= Nettoverkaufspreis				
	8 %			
= Selbstkostenpreis				
	70 %			
= Bezugspreis				

3. Welche Artikel aus dem Angebot sollte das Modehaus Bernert bestellen?

LS 6 Die Rückwärtskalkulation anwenden

Aufgabe Plus

4. Wegen starkem Wettbewerb kann ein Einzelhändler eine modische Umhängetasche nur zu 63,00 EUR anbieten. Zu welchem Bezugspreis darf er die Taschen höchstens einkaufen, wenn er mit 19 % Umsatzsteuer, 10 % Gewinnzuschlag und 60 % Handlungskostenzuschlag rechnet?

5. Das Modehaus Bernert e.K. bezieht für Werbezwecke, die an Kunden verteilt wird, in der Herbstzeit immer Sanddornkonfitüre von Feinkost Müller. Der Einzelhändler Peter Müller kalkuliert mit 7 % Umsatzsteuer, 8 % Gewinnzuschlag und 15 % Handlungskostenzuschlag. Welchen Bezugspreis kann er für ein 500 g-Glas Sanddornkonfitüre maximal kalkulieren, wenn der Ladenpreis für dieses Glas allgemein 4,00 EUR beträgt?

6. Aus Konkurrenzgründen kann ein Möbelhaus in Berlin eine Sitzgruppe, die das Modehaus Bernert e.K. für die Herren-Abteilung bestellen möchte, nur zu einem Ladenpreis von 668,00 EUR auszeichnen. Welchen Bezugspreis kann das Möbelhaus höchstens anlegen, wenn es mit 19 % Umsatzsteuer, 15 % Gewinnzuschlag und 30 % Handlungskostenzuschlag rechnen muss? Wie hoch ist der Rohgewinn?

7. Das Modehaus Bernert e.K. bekommt folgendes Angebot über eine Lieferung Kindersocken: „Bei Bestellungen ab 1 Stk. beträgt der Bezugspreis 1,40 EUR pro Stück. Bei Bestellungen ab 50 Stk. 1,30 EUR pro Stück und bei Bestellungen ab 100 Stk. kostet ein Paar Kindersocken nur 1,25 EUR pro Stück." Wie viel Stück muss Frau Bernert mindestens bestellen, wenn sie die Socken aus Konkurrenzgründen zum Preis von 2,00 EUR verkaufen möchte? Zuschlagssätze: 19 % Umsatzsteuer, 10 % Gewinnzuschlag, 20 % Handlungskostenzuschlag.

LF 9 — Preispolitische Maßnahmen vorbereiten und durchführen

8. Wegen starken Wettbewerbs kann ein Einzelhändler einen Artikel nur zu 65,00 EUR anbieten. Zu welchem Listeneinkaufspreis darf er diesen Artikel höchstens einkaufen, wenn er mit 19 % Umsatzsteuer, 10 % Gewinnzuschlag, 90 % Handlungskostenzuschlagssatz und Lieferung frei Haus rechnet? Der Lieferant gewährt ihm 20 % Einzelhändlerrabatt und 2 % Liefererskonto.

9. Welcher Lieferrabatt müsste dem Modehaus Bernert e. K. eingeräumt werden, das einen Herrenmantel aus Konkurrenzgründen nur zu 226,00 EUR anbieten kann, den es zu einem Listeneinkaufspreis von 160,00 EUR einkauft? Das Modehaus rechnet mit 19 % Umsatzsteuer, 12,5 % Gewinnzuschlag, 25 % Handlungskostenzuschlag, Lieferung frei Haus, kein Liefererskonto.

Lernsituation 7

Die Rückwärtskalkulation vereinfachen

Frau Bernert hat auch die Preise anderer Artikel der Mitbewerber vergleichen lassen. Dabei wurde festgestellt, dass das Modehaus Bernert e. K. bei bestimmten Artikeln teurer ist als der direkte Konkurrent, das Modehaus Carlos. Frau Bernert möchte deshalb mit den Lieferanten neue Verhandlungen führen oder neue Bezugsquellen nutzen. Momentan schaut sie sich gerade mit Sibel Efe, der Auszubildenden aus dem dritten Lehrjahr, aktuelle Stoffmuster an.

Sie bittet Sibel, mithilfe der Rückwärtskalkulation alle Einkaufspreise so zu kalkulieren, dass das Modehaus Bernert mindestens den gleichen Bruttoverkaufspreis wie die Konkurrenz hat, ohne dass der Kalkulationsfaktor angepasst werden muss.

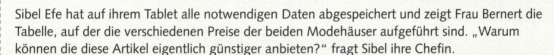

Sibel Efe hat auf ihrem Tablet alle notwendigen Daten abgespeichert und zeigt Frau Bernert die Tabelle, auf der die verschiedenen Preise der beiden Modehäuser aufgeführt sind. „Warum können die diese Artikel eigentlich günstiger anbieten?" fragt Sibel ihre Chefin.

Artikelbezeichnung	Bruttoverkaufspreis Modehaus Bernert (EUR)	Bruttoverkaufspreis Modehaus Carlos (EUR)
1 – Cargohose olive	36,00 EUR	34,95 EUR
2 – Jeans Slim Fit	45,00 EUR	39,95 EUR
3 – Poloshirt dark blue	20,00 EUR	19,95 EUR
4 – Anzug dark grey	160,00 EUR	149,95 EUR
5 – T-Shirt print olive	35,00 EUR	32,95 EUR
6 – Leichte Jacke grey blue	80,00 EUR	69,95 EUR
7 – Stoffhose light pastel brown	110,00 EUR	99,95 EUR
8 – T-Shirt basic black	30,00 EUR	24,95 EUR
9 – Sweatshirt midtone grey	65,00 EUR	59,95 EUR
10 – Parka khaki	82,00 EUR	79,95 EUR
11 – Anzug black	220,00 EUR	199,95 EUR
12 – Strickpullover bordeaux/black	40,00 EUR	27,95 EUR

Arbeitsaufträge

1. a) **Beantworten Sie zunächst stellvertretend für Frau Bernert die an sie gestellte Frage von Sibel. Nennen Sie mindestens vier Gründe, warum das Modehaus Carlos bei diesen Artikeln günstiger ist als das Modehaus Bernert.**

_____

_____

LF 9 Preispolitische Maßnahmen vorbereiten und durchführen

▸ _____

_____

_____

_____

b) Übernehmen Sie die an Sibel gestellten Aufgaben und ermitteln Sie mit Hilfe der Rückwärtskalkulation den Bezugspreis einer Cargohose olive, wenn das Modehaus Bernert e. K. den Bruttoverkaufspreis des Konkurrenten (Modehaus Carlos) und die aus der Lernsituation 6 bekannten eigenen Kalkulationszuschläge (Umsatzsteuersatz: 19 %, Gewinnzuschlag: 8 %, Handlungskostenzuschlagssatz: 70 %) zugrunde legt.

Bezeichnung	Prozentsatz	Betrag/Rechnung
Bruttoverkaufspreis		34,95 EUR
= Nettoverkaufspreis		
= Selbstkostenpreis		
= Bezugspreis		

2. Errechnen Sie aus dem Bezugspreis und dem Bruttoverkaufspreis der Aufgabe 1 den zugehörigen Kalkulationsabschlagssatz.

Kalkulationsabschlagssatz = _____

3. Berechnen Sie nun mit Hilfe des Kalkulationsabschlagssatzes zunächst die Kalkulationsabschläge und dann die Bezugspreise der Artikel 2–6. Runden Sie dabei auf zwei Stellen hinter dem Komma.

Artikelbezeichnung	Bruttoverkaufspreis (EUR)	–	Kalkulationsabschlag (EUR)	=	Bezugspreis (EUR)
1 – Cargohose olive	34,95	–		=	
2 – Jeans Slim Fit	39,95	–		=	
3 – Poloshirt dark blue	19,95	–		=	
4 – Anzug dark grey	149,95	–		=	
5 – T-Shirt print olive	32,95	–		=	
6 – Leichte Jacke grey blue	69,95	–		=	

LS 7 Die Rückwärtskalkulation vereinfachen

4. Errechnen Sie aus dem Bezugspreis und dem Nettoverkaufspreis der Aufgabe 1 die zugehörige Handelsspanne. Runden Sie das Ergebnis auf zwei Stellen hinter dem Komma.

   Handelsspanne = _____

5. Berechnen Sie mit Hilfe der Handelsspanne aus Aufgabe 4 die Bezugspreise der letzten sechs Artikel. Tragen Sie die Ergebnisse in die Tabelle ein und runden Sie dabei auf zwei Stellen hinter dem Komma.

Artikelbezeichnung	Bruttoverkaufspreis (EUR)	Nettoverkaufspreis (EUR)	–	Handelsspanne (EUR)	=	Bezugspreis (EUR)
7 – Stoffhose light pastel brown	99,95		–		=	
8 – T-Shirt basic black	24,95		–		=	
9 – Sweatshirt midtone grey	59,95		–		=	
10 – Parka khaki	79,95		–		=	
11 – Anzug black	199,95		–		=	
12 – Strickpullover bordeaux/black	27,95		–		=	

6. Was muss das Modehaus Bernert nun unternehmen, damit es mit dem Modehaus Carlos preislich gleichziehen kann?

   _____

   _____

   _____

233

Aufgabe Plus

7. Der Bezugspreis eines Ledermantels beträgt 227,50 EUR, der Bruttoverkaufspreis 399,00 EUR.

a) Ermitteln Sie den Kalkulationsabschlag in Prozent.

   _____

   _____

b) Wie viel Prozent beträgt die Handelsspanne?

   _____

   _____

   _____

8. Das Modehaus Bernert bezieht Herren-Poloshirts, Marke „Young Olivero", zum Einstandspreis von 24,50 EUR, der Handlungskostenzuschlag beträgt 40 %. Wie viel Prozent Gewinn bleiben dem Modehaus, wenn es nur einen Brutto-Verkaufspreis von 45,60 EUR pro Stück verlangen kann?

9. Ein speziell angefertigtes Brautkleid eines bayrischen Lieferers wird vom Modehaus Bernert mit folgenden Beträgen kalkuliert: Listeneinkaufspreis 900,00 EUR; Lieferrabatt: 10 %; Liefererskonto: 2 %; Bezugskosten: 26,20 EUR. Selbstkostenpreis: 984,00 EUR, Brutto-Verkaufspreis: 1 287,58 EUR. Leider fehlen einige Angaben, die nun zu ermitteln sind:

a) Berechnen Sie zunächst den Zieleinkaufspreis, den Bareinkaufspreis und den Bezugs-/Einstandspreis.

b) Wie hoch war der Handlungskostenzuschlagssatz?

c) Wie hoch (in Prozent) war der Kalkulationszuschlag?

d) Wie viel Prozent beträgt die Handelsspanne?

e) Berechnen Sie den Kalkulationsfaktor.

f) Wie hoch ist der Kalkulationsabschlagssatz?

Lernsituation 8

Die Differenzkalkulation mit Hilfe einer Tabellenkalkulation durchführen

Das Modehaus Bernert e. K. bezieht Marken T-Shirts vom Hersteller „Grant" zum Bezugspreis von 15,00 EUR. Nach einer Analyse verschiedener Mitbewerber haben die drei Auszubildenden festgestellt, dass der reguläre Bruttoverkaufspreis dieser T-Shirts im Durchschnitt 31,00 EUR beträgt.

Aylin, Sibel und Viktor sind heute alle mit Laptops bzw. Tablets ausgestattet, deshalb werden die drei Auszubildenden von Frau Bernert beauftragt, eine Kalkulation mithilfe eines Tabellenkalkulationsprogramms am PC durchzuführen. Die Drei sollen überprüfen, ob bei einem gegebenen Verkaufspreis von 31,00 EUR und einem nicht zu verhandelnden Bezugspreis von 15,00 EUR noch ein ausreichender Gewinn übrig bleibt.

Das Modehaus Bernert e. K. kalkuliert mit einem Handlungskostenzuschlag von 70 % und einem Gewinnzuschlag von 8 %. Der Umsatzsteuersatz für Textilien beträgt 19 %. Für die Preiskalkulation stehen Aylin, Sibel und Viktor die Programme „Excel", „Numbers" oder „OpenOffice Calc" zur Verfügung.

Arbeitsaufträge

1. Übernehmen Sie – stellvertretend für Aylin, Sibel und Viktor – diese Kalkulationsaufgabe, indem Sie folgende Schritte ausführen:

a) Öffnen Sie eine neue Datei auf Ihrem Handy, Tablet oder PC. Die Wahl des Programms bleibt dabei Ihnen überlassen. Beachten Sie die folgenden Schritte, um zunächst eine Vorwärtskalkulation durchzuführen.

b) Tragen Sie die Begriffe des Kalkulationsschemas in die erste Spalte der Tabelle ein (siehe untere Tabelle).

c) Tragen Sie die Prozentsätze (ohne Prozentzeichen!) der Zuschläge in die zweiten Spalte neben die Begriffe ein.

d) Tragen Sie den Bezugspreis von 15,00 EUR (ohne Komma und Währungsbezeichnung) in die Zelle C2 ein.

	A	B	C
1	Begriffe	Prozent	Rechnung
2	Bezugspreis		15
3	Handlungskostenzuschlag	70	
4	Selbstkostenpreis		
5	Gewinnzuschlag	8	
6	Nettoverkaufspreis		
7	Umsatzsteuer	19	
8	Bruttoverkaufspreis		

e) Führen Sie in der Zelle C3 eine Berechnung durch, indem Sie sich auf die Inhalte der relevanten Zellen beziehen. Tragen Sie in die Zelle C3 folgenden Inhalt ein: „= C2*B2/100".

Hinweis zu Tabellenkalkulationsprogrammen: Beginnen Sie immer mit einem Gleichheitszeichen und klicken Sie auf die Zellen, die sie berechnen wollen. Verwenden Sie die mathematischen Rechenzeichen +, –, * und /, um Rechenoperationen durchzuführen. Achten Sie darauf, dass immer Standard als Zellenformat ausgewählt wurde. Die Anzahl der sichtbaren Stellen einer Zahl lassen sich mit den Schaltflächen rechts unter Standard ändern.

f) Addieren Sie den Handlungskostenzuschlag zu dem Bezugspreis in der Zelle C4. Hier sollte nun stehen: „= C2+C3".

g) Vollziehen Sie die Schritte e und f für die restlichen Zellen. Ihre Tabelle sollte nun die folgenden Inhalte haben.

	A	B	C
1	Begriffe	Prozent	Rechnung
2	Bezugspreis		15
3	Handlungskostenzuschlag	70	=C2*B2/100
4	Selbstkostenpreis		=C2+C3
5	Gewinnzuschlag	8	=C4*B5/100
6	Nettoverkaufspreis		=C4+C5
7	Umsatzsteuer	19	=C6*B7/100
8	Bruttoverkaufspreis		=C6+C7
9			

h) Betrachten Sie das Ergebnis des Bruttoverkaufspreises in der Zelle C8. Welches Problem hat das Modehaus Bernert e. K. mit diesem Preis?

_____

_____

2. Im zweiten Schritt sollen die drei Auszubildenden nun mithilfe des Tabellenkalkulationsprogramms eine Rückwärtskalkulation durchführen. Gehen Sie dabei – genau wie die Drei – folgendermaßen vor:

a) Löschen Sie die Inhalte in der Spalte C oder kopieren Sie die Tabelle neben Ihre bestehende Tabelle. Um mehrere Spalten zu kopieren, müssen Sie mit der gedrückter Maus den entsprechenden Teil der Tabelle auswählen.

b) Tragen Sie anschließend in die Zelle C8 den durchschnittlichen Bruttoverkaufspreis in Höhe von 31,00 EUR der Konkurrenten ein.

c) Um nun die Umsatzsteuer auszurechnen, muss man in die Zelle C7 eintragen: „=C8*B7/(100+B7)". Achtung: Die Klammern sind wichtig!

d) Den Nettoverkaufspreis erhält man nun durch Subtraktion der Umsatzsteuer von dem Bruttoverkaufspreis. In die Zelle C6 muss also eingetragen werden: „=C8-C7".

LS 8 Die Differenzkalkulation mit Hilfe einer Tabellenkalkulation durchführen

e) Verfahren Sie genauso mit anderen Zellen für den Rest der Tabelle. Ihre Tabelle sollte nun die folgenden Inhalte haben.

	A	B	C
1	Begriffe	Prozent	Rechnung
2	Bezugspreis		=C4−C3
3	Handlungskostenzuschlag	70	=C4*B3/(100+B3)
4	Selbstkostenpreis		=C6−C5
5	Gewinnzuschlag	8	=C6*B5/(100+B5)
6	Nettoverkaufspreis		=C8−C7
7	Umsatzsteuer	19	=C8*B7/(100+B7)
8	Bruttoverkaufspreis		31

f) Betrachten Sie das Ergebnis des Bezugspreises in der Zelle C2. Welches Problem hat das Modehaus Bernert e. K., wenn der Markenhersteller des T-Shirts auf einem Bezugspreis von 15,00 EUR besteht?

_____

_____

3. Zuletzt ist eine Differenzkalkulation mit einem Tabellenkalkulationsprogramm durchzuführen.

a) Löschen Sie die Inhalte der Spalte C oder kopieren Sie die Tabelle neben Ihre bestehenden Tabellen.

b) Tragen Sie in die Zelle C2 den Bezugspreis von 15,00 EUR ein und in die Zelle C8 den durchschnittlichen Bruttoverkaufspreis von 31,00 EUR ein.

c) Führen Sie zunächst eine Vorwärtskalkulation bis zum Selbstkostenpreis durch (siehe Aufgabe 1).

d) Führen Sie dann eine Rückwärtskalkulation bis zum Nettoverkaufspreis durch (siehe Aufgabe 2).

e) Um den Gewinnzuschlag in Euro auszurechnen, müssen Sie nur noch den Nettoverkaufspreis vom Selbstkostenpreis subtrahieren. In der Zelle C5 sollte dann stehen: „= C6−C4".

f) Um den veränderten Gewinnzuschlagssatz zu berechnen, müssen Sie in die Zelle B5 folgenden Inhalt eintragen: „= C5/C4*100" Die Tabelle sollte nun so aussehen:

	A	B	C
1	Begriffe	Prozent	Rechnung
2	Bezugspreis		15
3	Handlungskostenzuschlag	70	=C2*B3/100
4	Selbstkostenpreis		=C2+C3
5	Gewinnzuschlag	=C5/C4*100	=C6−C4
6	Nettoverkaufspreis		=C8−C7
7	Umsatzsteuer	19	=C8*B7/(100+B7)
8	Bruttoverkaufspreis		31

g) Betrachten Sie das Ergebnis in Zelle C5 und B5. Welche Folgen hat die vorliegende Situation für das Modehaus Bernert?

_____

_____

LF 9 — Preispolitische Maßnahmen vorbereiten und durchführen

4. Verändern Sie einige Zahlen in Ihrer Differenzkalkulation, indem Sie diese einfach in die jeweiligen Zellen schreiben.

   a) Ändern Sie den durchschnittlichen Bruttoverkaufspreis auf 30,00 EUR. Welche Folgen hat das?

   _____

   _____

   _____

   b) Ändern Sie den Bezugspreis auf 13,00 EUR. Welche Folgen hat das?

   _____

   c) Setzen Sie den Bezugspreis wieder auf 15,00 EUR und den Bruttoverkaufspreis auf 31,00 EUR. Verändern Sie nun den Handlungskostenzuschlagssatz auf 60 %. Welche Folgen hat das?

   _____

Aufgabe Plus

5. Der Bezugspreis eines Mantels beträgt 120,00 EUR, der Bruttoverkaufspreis darf 290,00 EUR nicht überschreiten. Berechnen Sie mit Hilfe einer Tabellenkalkulation den Gewinnzuschlag in Euro und in Prozent. Die Umsatzsteuer beträgt 19 % und der Handlungskostenzuschlagssatz: 80 %.

   _____

   _____

   _____

6. Sibel Efe bekommt die Aufgabe, zur Feststellung des Gewinns bei vollständig gegebenen Einkaufs- und Verkaufspreisen sowie den jeweiligen Prozentsätzen eine Excel-Tabelle zu erstellen. Gegeben ist der Listeneinkaufspreis einer hochwertigen Winterjacke (300,00 EUR), die Bezugskosten pro Jacke (10,10 EUR) und der Bruttoverkaufspreis von 510,51 EUR. Ergänzen Sie die Tabelle, geben Sie die Formeln ein und ermitteln Sie den Gewinn.

	A	B	C	D
		Begriffe	Satz in %	Differenzkalkulation in EUR
1	Begriffe	Satz in %	Differenzkalkulation in EUR	
2	Listeneinkaufspreis		300,00	
3	Rabatt	15		
4	Zieleinkaufspreis			
5	Skonto	2		
6	Bareinkaufspreis			
7	Bezugskosten		10,10	
8	Bezugspreis			
9	Handlungskosten	50		
10	Selbstkostenpreis			
11	Gewinn	?		
12	Nettoverkaufspreis			
13	Umsatzsteuer	19		
14	Bruttoverkaufspreis		510,51	

Kompetenzfragebogen

Ich kann …	ja	nein	unsicher	nachzulesen auf Seite	Übungs-aufgaben
… die Gleichgewichtsmenge und den -preis anhand vorliegender Marktdaten zeichnerisch ermitteln.					
… erklären, weshalb es in der Realität selten nur einen Gleichgewichtspreis gibt.					
… den Begriff „Markt" erklären und anhand der Marktteilnehmer verschiedene Marktstrukturen daraus ableiten.					
… erklären, wie der Preis auf einem Markt entsteht.					
… den Unterschied zwischen Substitutions- und Komplementärgütern erläutern und die sich daraus ergebenden Preisveränderungen bei unterschiedlicher Nachfrage ableiten.					
… Auswirkungen auf den Gleichgewichtspreis bei Nachfrage- und Angebotsveränderungen ableiten.					
… die vier unterschiedlichen Phasen bei Konjunkturschwankungen erklären.					
… interne und externe Einflussgrößen auf die Wahl der betrieblichen Preisstrategie ableiten.					
… verschiedene Preisstrategien benennen und hinsichtlich der Einflussgrößen bei verschiedenen Einzelhandelsbranchen bewerten.					
… Preisdifferenzierungen und gezielte Rabattgewährung als Elemente einer individuellen Preispolitik bewerten und Beispiele von Rabattarten erläutern.					
… die Bedeutung des Preises als absatzpolitisches Instrument beurteilen.					
… drei Ansatzpunkte für die Preisbildung erläutern.					
… benennen, was im Einzelhandel bei der Auszeichnung von Waren unter Berücksichtigung der PAngV zu beachten ist.					
… verschiedene Verbote bei der Preisauszeichnung aufzählen und erläutern.					
… die Begriffe Vorwärts-, Rückwärts- und Differenzkalkulation unterscheiden.					
… anhand einer Rechnung für eine Warensendung den Bezugspreis ermitteln und mithilfe von Zuschlagssätzen eine Vorwärtskalkulation durchführen.					

Ich kann …	ja	nein	unsicher	nachzulesen auf Seite	Übungs-aufgaben
… den Rohgewinn und Reingewinn von Waren berechnen.					
… alle Elemente des Kalkulationsschemas in der richtigen Reihenfolge benennen und die Bedeutung der Elemente erläutern.					
… die Vorwärtskalkulation mithilfe des Kalkulationszuschlagssatzes vereinfacht durchführen.					
… den Kalkulations-, den Handlungskosten- und den Gewinnzuschlagssatz rechnerisch ermitteln.					
… den Kalkulationsfaktor ermitteln und für eine vereinfachte Berechnung anwenden.					
… eine Rückwärtskalkulation mithilfe der Zuschlagssätze durchführen.					
… die Rückwärtskalkulation mithilfe des Kalkulationsabschlagssatzes vereinfacht durchführen.					
… die Rückwärtskalkulation mithilfe der Handelsspanne vereinfacht durchführen.					
… eine Differenzkalkulation mithilfe eines Taschenrechners oder eines Tabellenkalkulationsprogrammes durchführen.					

LF 10 Besondere Verkaufssituationen bewältigen

LF 10 Besondere Verkaufssituationen bewältigen

Die Kompetenzentwicklung umfasst ...

... in Verkaufssituationen auf unterschiedliche Kundentypen einzugehen.

Konsumtypen	charakteristische Kundentypen und Persönlichkeitsmerkmale		
unterschiedliche Konsumgewohnheiten		Verhalten bei schwierigen Verkaufssituationen	
Fragetechniken	Sinus-Milieu	Smart-Shopping	Zielgruppen

... Kunden in verschiedenen Lebensphasen zu beraten und Waren für diese Kundengruppen angemessen zu präsentieren.

Kinder + Jugendliche als Kunden	Senioren als Kunden	Touristen als Kunden
Eröffnung eines Verkaufsgespräches bei verschiedenen Kundengruppen		
Rechtliche Rahmenbedingungen beim Verkaufsabschluss	Zielgruppenforschung	
Ladengestaltung und Warenpräsentation bei unterschiedlichen Kundengruppen		

... Kunden in besonderen Verkaufs- und Stresssituationen erfolgreich zu bedienen.

Kundenberatung bei Hochbetriebe	besondere Stresssituationen meistern	
Störungen im Kundengespräch	Begleiter bei Verkaufsgesprächen	
aktives Zuhören	direkt und indirekte Bedarfsermittlung	
Telefonat mit Kunden	Spätkunden direkt vor Ladenschluss	Bedarfsermittlung

... verärgerte Kunden zu bedienen und Beanstandungen professionell zu bearbeiten.

allgemeine Stresssituationen	Beanstandungen genervter Kunden	gestresste Verkäufer
angemessene Reaktion gegenüber aufgebrachten Kunden	Verkaufscoaching	

... Formen der Warenrückgabe bei Sachmangel zu unterscheiden und abzuwickeln.

Mängelrüge	unbegründete Sachmängel	Neulieferung oder Nacherfüllung
begründete Sachmängel	berechtigte und unberechtigte Reklamation	Rollenspiele beobachten, durchführen und analysieren

... rechtliche Grundlagen bei Kundenreklamation und Umtauschwunsch zu beurteilen.

Rückgabe- und Umtauschrecht	Verkäuferverhalten bei Kundenreklamationen	
Mängelarten	Fernabsatzvertrag – Rechte und Pflichten	
Recht auf Nacherfüllung	Gewährleistung	Kulanz

... die gesetzliche Gewährleistung gegenüber Garantie und Produkthaftung abzugrenzen.

Produkthaftung	Warenrückruf	Garantie
Verjährungsfristen	Voraussetzungen gesetzl. Gewährleistungsansprüche	
Rückrufaktion eines Produktes	Produktsicherheits- und Produkthaftungsgesetz	

... eine Finanzierung anzubieten und abzuschließen.

Ratenzahlungsvertrag	Erstellen einer Checkliste für einen Finanzierungskauf
Kündigung eines Finanzierungsvertrages	Vertragsinhalte eines Ratenkredits
Kreditwürdigkeit	Gesamtkosten, effektiver Jahreszins und Monatsraten berechnen

... Ladendiebstahl zu erkennen und diebstahlbedingten Inventurdifferenzen vorzubeugen.

Erstellen von Schulungsmaterial	Methoden der Diebe	Garantie
Information über die richtige Verhaltensweise des Verkaufspersonals bei Kundendiebstahl		

... technische Hilfsmittel für den Einsatz im Einzelhandel zu beurteilen.		
Multi-Channel	Cross-Channel	Garantie
MXO-Modell	technische und digitale Hilfsmittel im Verkauf	
Onlinekanäle	Vertriebskanäle – Serviceleistungen für Kunden	
Social Media	technische Hilfsmittel während der Corona-Pandemie	

Der Modellbetrieb im Lernfeld 10

Unternehmensbeschreibung	
Firma	EFS-GmbH; [E F S – Everything for Sport GmbH]
Geschäftszweck	Einzelhandelsunternehmen für In- und Outdoor Sportartikel
Geschäftssitz	Am Rheinufer 35, 50698 Köln
Registergericht	Amtsgericht Köln HRB921783
	Steuernummer: 203/ 406/ 62899
	Ust.-ID.:DE786597351
	IBAN: DE81 3701 0321 00852315 78
Gesellschafter	Stefan Deckstein, Ingrid Turn, Ibrahim Sahin
Telefon	0221-976564-21, 22
Telefax	0221-976564-29
E-Mail	info@efs-koeln.de
Mitarbeiter	84 (Festangestellte)
	25 Aushilfen
	4 Auszubildende
	wechselnde Praktikanten, zurzeit zwei
Warenbereiche	Running mit Laufanalyse, div. Ballsportarten, Golf, Outdoor und Trekking, Wasser- und Tauchsport, Fitness-Geräte und vieles mehr
Kundenstruktur	Privatkunden (stationärer Bereich), Privat- und Geschäftskunden im Online-Handel
Unternehmensphilosophie; Unternehmensziele	Keep on moving Vorrangig ökonomische Ziele; auch soziale und ökologische Ziele
Weitere Informationen für die Bearbeitung der Lernsituation	
Abteilung Verkauf	Hauptabteilungsleiter: Jean Basell
	Abteilungsleiterin Aus- und Weiterbildung: Julia Holtmann
	Abteilungsleiter Marketing: Kevin Kederkus
	Abteilung Running + Fitness: Edgar Euler
	Abteilungsleiter Ballsportarten: Lukas Müller
	Abteilungsleiter Outdoor: Luis Meisner
	Abteilungsleiterin Wasser- und Tauchsport: Katrin Bonis
	Abteilungsleiter Fitness-Geräte: Christian Rhode
Auszubildende (aktueller Stand; Einsatz in allen Unternehmensbereichen)	Madlin Batko (22 Jahre); 3. Ausbildungsjahr
	Luca Bianki (24 Jahre); 3. Ausbildungsjahr
	Joey Bernard (22 Jahre); 2. Ausbildungsjahr
	Lea Scholz (20 Jahre); 1. Ausbildungsjahr
Umschüler	Sven Mahler (19 Jahre),
Praktikantin	Anna Krüger (18 Jahre)

Lernsituation 1

Kunden beobachten und einschätzen, auf verschiedene Kundentypen eingehen

Julia Holtmann (Abteilungsleiterin Aus- und Weiterbildung) und Kevin Kederkus (Abteilungsleiter Marketing) führen heute am Nachmittag eine **Verkäuferschulung** für die Auszubildenden und Praktikanten der EFS-GmbH (Everything for Sports-GmbH) durch. Neben Anna, die Frau Holtmann direkt über die Schultern schauen darf, nehmen an der Schulung Madlin und Luca aus dem dritten Ausbildungsjahr und Lea aus der Grundstufe teil. Joey (2. Ausbildungsjahr) und der neue Umschüler Sven sind heute leider wegen Krankheit nicht dabei.

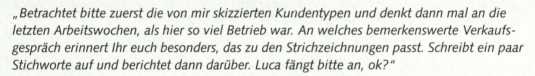

Zur Einführung in das Thema skizziert Frau Holtmann mit einfacher Strichzeichnung charakteristische **Kundentypen** auf Papier und gibt allen folgende Aufgabe:

„Betrachtet bitte zuerst die von mir skizzierten Kundentypen und denkt dann mal an die letzten Arbeitswochen, als hier so viel Betrieb war. An welches bemerkenswerte Verkaufsgespräch erinnert Ihr euch besonders, das zu den Strichzeichnungen passt. Schreibt ein paar Stichworte auf und berichtet dann darüber. Luca fängt bitte an, ok?"

Luca: „Da war doch der schlecht gelaunte junge Mann, der hatte an allen Sportschuhen was auszusetzen, die ich ihm gezeigt habe; zuerst waren sie ihm zu teuer, dann zu billig, dann war's die falsche Farbe oder die falsche Passform. Zum Schluss gefiel ihm das Design nicht, bis er schließlich ein günstiges Modell aus der Vorjahreskollektion gekauft hat."

Madlin: „Zu mir kam eine ältere Dame, die suchte eigentlich für ihre Nichte Inliner zum Geburtstag. Immer wieder musste sie von ihrer Nichte erzählen, dass die so eine gute Schülerin und Sportlerin ist und deswegen was Besonderes als Geschenk bekommen soll. Aber anstatt sich über die Inliner zu informieren, hat sie ständig erzählt, welche Sportarten ihre Nichte alle betreibt, wie toll sie in der Schule mitarbeitet und welche Noten sie auf dem Zeugnis hat."

Lea: „Ich hatte eine Kundin mittleren Alters, die konnte sich bei der Sportbekleidung nicht entscheiden. Sie suchte einen Trainingsanzug für sich und ihren Mann; hat mindestens zehn Modelle anprobiert. Ich konnte ihr da nicht weiterhelfen. Zum Schluss ist sie dann einfach gegangen; sie will erst ihren Mann fragen."

Anna darf bereits im Verkauf aushelfen, weil sie schon mehrere Praktika gemacht hat. „Ich hatte das komplette Gegenteil zu dir, Lea; da war doch dieser total schüchterne Student, der in der Wassersportabteilung hin und herlief. Bis ich rausgefunden hatte, dass er ein aufblasbares SUP-Board kaufen wollte. Der kriegte ja seine Zähne gar nicht auseinander und hat meist nach unten geschaut; hat echt gedauert, bis ich sein Gewicht und das Einsatzgebiet des Boards rausbekommen habe."

„Aufgrund eurer Erzählungen wollen wir jetzt zuerst mal die verschiedenen **Typologie-Merkmale** von Kunden zusammenstellen und dann besprechen, wie unterschiedliche **Kunden- und Konsumtypen** fachgerecht beraten werden können," ergänzt Herr Kederkus. Er teilt an alle vier Arbeitsmaterial aus, dort ist auch die erste Aufgabe formuliert.

LS 1   Kunden beobachten und einschätzen, auf verschiedene Kundentypen eingehen

Arbeitsaufträge

1. Ordnen Sie in Partnerarbeit die vier Strichzeichnungen den passenden Kundentypen zu, die hier beschrieben wurden. Charakterisieren Sie das Verhalten der Kunden stichwortartig und beschreiben Sie, wie Sie sich als Verkäufer in einem Verkaufsgespräch verhalten sollten:

Kundentyp	charakteristisches Kundenverhalten	Hinweise für den Verkäufer im Verkaufsgespräch
	• sie verhalten sich introvertiert und verschlossen	
	• sie verhalten sich extrovertiert und aufgeschlossen	

LF 10 | Besondere Verkaufssituationen bewältigen

Kundentyp	charakteristisches Kundenverhalten	Hinweise für den Verkäufer im Verkaufsgespräch
😟	• sie verschieben Entscheidungen, insbesondere bei großer Auswahl	
😠	• sie verhalten sich aggressiv und missgelaunt	

2. Frau Holtmann wendet sich an Madlin und Luca, die ja im Sommer ihre Prüfung absolvieren, mit folgender Aufgabe: *„Wie hättet Ihr denn bei der von Lea beschriebenen Kundin reagiert, damit trotzdem ein Verkaufsabschluss möglich gewesen wäre?"*

a) Machen Sie – stellvertretend für Madlin und Luca – Vorschläge, wie unentschlossene Kunden zu einem erfolgreichen Verkaufsabschluss motiviert werden könnten.

b) Um ein Verkaufsgespräch erfolgreich zu führen und abzuschließen, werden Informationen über die Interessen und Wünsche der Kunden benötigt. Überlegen Sie sich zu den nachfolgenden Fragetechniken jeweils ein Beispiel, wie Sie im Verkaufsgespräch angemessen auf Kunden reagieren und tragen Sie Ihre Kundenansprache in die Tabelle ein:

Verschiedene Fragetechniken während des Verkaufsgespräches	
Fragetechnik	**Beispiel in wörtlicher Rede**
offene Frage stellen („W-Fragen")	
geschlossene Fragen stellen	
Rückkoppelungsfragen stellen	
Taktische (Gegen-) Fragen stellen	
Rhetorische Fragen stellen	

LF 10 — Besondere Verkaufssituationen bewältigen

3. Neben den zeichnerisch dargestellten Kundentypen gibt es weitere typische Persönlichkeitsmerkmale von Kunden im Verkaufsalltag. Deshalb bereitet Herr Kederkus ein Rollenspiel vor, bei dem sich Madlin, Lea, Anna und Luca nach vorheriger Absprache jeweils in die Rolle als Verkäufer bzw. als Kunde hineinversetzen sollen.
Auf den Rollenkarten sind folgende Persönlichkeitsmerkmale zu lesen:
sparsam/geizig; kritisch/sachverständig; überheblich/arrogant; misstrauisch/rechthaberisch; nett/freundlich; nervös/unsicher.

a) Üben Sie in Partnerarbeit ein kurzes Rollenspiel ein; dabei übernimmt ein Akteur wahlweise eine der oben vorgegebenen Eigenschaften, die andere Person die Rolle als fachlich angemessen reagierender Verkäufer.
[Die detaillierte Aufgabenverteilung mit Festlegung der Beobachtungskriterien und der strukturierten Analyse des Rollenspiels erfolgt durch die unterrichtende Lehrkraft.]
Schreiben Sie zuerst alle Eigenschaften auf, die für den von Ihnen ausgesuchten Kundentyp markant sind, notieren Sie dann stichwortartig, wie Sie als Verkäufer darauf reagieren könnten. Sprechen Sie mit Ihrer Partnerin/Ihrem Partner ab, wer welche Rolle einnimmt.

b) Die Einordnung in bekannte Kunden- bzw. Käufertypen erfolgt anhand allgemeiner Persönlichkeitsmerkmale (psychografische Merkmale). Die Einteilung der Kunden in sogenannte Konsumtypen geschieht dagegen anhand verhaltensorientierter Merkmale.
Kreuzen Sie an, ob es sich bei den folgenden Beispielen um psychografische oder verhaltensorientierte Merkmale handelt:

Beispiele für Persönlichkeitsmerkmale und Konsumgewohnheiten	psychografisches Merkmal	verhaltensorientiertes Merkmal
die politische Einstellung des Kunden, seine Meinung		
die Einstellung zum Preis der Ware		
die Einstellung zu Marken, seine Markentreue		
die Werte, für die der Kunde einsteht		
der Lebensstil, den der Kunde bevorzugt		
die Geschäftstreue gegenüber einem Einzelhandelsunternehmen		

4. Kenntnisse über Käufertyp und Konsumtyp helfen dem Einzelhändler, sich ein Bild über seine Zielgruppe zu machen, wenn er sich z. B. selbstständig machen will. Außerdem geben sie Orientierung im Verkaufsgespräch und helfen bei der Sortiments- und Ladengestaltung.
Beschreiben Sie vier Aspekte, mit denen die Zielgruppe näher bestimmt werden kann.

LS 1 Kunden beobachten und einschätzen, auf verschiedene Kundentypen eingehen

_____
_____
_____
_____
_____

5. Die Differenzierung des Konsumverhaltens ermöglicht dem Einzelhändler, Rückschlüsse auf Käufertypen bzw. die Zielgruppen zu ziehen.
   Füllen Sie dazu den Lückentext aus, indem Sie die nachfolgenden Käufertypen den entsprechenden Beschreibungen zuordnen.

   Konsumtypen:
   Gesundheitsbewusste, Bequemlichkeitsorientierte, Marken-Liebhaber,
   Preisbewusste, Wellnessorientierte, Schnäppchenjäger, Smartshopper.

   Text:

   Die Suche nach Wohlbefinden, verbunden mit Gesundheit, Fitness und ausgewogener Ernährung sind die Eigenschaften, auf die _____ Wert legen. Diese Kunden sind geprägt durch einen aktiven Lebensstil und tragen eine hohe Selbstverantwortung. Sie zeichnen sich durch eine hohe Ausgabenbereitschaft aus, sofern die Produkte und Dienstleistungen ihren kritischen Erwartungen entsprechen.

   _____ Konsumtypen möchten sich den Alltag möglichst angenehm gestalten und legen Wert auf viel Freizeit. Deshalb investieren sie gern in Produkte, die die Arbeiten im Haushalt und im täglichen Leben erleichtern und das Streben nach Bequemlichkeit erleichtern.

   Die Kundengruppe der _____ achtet zum einen auf hohe Qualität der Produkte, zum anderen immer auf den möglichst günstigsten Preis der teuren, exklusiven und preisreduzierten Markenartikel. Die Informationsbeschaffung erfolgt meist online. Mit dem Argument der hohen Qualität versucht der Handel solche Menschen anzulocken.

   Der Preis ist auch das entscheidende Kaufargument für die _____ . Diese Gruppe liebt Werbung und kauft auch schon mal Produkte, die sie eigentlich gar nicht kaufen wollten, aber besonders günstig angeboten wurden. Sie kaufen gern in Geschäften mit sehr großer Auswahl ein. Insbesondere bei hohen Rabatten, die der Online-Handel oder der Einzelhandel periodisch anbietet, sind sie besonders konsumfreudig. _____ Kunden sind damit aber nicht zu verwechseln, diese Gruppe muss meist sparsam haushalten, weil hier das verfügbare Einkommen eher gering ist.

Als _____ bezeichnet man Personen, die einen Lebensstil pflegen, der besonders Wert legt auf gesunde Ernährung, Umweltschutz, Natürlichkeit und Nachhaltigkeit. Bio-Produkte werden durch diese Gruppe besonders gern konsumiert, das verfügbare Einkommen ist überdurchschnittlich.

_____ haben ebenfalls ein überdurchschnittlich verfügbares Einkommen, sie sind bereit, einen höheren Preis für bestimmte Produkte zu zahlen, dabei ist der Einfluss des Verkaufspersonals nicht unerheblich. Häufig werden Erfahrungen, Wertungen und Eigenschaften von einem ganz konkreten Produkt auf sämtliche Produkte dieser Marke übertragen.

Aufgabe Plus

6. Die Sinus-Milieus gehören zu den bedeutendsten Modellen in der Zielgruppenforschung in Deutschland. Sie ist eine anerkannte Studie zur Einteilung der Gesellschaft in verschiedene soziale Milieus, also in **Zielgruppen** von Gleichgesinnten (bezüglich ihrer Lebensziele und -stile, ihrer Befindlichkeiten und Werte sowie ihres sozialen Hintergrunds). Das Modell der Sinus-Milieus wird kontinuierlich an die soziokulturellen Veränderungen der Gesellschaft angepasst.

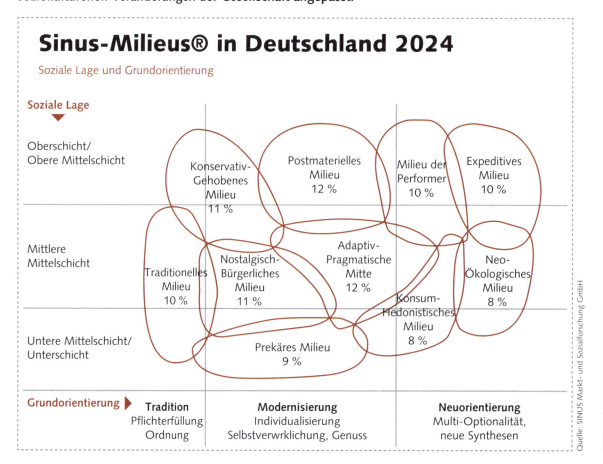

Quelle: SINUS Markt- und Sozialforschung GmbH

LS 1 Kunden beobachten und einschätzen, auf verschiedene Kundentypen eingehen

▶ Die nachfolgenden Aufgaben (a–e) sind als Gruppenarbeit durchzuführen, aufgeteilt in fünf Arbeitsgruppen. Die Einteilung erfolgt durch die unterrichtende Lehrkraft.

a) Überlegen Sie zuerst in allen Gruppen, welche Bedeutung die Prozentzahlen und Anordnung bzw. Größe der elliptisch geformten Flächen haben. Einigen Sie sich innerhalb der Gruppe auf eine gemeinsame Definition.

_____

_____

_____

_____

_____

b) Welche beiden Milieus sind wichtige Zielgruppen der Zukunft?

_____

_____

_____

c) In der nachfolgenden Tabelle sind die Milieus bzw. die Lebensstile der Kundentypen beschrieben und die Aspekte des Konsumverhaltens insbesondere zu Freizeit, Fitness, Gesundheit und Ernährung erläutert. Jede Gruppe erhält die Aufgabe, die Charakteristik zweier Milieus zu erarbeiten. Die fehlenden Angaben sind dann in die Tabelle einzutragen. Nutzen Sie zur Recherche das Internet, geben Sie als Stichwort „Sinus Milieus Gesundheit und Fitness" ein. Die Zuordnung der zu bearbeitenden Milieus erfolgt durch die Lehrkraft.
Stellen Sie anschließend Ihre Ergebnisse im Plenum vor und ergänzen Sie fehlende Eintragungen.

Milieu	Beschreibung des Milieus bzw. Typs	Aspekte zum Konsumverhalten (insbesondere zu Freizeit, Fitness, Gesundheit und Ernährung)
Prekäres Milieu		Aufgrund des nur begrenzt zur Verfügung stehenden Budgets für Konsum und Freizeit ist dieses Milieu nur wenig sportlich aktiv; Zusammenhänge von Bewegung, Ernährung, Entschleunigung und der eigenen Gesundheit sind kaum bekannt. Geld für sportliche Ausrüstung und Zubehör wird nur begrenzt ausgegeben, auf gesunde Ernährung und Fitness wird selten geachtet

Milieu	Beschreibung des Milieus bzw. Typs	Aspekte zum Konsumverhalten (insbesondere zu Freizeit, Fitness, Gesundheit und Ernährung)
Traditionelles Milieu	Mitglieder dieser Gruppe, die sowohl der mittleren als auch der unteren Mittelschicht angehören, sind vor allem von der Nachkriegszeit geprägt; sie setzen sich für Ordnung und Tradition ein, sind bodenständig, kleinbürgerlich und sparsam orientiert, meist angepasst und konformistisch. Typische Traditionelle werden als rechtschaffende kleine Leute wahrgenommen oder sind bereits im Rentenalter	
Nostalgisch-Bürgerliches Milieu		Sie sind der leistungs- und anpassungsbereite bürgerliche Mainstream; viel Geld für eine spezielle Ernährung, Sport und Freizeit werden i. d. R. nicht ausgegeben, allerdings kann das Pflegen von bestimmten Hobbies auch den Freizeitbereich betreffen, z. B. Angeln oder durch klassisch betriebene Sportarten im Verein. Im Zuge neuer Technologien drohen insbesondere ältere Menschen innerhalb der bürgerlichen Mitte den Anschluss zu verlieren

Milieu	Beschreibung des Milieus bzw. Typs	Aspekte zum Konsumverhalten (insbesondere zu Freizeit, Fitness, Gesundheit und Ernährung)
Konsum-Hedonistisches Milieu	Sie sind die spaß- und erlebnisorientierte Unterschicht bzw. untere Mittelschicht, haben einen geringen sozialen Status; leben im Hier und Jetzt, sind unbekümmert und spontan, im Beruf häufig angepasst, allerdings gehören viele auch der Gruppe der Schüler, Auszubildenden oder Berufsanfänger an; in der Freizeit brechen sie gern aus den Zwängen des restriktiven Alltags aus, sie sind die Party-Generation	
Adaptiv-Pragmatische Mitte	Sie ist die junge Mitte der Gesellschaft mit pragmatischer Lebenseinstellung und Nützlichkeitsdenken; weltoffen, erfolgsorientiert, leistungs-, kompromiss- und anpassungsbereit. Es besteht einerseits der Wunsch nach Spaß und Unterhaltung, insbesondere nach Sportaktivitäten, andererseits nach Verankerung und Zugehörigkeit, dabei wird die wachsende Unzufriedenheit und Verunsicherung aufgrund der gesellschaftlichen und politischen Entwicklung deutlich	

Milieu	Beschreibung des Milieus bzw. Typs	Aspekte zum Konsumverhalten (insbesondere zu Freizeit, Fitness, Gesundheit und Ernährung)
Expeditives Milieu	Sie ist die ambitionierte Avantgarde; Mittel- bis Oberschicht, mental kulturell und geografisch mobil, Trendsetter, weniger am Erfolg, als an Neuem orientiert; online und offline vernetzt; gut ausgebildet, auf der Suche nach neuen Grenzen, Erfahrungen und Lösungen, spontan und mobil	
Postmaterielles Milieu	Als Gegenspieler zur bürgerlichen Mitte verfügen sie über hohen Bildungsstandard und hohes Budget, äußern überwiegend Kritik an der Gesellschaft und stehen übermäßigen Konsum als auch der Ausbeutung der Natur bzw. anderer Menschen skeptisch gegenüber. Geprägt von hohen ethischen Werten werden auch die Mitmenschen daran gemessen; häufig sind sie in sozialen und ökologischen Projekten aktiv. Sie unterstützen Nachhaltigkeit, Antidiskriminierung und setzen sich für Diversität und eine multi-kulturelle Gesellschaft ein	

Milieu	Beschreibung des Milieus bzw. Typs	Aspekte zum Konsumverhalten (insbesondere zu Freizeit, Fitness, Gesundheit und Ernährung)
Milieu der Performer	Sie sind die multi-optionale, effizienzorientierte Leistungselite; geprägt von global-ökonomischem und liberalem Denken und beruflich hoch motiviert; hohe Technik- und IT-Affinität; flexibel und risikobereit, stärker bei Männern ausgeprägt	
Neo-ökologisches Milieu		Fitness und Wellness gehen bei dieser Gruppe Hand in Hand; Entschleunigung ist ein typisches Sportmotiv, Yoga und Qi Gong sind sehr beliebt, ebenso Fitnessstudios und Outdooraktivitäten. Umweltbewusstes Reisen und ein verringerter ökologischer Fingerabdruck prägen den nachhaltigen Lebensstil. Bewusste Ernährung ist Teil des Lebensstils, häufig vegan oder vegetarisch

LF 10 | Besondere Verkaufssituationen bewältigen

Milieu	Beschreibung des Milieus bzw. Typs	Aspekte zum Konsumverhalten (insbesondere zu Freizeit, Fitness, Gesundheit und Ernährung)
Konservativ-Gehobenes Milieu	Hierbei handelt es sich um das typische Establishment bzw. die konservative Elite; abgeschottet von anderen Milieus sieht man sich als Führungselite; feste Lebensprinzipien, beruflich erfolgreich und finanziell gut ausgestattet; an Werten und Statussymbolen orientiert, ebenso an Kultur und Reisen. Starker Wunsch nach Recht und Ordnung, politisch konservativ geprägt	

d) Welche Vorteile hat die Kenntnis des Sinus-Modells für Einzelhandelsunternehmen?

e) Überlegen Sie in der Gruppe, welche Auswirkungen das Smart-Shopping auf den Einzelhandel hat. Wie kann ein Einzelhandelsgeschäft in City-Lage die Gruppe der Smart-Shopper zu seinen Kunden machen?

Lernsituation 2

Kunden in verschiedenen Lebensphasen beraten

Anton ist heute mit Antje, seiner Großmutter, zum Einkaufen bei der EFS-GmbH, weil er zum 11. Geburtstag von seiner Familie Geld für neue Fußballschuhe, für Sportkleidung und einen neuen Ball bekommen hat. Während Oma Antje noch in der Abteilung für Sportkleidung nach einem geeigneten Trikot Ausschau hält, ist Anton schon mal vorgelaufen und schaut sich die verschiedenen Schuhmodelle an; den richtigen Ball hat er auch schon gefunden.

Die Auszubildende Lea und die Praktikantin Anna, die heute in der Schuhabteilung arbeiten und neue Ware einsortieren sollen, beobachten, wie Anton ein paar Fußballschuhe aus dem Regal nimmt.

„Lass' die Schuhe mal lieber im Regal, das sind sowieso die falschen für dich, und den Fußball solltest du auch mal ganz schnell wieder zurücklegen, den kannst du doch sowieso nicht bezahlen, der ist viel zu teuer! Wo sind denn eigentlich deine Eltern?" Mit diesen Fragen wendet sich Anna an Anton.

Anton ist etwas verunsichert und hofft, dass seine Oma schnell zu ihm rüberkommt. Lea schaut Anna verdutzt an.

Arbeitsaufträge

1. **Beurteilen Sie das Verhalten der Praktikantin Anna kritisch.**

2. Arbeiten Sie bei dieser Aufgabe in Partnerarbeit.
Entwickeln Sie einen Verkaufsdialog zwischen Lea und Anton, der mit einer freundlichen Begrüßung beginnen soll und bei dem Anton seine Kaufwünsche ohne Einschüchterung vorstellen kann.
Dabei entscheiden Sie selbst, wer die Rolle der Lea bzw. des Anton übernimmt.
Tragen Sie den Dialog in die Tabelle ein und stellen Sie den Dialog gemeinsam vor der Klasse vor.

Eröffnung des Verkaufsgespräches	
Lea als Verkäuferin	**Anton als interessierter Kunde**
Hallo, guten Tag!	

LS 2 Kunden in verschiedenen Lebensphasen beraten

3. Aus dem nachgestellten Verkaufsdialog lassen sich einige Hinweise für ein Verkaufsgespräch mit Kindern und Jugendlichen ableiten. Erläutern Sie mindestens vier Grundsätze für eine kind- bzw. jugendgerechte Ansprache während des Verkaufsgespräches:

4. Die Warenpräsentation und Gestaltung der Abteilung bzw. des Ladens für Kinder und Jugendliche unterscheidet sich deutlich von der sonst üblichen Warenpräsentation und Ladengestaltung bei Erwachsenen. Machen Sie vier Vorschläge, die sich relativ einfach realisieren lassen:

LF 10 — Besondere Verkaufssituationen bewältigen

5. Dank der guten Beratung von Lea sind die richtigen Fußballschuhe schnell gefunden. Lea bringt Schuhe und Ball zum Kassenbereich, währenddessen bekommt Anton von seiner Oma eine Text- und Bildnachricht, dass sie noch bei der Anprobe ist und gleich rüberkommt.
Anton möchte schnell wieder nach Hause und deswegen Ball und Schuhe (zusammen 119,90 EUR) schon mal bezahlen, er hat ja das Geburtstagsgeld in der Tasche. Kreuzen Sie an, welches Verhalten unter Beachtung der gesetzlichen Vorschriften korrekt ist.

a.	Anton ist geschäftsunfähig, deshalb kann Lea Ball und Schuhe entweder an die Oma Antje verkaufen, alternativ kann Anton seine Eltern kurz anrufen und den Kauf bestätigen lassen
b.	Anton ist geschäftsfähig, weil er das Geld zum Geburtstag geschenkt bekommen hat, daher darf Lea Ball und Schuhe an Anton verkaufen und das Geld entgegen nehmen
c.	Lea darf Ball und Schuhe nicht an Anton verkaufen, weil er beschränkt geschäftsfähig ist. Sie wartet, bis seine Oma Antje die Einwilligung zum Kauf der Waren gibt oder eine Einwilligung der Eltern vorliegt
d.	Lea muss Ball und Schuhe an Anton verkaufen, weil ihm das Geld zum Kauf der Waren überlassen wurde und sich seine Oma ja im Geschäft aufhält
e.	Anton ist beschränkt rechtsfähig, durch die Begleitung von Oma Antje erhält Anton für den Kauf des Balles und der Schuhe die volle Geschäftsfähigkeit

6. Das Jugendschutzgesetz (JuSchG) verbietet den Verkauf bestimmter Waren an Kinder und Jugendliche oder schränkt ihn altersbedingt ein. Füllen Sie dazu folgenden Lückentext aus:

Lösungen:

> 12. Lebensjahr, unter 14 Jahren, 14 Jahre alt, ab 16 Jahren, 18 Jahren, volljährige Personen, im Beisein eines Erziehungsberechtigten, nicht möglich, Ausweiskontrolle, verboten, zurzeit nicht, durch die FSK.

Text:

Der Kauf und der Alkoholkonsum ist Jugendlichen _____ grundsätzlich

_____. Wenn Jugendliche _____ geworden sind, dürfen sie

_____ in einer Gaststätte Bier, Wein oder Mixgetränke daraus konsumieren. Jugendliche _____ dürfen Bier, Wein oder Mixgetränke daraus auch allein kaufen oder konsumieren. Möchten Jugendliche im Alter von 16 oder 17 Jahren Mixgetränke wie Cola-Rum oder alkoholhaltige Lebensmittel und Tabak zuhause privat konsumieren, so ist das _____. Eine gesetzliche Regelung für Energydrinks gibt es _____. Der Verkauf von Spirituosen und Zigaretten ist erst an Personen ab _____ möglich. Sollte ein Einzelhändler Zweifel am Alter der Jugendlichen haben, ist eine _____ an der Kasse sinnvoll.

Filme oder Computerspiele dürfen Kinder und Jugendliche nur sehen, wenn diese

_____ für die jeweilige Altersgruppe freigegeben ist. Diese Altersbeschränkung ist beim Verkauf zu berücksichtigen.

Feuerwerkskörpern der Kategorie I dürfen ganzjährig an Personen verkauft werden, die das

_____ vollendet haben. Feuerwerk der Kategorie II hingegen dürfen nur

zu bestimmten Zeiten an _____ verkauft werden.

Anton schaut sich die gepostete Bildnachricht seiner Oma an, die doch tatsächlich in der Umkleidekabine mit den neuen Inlinern und dem gelben Hoodie ein Foto hat machen lassen. So ist seine Großmutter, cool und immer für ein Späßchen zu haben.
Mittlerweile ist sie auch an der Kasse angekommen, sodass sie erst mal die ganze Rechnung, auch die Sachen von Anton, mit Kreditkarte bezahlt.

„Ich werde jetzt mit den Inlinern wieder regelmäßig Sport machen; die Verkäuferin hat gesagt, als „Best Ager" sollte man besonders auf seine Fitness achten und den Sport machen, den man sich auch zutraut," erklärt sie Anton.
„Statt Seniorenkränzchen inlinern mit den SilverLinern", denkt sich Anton.

7. Im Gegensatz zu früher hat sich das Konsumverhalten und die Lebenseinstellung vieler Senioren deutlich verändert. Welche für den Einzelhandel wichtigen Eigenschaften lassen sich der Gruppe „Best Ager" zuordnen?

8. Im Rahmen der Zielgruppenforschung wird häufig der Begriff „Baby Boomer" genannt.

a) Warum ist diese Zielgruppe für Einzelhandelsunternehmen vieler Branchen bzw. deren Marketingabteilung besonders wichtig? Erläutern Sie die Zusammenhänge.

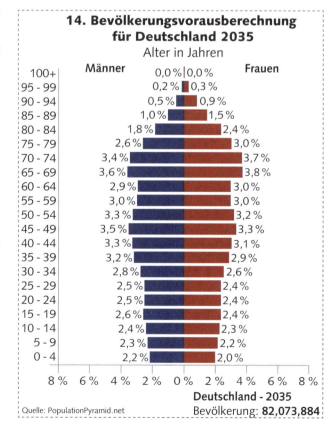

b) Ermitteln Sie rechnerisch den Anteil der „Baby Boomer" und der vorher geborenen Männer und Frauen im Jahr 2035 im Bezug zur Gesamtbevölkerung, indem Sie die nebenstehende Grafik für die Berechnung zugrunde legen.

14. Bevölkerungsvorausberechnung für Deutschland 2035

Alter in Jahren

Alter	Männer	Frauen
100+	0,0 %	0,0 %
95 - 99	0,2 %	0,3 %
90 - 94	0,5 %	0,9 %
85 - 89	1,0 %	1,5 %
80 - 84	1,8 %	2,4 %
75 - 79	2,6 %	3,0 %
70 - 74	3,4 %	3,7 %
65 - 69	3,6 %	3,8 %
60 - 64	2,9 %	3,0 %
55 - 59	3,0 %	3,0 %
50 - 54	3,3 %	3,2 %
45 - 49	3,5 %	3,3 %
40 - 44	3,3 %	3,1 %
35 - 39	3,2 %	2,9 %
30 - 34	2,8 %	2,6 %
25 - 29	2,5 %	2,4 %
20 - 24	2,5 %	2,4 %
15 - 19	2,6 %	2,4 %
10 - 14	2,4 %	2,3 %
5 - 9	2,3 %	2,2 %
0 - 4	2,2 %	2,0 %

Quelle: PopulationPyramid.net
Deutschland - 2035
Bevölkerung: 82.073.884

LS 2 Kunden in verschiedenen Lebensphasen beraten

9. Der Anteil älterer Menschen an der Gesamtbevölkerung wächst. Im Jahre 2035 wird knapp die Hälfte der Deutschen 50 Jahre und älter sein, jeder Dritte davon älter als 60 Jahre. Welche Anforderungen sind daher an ein altersgerechtes Sortiment, an den Service und die Ladengestaltung sowie an die Verkäuferin bzw. den Verkäufer eines Einzelhandelsunternehmens zu stellen.
Vervollständigen Sie dazu in Partnerarbeit die folgende Tabelle, indem Sie jeweils mindestens sechs Aspekte erläutern, die als Anforderungen an das Unternehmen selbst bzw. an das Personal gestellt werden sollten:

Anforderungen an den Einzelhandel durch die stetig steigende Anzahl älterer Kunden	
Anforderungen an das Unternehmen selbst (Service, Sortiment, Ladengestaltung etc.)	Anforderung an das Verkaufspersonal
Laden- und Sortimentsgestaltung:	
Serviceangebote:	

LF 10 — Besondere Verkaufssituationen bewältigen

10. Ein englischsprachiger Tourist betritt Ihr Einzelhandelsunternehmen und möchte einen ganz bestimmten Artikel kaufen. Formulieren Sie in Partnerarbeit einen Dialog zwischen Verkäufer und Tourist. Wählen Sie dazu einen Artikel Ihrer Wahl. Führen Sie dazu den nachfolgenden Dialog in englischer Sprache weiter.

Verkäufer	Tourist
Guten Tag, was kann ich für Sie tun, haben Sie einen besonderen Wunsch?	
	Excuse me. Do you speak English? Can you help me?
Oh yes, of course	

11. Viele gehen nicht allein einkaufen, sondern werden durch andere Personen begleitet. Bevor diese Kunden mit Begleitung bedient werden, wird das Verkaufspersonal vor besondere Herausforderungen gestellt. Das Verkaufsgespräch ist zeitaufwändiger und es ist wichtig, das Verhalten der Begleiter im Vorfeld richtig einzuschätzen.

a) Unterscheiden Sie vier Arten von Verkaufssituationen mit Begleitpersonen, die sich vor bzw. bei einem Kundengespräch ergeben können:

_____

_____

_____

_____

b) Welches Verhalten des Verkaufspersonals ist sinnvoll, wenn eine Begleitung „alles besser" weiß? Geben Sie verschiedene Verhaltenstipps für das Verkaufspersonal.

_____

_____

_____

_____

_____

_____

Lernsituation 3

Kunden in besonderen Verkaufssituationen erfolgreich bedienen

Samstage bedeuten für die EFS-GmbH meistens Stress! So auch heute. Viele Kunden sind bereits am Vormittag in das Geschäft geströmt, um sich über verschiedene Sport- und Fitnessartikel zu informieren. Joey, Auszubildender im zweiten Ausbildungsjahr, führt gerade ein Kundengespräch mit einer Kundin, da unterbricht ihn gleich ein weiterer Kunde mitten im Gespräch, der eine Beratung benötigt, und die beiden einfach in der Unterredung stört.

Kunde: „Guten Tag. Entschuldigen Sie, dürfte ich Sie nur kurz was fragen, ich interessiere mich auch für dieses Fitnessgerät."

Eigentlich wollte Joey in Ruhe seinen Verkaufsbereich aufräumen und die neuen Fitnessgeräte aufstellen, dazu kommt er heute jedoch nicht. Im Gegenteil, die Schlange wird langsam länger und die Kunden werden immer ungeduldiger.

Joey: „Sorry, Sie sehen ja, Sie sind nicht der einzige Kunde!", antwortet Joey.

Arbeitsaufträge

1. Die Situation, die sich durch den zunehmenden Kundenandrang in seiner Abteilung entwickelt, stellt besondere Anforderungen an Joey.

a) Beschreiben Sie in mehreren Sätzen, vor welchen Herausforderungen Joey in der obigen Situation steht?

b) Welche Wirkung hat die Unterbrechung des Kunden auf das Verkaufsgespräch?

LF 10 | Besondere Verkaufssituationen bewältigen

▶ _____

_____

_____

_____

_____

_____

c) Wie kann die Unternehmensleitung der EFS-GmbH grundsätzlich für eine Verbesserung und Entspannung dieser Situationen sorgen?

_____

_____

_____

_____

_____

_____

_____

_____

d) Beschreiben Sie fünf Möglichkeiten, wie Joey auf großen Kundenandrang und Unterbrechungen durch ungeduldige Kunden angemessen reagieren sollte, ohne Kunden zu verärgern.

_____

_____

_____

_____

_____

_____

_____

e) Formulieren Sie eine alternative Antwort auf die Frage des ungeduldigen Kunden in wörtlicher Rede.

Ausgerechnet als Joey viele Kunden auf einmal beraten muss, klingelt ununterbrochen sein Smartphone. Es ist sein bester Kumpel, der ihm unbedingt von seinem neuen Auto erzählen will. Joey nimmt den Anruf kurz an, um seinem Freund zu sagen, dass er sich später meldet. Als sein Abteilungsleiter, Herr Rohde, das bemerkt, geht er auf Joey zu, der gerade mitten in einer Beratung steckt:
Herr Rohde: „Also ehrlich, das geht gar nicht. So ein Verhalten dulde ich nicht, darüber werden wir noch mal sprechen müssen."

---

2. a) Beschreiben Sie die Situation, die sich durch das Klingeln des Smartphones während des Verkaufsgespräches für die Beteiligten sowie für die EFS-GmbH ergibt.

LF 10 | Besondere Verkaufssituationen bewältigen

b) Geben Sie Joey Tipps, wie er mit dieser Situation umgehen sollte.

c) In einem Verkaufsseminar sagt ein Kollege: „*Verkaufsstörungen sind unverzeihlich und können immer von vornherein unterbunden werden!*" Nehmen Sie zu dieser Aussage kritisch Stellung.

LS 3 Kunden in besonderen Verkaufssituationen erfolgreich bedienen

Am Mittag begrüßt Joey eine Kundin mit ihren beiden Töchtern, die bereits beim Betreten seiner Abteilung sehr ungeduldig und quengelig sind.

Kundin: *„Guten Tag. Ich suche ein Geschenk für meine sehr sportliche Mutter!"*

Während sich die Kundin fragend umsieht, möchte die kleinere Tochter unbedingt sofort etwas zu trinken, die größere steuert sofort den Bereich mit den Hanteln und Gewichten an und zieht einen Karton aus dem Regal.

3. a) Vor welchen Herausforderungen steht Joey in dieser Situation?

b) Welche vorbereitenden Maßnahmen kann die EFS-GmbH für solche Situationen ergreifen, damit der Kundin umgehend geholfen werden kann und die Kinder während des Verkaufsgespräches beschäftigt sind?

LF 10 | Besondere Verkaufssituationen bewältigen

4. a) Geben Sie zu möglichen Begleitern den Einfluss auf das Verkaufsgespräch, mögliche Risiken und das jeweils optimale Verkäuferverhalten an.

Kunden in Begleitung von …	Einfluss auf das Verkaufsgespräch	Risiken	Optimales Verkäuferverhalten

LS 3 Kunden in besonderen Verkaufssituationen erfolgreich bedienen

▶
Kunden in Begleitung von …	Einfluss auf das Verkaufsgespräch	Risiken	Optimales Verkäuferverhalten

b) Formulieren Sie mögliche Fragen, um den Bedarf der Kundin von Aufgabe 3 zu ermitteln.

c) Joey hat der Kundin einen begründeten Vorschlag für ein Geschenk gemacht. Die Kundin ist sich jedoch nicht sicher, ob sie dieses kaufen soll. Wie kann Joey ihr die Entscheidung erleichtern?

d) Erläutern Sie anhand zweier Beispiele die indirekte Bedarfsermittlung beim Geschenkverkauf.

e) Aus welchen Gründen kaufen Kunden in Ihrem Betrieb Geschenke? Nennen Sie dazu Beispiele.

LF 10 Besondere Verkaufssituationen bewältigen

Als der Kundenandrang etwas nachgelassen hat, kann Joey in Ruhe der Kundin, die er schon heute Vormittag bedient hatte, ein paar neue Laufschuhe zeigen. Sven Mahler, der als Umschüler in der Abteilung aushilft, muss gerade ein Telefonat annehmen. Da er unsicher ist, stellt er das Telefon auf „Mithören" und bittet Joey um Mithilfe.

Sven:	„Hallo?"
Kunde:	„Ja, schönen Guten Tag, Schneider mein Name. Ich suche nach einem besonderen Tennisschläger für meinen sechsjährigen Sohn. Führen Sie denn Jugend-Tennisschläger?"
Sven:	„Puh, das weiß ich nicht. Ich bin noch relativ neu hier."
Kunde:	„Könnten Sie mal bitte nachsehen?"
Sven:	„Das kann ich. Eigentlich müssten wir aber welche haben… Ich könnte vielleicht mal meinen Kollegen fragen, der kennt sich hier schon besser aus, Moment mal!"

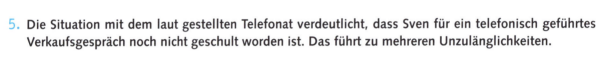

5. Die Situation mit dem laut gestellten Telefonat verdeutlicht, dass Sven für ein telefonisch geführtes Verkaufsgespräch noch nicht geschult worden ist. Das führt zu mehreren Unzulänglichkeiten.

a) Welche Fehler von Sven könnten Joey beim Zuhören des Telefongesprächs aufgefallen sein?

b) Stellen Sie für Sven Verhaltensregeln für ein erfolgreiches Verkaufsgespräch am Telefon auf.

LS 3 Kunden in besonderen Verkaufssituationen erfolgreich bedienen

c) Das „aktive Zuhören" als Verkaufstechnik am Telefon ist besonders wichtig. Geben Sie mehrere Beispiele an, wie man dieses aktive Zuhören dem Gesprächspartner vermitteln kann. Begründen Sie, warum diese Verkaufstechnik wichtig ist:

d) Entwickeln Sie in Partnerarbeit ein Telefongespräch, das das Anliegen von Herrn Schneider beinhaltet, und tragen sie es als Rollenspiel vor der Klasse vor. Beachten Sie dabei Ihre aufgestellten Regeln für erfolgreiches Telefonieren.

e) Am Ende eines Telefonats sollte ein Verkäufer das Verkaufsgespräch reflektieren. Erklären Sie, was darunter zu verstehen ist und warum dies wichtig ist.

LF 10 | Besondere Verkaufssituationen bewältigen

6. Nach einem langen Tag im Verkauf freut sich Joey endlich auf den Feierabend. Er möchte sich mit seinem besten Kumpel in einer Bar treffen. Als er sich wenige Minuten vor Ladenschluss gerade fertigmachen und seine Kleidung wechseln will, kommt noch ein Kunde herein:
Kunde: „*Guten Abend, ich interessiere mich für dieses Sportgerät. Können Sie mir was Gutes empfehlen?*"

„Ladenschluss" „Feierabend"

a) Welche Herausforderung muss Joey in dieser Situation meistern?

b) Wie ist grundsätzlich mit Spätkunden umzugehen? Machen Sie mehrere Vorschläge.

c) Wie würden Sie gegenüber dem Kunden in angemessener Form reagieren? Antworten Sie dem Kunden in wörtlicher Rede.

Lernsituation 4

Stressige Verkaufssituationen professionell bewältigen

Madlin Batko wird schon seit drei Wochen in der Abteilung Wasser- und Tauchsport eingesetzt. Sie hat sich mit dem Sortiment sehr vertraut gemacht. Außerdem konnte sie bei vielen Verkaufsgesprächen, die die Abteilungsleiterin Katrin Bonis geführt hatte, dabei sein. Hierbei hat sie viel über die Besonderheiten der meist hochwertigen Tauchuhren und -computer gelernt.

Eigentlich macht Madlin die Arbeit mit Kunden sehr viel Spaß. Gerade deshalb hat sie sich ja auch für den Beruf entschieden. Aber in dieser Woche läuft es bei Madlin nicht so rund. Zu Wochenbeginn hatte sie Ärger mit ihrem Auto, welches kurzfristig in die Werkstatt musste. Dadurch kam sie schon zwei Mal verspätet zur Arbeit. Frau Bonis war darüber nicht sehr begeistert. Außerdem bekam sie am letzten Berufsschultag eine Klassenarbeit mit der Note mangelhaft zurück, die sie heute noch Frau Bonis vorlegen muss. Und ausgerechnet heute Morgen streiken auch noch die Busfahrer, so dass Madlin wieder zu spät zur Arbeit erscheint. Frau Bonis hat das natürlich auch wahrgenommen. Bevor es aber zu einem dienstlichen Gespräch kommt, steht schon der erste Kunde verärgert vor Madlin.

Kunde: Hallo junge Frau. Da treffe ich ja genau die Richtige. Hier, der Alarm für die Tauchzeit geht nicht. Letzte Woche bei Ihnen gekauft und schon kaputt. Da haben Sie mir ja etwas Tolles angedreht!

Madlin: Ach, Sie schon wieder. Der Tauchcomputer kann nicht kaputt sein. Das ist ein Markenprodukt, die EON Serie von Aqua Com.

Kunde: Sehen Sie doch selber; er funktioniert nicht.

Madlin: Haben Sie einmal nach der Batterie geschaut oder den Akku überhaupt geladen? Oder ist Ihnen der Tauchcomputer etwa heruntergefallen?

Kunde: Das ist ja wohl eine Frechheit. Sie unterstellen mir, dass ich den Computer habe fallen lassen?

Madlin: Kann ja sein. Dann müssen wir das Produkt halt einschicken und abwarten, was der Hersteller dazu sagt. Mehr kann ich jetzt auch nicht tun.

Kunde: Ach, und das ist alles? Wie soll ich mein Tauchprogramm jetzt ohne Computer durchführen? Ich habe nur diesen einen. Und wie lange dauert die Reparatur?

Madlin: Weiß ich doch auch nicht. Am besten fragen Sie in 14 Tagen einmal nach, ob der Computer fertig ist.

Kunde: Na, da bleibt mir wohl nichts Anderes übrig. Wenn ich das gewusst hätte, dass der Service hier so schlecht ist, wäre ich zur Konkurrenz gegangen.

Madlin ist froh, dass der Kunde gegangen ist. Ziemlich genervt geht sie Richtung Kasse, wo schon Frau Bonis auf sie wartet. Unglücklicherweise hat sie das Gespräch zwischen Madlin und dem Kunden mitbekommen. Der Tag wird für Madlin nicht besser.

LF 10 | Besondere Verkaufssituationen bewältigen

Arbeitsaufträge

1. Analysieren Sie Madlins Verhalten anhand folgender Fragen und machen Sie sich entsprechende Notizen:

a) An welchen Stellen hat sich Madlin nicht professionell als Verkäuferin verhalten? Nehmen Sie hier Bezug auf ausgewählte typische Phasen eines Verkaufsgespräches.

_____
_____
_____
_____
_____
_____
_____
_____
_____
_____
_____

b) Wie hat sich Madlins unprofessionelles Verhalten ausgewirkt?

_____
_____
_____
_____
_____

c) Was hat Madlins Verhalten vermutlich beeinflusst?

_____
_____
_____
_____
_____

LS 4 Stressige Verkaufssituationen professionell bewältigen

2. Stellen Sie sich vor, Sie wären ein Coach für Verkaufsmitarbeiter. Sie sollen Verkäufern helfen, Stresssituationen besser zu bewältigen und dabei die Kundenorientierung nicht aus den Augen zu verlieren. Stellen Sie eine Auflistung von Tipps zusammen, die Madlin in ihrer Verkaufssituation hätten helfen können.

Tipps für Madlin in ihrer Verkaufssituation:
- Den Kunden anschauen und ihn freundlich begrüßen.
- …

3. Nehmen Sie Madlins Rolle in der oben beschriebenen Situation ein und führen Sie das Gespräch mit dem Kunden unter Beachtung der Tipps aus Aufgabe 2 kundenorientiert und „stressfrei" fort:

Kunde: Hallo junge Frau. Da treffe ich ja genau die Richtige. Hier, der Alarm für die Tauchzeit geht nicht. Letzte Woche bei Ihnen gekauft und schon kaputt. Da haben Sie mir ja etwas Tolles angedreht!

Madlin: Guten Tag. Ja das stimmt, an das Gespräch mit Ihnen letzte Woche und Ihre ausgezeichnete Wahl für diesen Tauchcomputer kann ich mich noch gut erinnern. (…)

LF 10 — Besondere Verkaufssituationen bewältigen

Aufgabe Plus

4. a) An welchen Stellen in Madlins Verkaufsgespräch wären Angebote auf Service-Leistungen des Einzelhandelsgeschäftes hilfreich gewesen?

___

___

___

___

___

b) „Verkäufer/innen sind auch nur Menschen und Fehler passieren überall. Die Kunden sollten einfach mehr Verständnis haben und sich weniger aufregen und beschweren." Nehmen Sie zu dieser Aussage kritisch Stellung.

___

___

___

c) Beschreiben Sie den Zusammenhang, warum sich ein Kunde trotz einer Beschwerde stärker an ein Geschäft gebunden fühlen kann.

___

___

___

d) Manche Geschäfte haben eine zentrale Beschwerdestelle (auch Beschwerdemanagement genannt) eingerichtet. Hier nehmen Mitarbeiter die Beschwerden von allen Kunden entgegen und leiten diese gezielt weiter. Welche Vor- und Nachteile sehen Sie in einer solchen zentralen Beschwerdestelle?

___

___

___

___

___

___

___

Lernsituation 5

Warenumtausch, -rückgabe und Kulanz unterscheiden und abwickeln

Madlin wird in wenigen Wochen ihre Abschlussprüfung zur Kauffrau im Einzelhandel absolvieren und bereitet sich schon intensiv auf die Prüfung vor. Deshalb ist sie auch ein wenig enttäuscht, dass sie heute Spätdienst hat und bis 21.00 Uhr arbeiten muss. Viel lieber hätte sie am Abend zu Hause gelernt.

Zurzeit sind wenige Kunden in ihrer Abteilung. Da sieht sie, wie ein Kunde, Herr Andreas Klosters, schnell und zielstrebig auf sie zukommt.

In der Hand hält er eine größere Tasche. Als er vor Madlin steht, bemerkt Madlin den verärgerten und wütenden Gesichtsausdruck. Sofort beginnt Herr Kloster sein lautstarkes Gespräch:

„Sehen Sie selbst, was Sie mir letzten Freitag verkauft haben. Mehrere Nähte der neuen Trekkinghose sind schon aufgegangen. Ich habe sie erst einmal getragen. So eine miese Qualität."

Unzufrieden bin ich auch mit dem roten Tenniskleid, das ich in der letzten Woche hier für meine Tochter gekauft habe. Sie ist der Meinung, dass ihr die Farbe nicht steht. Deshalb möchte ich es gegen ein blaues Tenniskleid umtauschen […]"

Während der Kunde sein Anliegen vorträgt, bemerkt Madlin, dass ein ganzer Schwung neuer Kunden die Abteilung betreten hat […]

Arbeitsaufträge

1. Beschreiben Sie, wie sich Madlin in dieser Situation zunächst verhalten sollte, um die aufgebrachte Situation zu entschärfen?

2. Beschreiben Sie die beiden Anliegen des Kunden und erläutern Sie die rechtliche Situation der beiden Anliegen des Kunden aus Sicht der EFS-GmbH bzw. von Madlin.

LS 5 Warenumtausch, -rückgabe und Kulanz unterscheiden und abwickeln

Führen Sie für zur oben dargestellten Reklamation ein Rollenspiel durch!

- Lesen Sie zunächst die einzelnen Rollenkarten!
- Bilden Sie drei verschiedene Gruppen:
    1. Vertreter der Auszubildenden Madlin,
    2. Vertreter des Kunden,
    3. Beobachter
- Für die Vertreter von **Madlin** und den **Kunden** gilt:
    1. Sammeln Sie in den jeweiligen Gruppen Gesprächsinhalte und berücksichtigen Sie hierbei die in den Rollenkarten geschilderten Besonderheiten!
    2. Notieren Sie die erarbeiteten Gesprächsinhalte!
    3. Wählen Sie nun aus jeder Gruppe jeweils eine Person aus, die im Rollenspiel Madlin oder den Kunden vertritt!
    4. Die restlichen Gruppenmitglieder beobachten im Rollenspiel die Person, in deren Gruppe sie waren (entweder Madlin oder der Kunde) und achten darauf, dass die erarbeiteten Gesprächsinhalte vorgetragen werden.
- Für die Gruppe der **Beobachter** gilt:
    1. Erarbeiten und notieren Sie als Beobachter Kriterien, nach denen Sie die jeweiligen Rollenspiele beobachten wollen.
    2. Wählen Sie nun aus der Gruppe der Beobachter Personen aus, die jeweils einen besonderen Beobachtungsauftrag übernehmen:
        a. Madlin,
        b. Der Kunde
        c. Der Ausgang des Gesprächs.

Rollenkarte Kunde

Andreas Klosters ist sehr verärgert! Seine neue Trekkinghose ist mangelhaft und die Farbe des neuen Tenniskleides für seine Tochter gefällt ihm nicht. Heute Morgen hatte er auch noch großen Ärger mit seinem Chef {…}.
Obwohl er heute Nachmittag viel lieber in die Berge zum Wandern gefahren wäre, musste er in die Stadt fahren, um die Angelegenheit mit der Hose und dem Tenniskleid zu regeln!

Rollenkarte Madlin

Madlin steht kurz vor Ihrer Abschlussprüfung als Kauffrau im Einzelhandel.
Diese jetzige Situation stellt für sie eine besondere Herausforderung dar:
Zum einen ist sie bestrebt, eine kundenfreundliche Lösung zu erzielen, um Ihre Vorgesetzte zufrieden zu stellen. Zum anderen ist ihr bewusst, dass eine solche Situation auch für das persönliche Fachgespräch bei der Abschlussprüfung von Bedeutung sein kann.
Sie möchte in dieser Situation ihr praktisches Wissen von der Berufsschule und ihrem Betrieb anwenden {…}

Rollenkarte Beobachter

Die Beobachter legen die Kriterien fest, nach denen sie die beiden Gesprächspartner beobachten können, um anschließend ein Feedback zu geben.
Bei Madlin wird besonders Wert auf eine verständliche Darstellung der rechtlichen Situation, kundenfreundliches Verhalten und eine zufriedenstellende Lösung gelegt.
Der anfangs sehr aufgebrachte Kunde sollte sich beruhigen und nach dem Gespräch zufrieden und „mit einem guten Gefühl" nach Hause gehen.

LF 10 — Besondere Verkaufssituationen bewältigen

Kriterien Beobachterbogen				
Kriterium	😊	😐	😞	**Bemerkung**
Erarbeitete Argumente werden im Gespräch verwendet:				
Argumente werden sachlich vorgetragen:				
Verhalten im Gespräch:				
Wurde eine zufriedenstellende Einigung erzielt?				

Zu welcher Einigung sind Madlin und die Kundin im Rollenspiel gekommen?

_____

_____

Lernsituation 6

Rechtliche Grundlage einer Kundenreklamationen analysieren

Julia Holtmann, Ausbilderin von Madlin, hat zufällig das Gespräch mit dem Kunden Herrn Klosters mitbekommen. Sie ist mit dem von Madlin im Kundengespräch gezeigten Verhalten und auch mit dem Gesprächsergebnis sehr zufrieden.

„Madlin, zufällig habe ich das Gespräch mitbekommen. Das haben Sie alles sehr gut gemacht! Spontan habe ich mir überlegt, dass es sinnvoll wäre, wenn wir eine Checkliste hätten, auf die auch andere Mitarbeiter im Falle eines Umtauschs, einer Rückgabe oder einer Reklamation Einblick nehmen könnten. Wären Sie bereit, eine solche Checkliste anzufertigen?"

Madlin freut über die positiven Worte von Frau Holtmann und antwortet: „Sehr gerne, ich mache mich sofort an die Arbeit!"

Arbeitsaufträge

1. Erstellen Sie eine Checkliste für den Umgang mit Kunden bei Umtausch, Rückgabe und Reklamation. Gehen Sie hierbei auf die folgenden Aspekte und Anforderungen ein:
    - Inhalte:
        – Verhalten gegenüber dem Kunden,
        – Darstellung der rechtlichen Situation.
    - Darstellung:
        – Kurz, knapp und verständlich,
        – Word-Dokument oder ein anderes digitales Dokument.

LF 10 | Besondere Verkaufssituationen bewältigen

2. In der nachfolgenden Tabelle werden Situationen geschildert, in denen Ware zurückgebracht wird.

a) Entscheiden Sie, ob es sich bei der in der Situation geschilderten Warenrückgabe um einen Umtausch, eine Rückgabe oder eine Reklamation handelt.

b) Entscheiden Sie, welche rechtliche Grundlage zugrunde liegt.

c) Beschreiben Sie, welche Rechte sich für die Kunden ergeben.

Situation:	Um welche Art von Warenrückgabe handelt es sich?	Welche rechtliche Grundlage liegt zugrunde?	Welche Rechte ergeben sich für den Kunden?
Eine Kundin kommt zielstrebig auf die Auszubildende Madlin zu: „Diesen Sport-Hoodie habe ich in der vergangenen Woche für meinen Sohn gekauft. Als er den Hoodie gestern anziehen wollte, hat er den Webfehler gesehen – hier, sehen Sie bitte selbst, hier sieht man es deutlich …"			
Ein junger Mann kommt zu der Auszubildenden Madlin an die Kasse. „Diese Jogginghose habe ich gestern gekauft. Irgendwie gefällt mir der Schnitt gar nicht mehr und eigentlich habe ich mir überlegt, dass ich gerade gar keine neue Jogginghose brauche. Bitte geben Sie mir mein Geld zurück!"			

LS 6 Rechtliche Grundlage einer Kundenreklamationen analysieren

Situation:	Um welche Art von Warenrückgabe handelt es sich?	Welche rechtliche Grundlage liegt zugrunde?	Welche Rechte ergeben sich für den Kunden?
Eine ältere Kundin möchte das vor einigen Tagen gekaufte Geschenk für die Enkeltochter, ein rosafarbenes Tennisshirt, zurückbringen. Ihrer Enkeltochter gefällt die Farbe nicht. Sie hätte lieber ein weißes Tennisshirt.			
Eine jüngere Frau möchte ein Tenniskleid zurückbringen. Es war ein Geschenk von ihrem Freund, der das Kleid vor fünf Tagen in dem neuen Onlineshop der EFS-GmbH gekauft hat. Lieber hätte sie neue Tennisschuhe.			

LF 10 | Besondere Verkaufssituationen bewältigen

Situation:	Um welche Art von Warenrückgabe handelt es sich?	Welche rechtliche Grundlage liegt zugrunde?	Welche Rechte ergeben sich für den Kunden?
Eine Stammkundin hat vor neun Monaten ein hochwertiges High-End Laufband mit einem Touchscreen Tablet gekauft. Dieses ist jetzt defekt. Die Kundin erwartet einen sofortigen Austausch des Laufbandes gegen ein neues Laufband vom gleichen Modell.			

3. Beim Gewährleistungsrecht wird häufig von der Beweislastumkehr nach § 477 BGB gesprochen, dieser Umstand ist teilweise auch bei den in Aufgabe 2 beschriebenen Situationen von Bedeutung,

a) Was besagt die Beweislast in Bezug auf einen möglichen Mangel bei einem Verbrauchsgüterkauf in den ersten sechs Monaten?

_____

_____

_____

_____

b) Wie ist es rechtlich einzuordnen, wenn ein Verbraucher nach Ablauf der sechs Monate einen Mangel (z. B. nach 16 Monaten) geltend macht, sich aber darauf beruft, dass der Mangel schon vor dem Ablauf der Zeitspanne vorhanden war? Beschreiben Sie die Beweislastumkehr.

_____

_____

_____

_____

Lernsituation 7

Gewährleistung von Garantie und Produkthaftung abgrenzen

Julia Holtmann bespricht mit dem Auszubildenden Luca am Freitagnachmittag die Wiederholungsaufgaben, die sie ihm zum Üben als Vorbereitung auf die schriftliche Abschlussprüfung gegeben hatte.

Als sie Luca beiläufig fragt, welche Pläne er denn so am Wochenende hat, erzählt Luca, dass am Wochenende zum Einjährigen ein besonderes Essen für seine Freundin Lea und ihn geplant ist. Sie wird „Coq au vin" vorbereiten, Luca ist für die Vorspeise eingeteilt, er soll Forellenkaviar im Supermarkt besorgen.

Rückruf: Glassplitter – Guba-Trade ruft „Gourmet Finest Cuisine – Forellenkaviar" via Aldi-Nord zurück

VON REDAKTION VERÖFFENTLICHT 26. NOVEMBER 2020 AKTUALISIERT 3. DEZEMBER 2020

Aldi-Nord   Fisch & Meeresfrüchte   Guba-Trade GmbH

Die Guba-Trade GmbH ruft den Artikel „Gourmet Finest Cuisine – Forellenkaviar, 50g" mit dem Mindesthaltbarkeitsdatum 30.04.2021 (siehe Deckelrand) öffentlich zurück. Wie das Unternehmen mitteilt, kann nicht ausgeschlossen werden, dass in dem Artikel „Gourmet Finest Cuisine – Forellenkaviar, 50g" vereinzelt Glassplitter enthalten sind. Der o.g. Artikel mit den o.g. Chargen des o.g. Mindesthaltbarkeitsdatums sollte daher vorsorglich nicht mehr verzehrt werden.

Der Artikel wurde über Filialen von Aldi-Nord verkauft

Betroffener Artikel

Quelle: https://www.produktwarnung.eu/2020/12/03/rueckruf-glassplitter-guba-trade-ruft-gourmet-finest-cuisine-forellenkaviar-via-aldi-sued-zurueck/21715?cookie-state-change=1612101621746 (Abgerufen am 31. Januar 2021, um 15.05 Uhr)

„Moment mal, da war doch in der Presse vor Kurzem was mit einer Rückrufaktion oder Produkthaftung, glaube ich." Frau Holtmann recherchiert kurz im Netz und findet die folgende, unten abgebildete Rückrufaktion im Internet.

„Schau dir diesen Artikel einmal an! Wie gut, dass du den Forellenkaviar noch nicht eingekauft hast."

Luca ist ganz entspannt und erwidert: „Wieso, es ist doch alles gut! Auf alle Produkte haben wir als Verbraucher doch die Gewährleistung und die Garantie, dass sie frei von Mängeln sind. Das gilt auch bei Lebensmitteln!"

Julia Holtmann ist irritiert! Hat Luca hier etwas falsch verstanden?

Arbeitsaufträge

1. Im Gespräch zwischen Julia Holtmann und Luca fallen die Begriffe „Gewährleistung", „Garantie und „Produkthaftung".
Stellen Sie die Unterschiede gegenüber und ergänzen Sie die folgende Tabelle. Recherchieren Sie hierfür im Internet bzw. im Fachbuch unter den entsprechenden Begriffen: Gewährleistung, Garantie, Produkthaftungsgesetz.

LF 10 | Besondere Verkaufssituationen bewältigen

	Gewährleistung	Garantie	Produkthaftung
Erläuterung:			
Wer ist der Ansprechpartner?			
Anspruchsdauer:			

LS 7 Gewährleistung von Garantie und Produkthaftung abgrenzen

2. Beurteilen Sie, ob Sie eine Rückrufaktion, wie in der Situation oben aufgeführt, eher einer Gewährleistung, Garantie oder einer Produkthaftung zuordnen würden. Begründen Sie!

3. Haben Sie in Ihrem Ausbildungsunternehmen schon einmal eine Rückrufaktion miterlebt? Wenn ja, berichten Sie darüber (wer war der Hersteller, welches Produkt war betroffen, welcher Sachmangel lag dem Produkt zugrunde, etc.).

4. Beurteilen Sie die Wirkung, die eine Rückrufaktion auf die Kunden hat.

5. Recherchieren Sie im Internet und beschreiben Sie drei interessante und aktuelle Rückrufaktionen.

Lernsituation 8

Einen Finanzierungskauf anbieten und abschließen

Das Sporthaus EFS-GmbH bietet seinen Kunden bei höherpreisigen Waren, insbesondere bei Sportgeräten, Tauchcomputern, Outdoor-Artikeln und teurer Markenkleidung in Kooperation mit einer namhaften Bank einen Finanzierungskauf an. Aufgrund einer Werbekampagne wird dazu in der Tagespresse und im Internet folgende Anzeige geschaltet:

0 %-Finanzierung*

*Finanzierungsangebot: 0 % für eine Laufzeit bis zu 12 Monaten
2,5 % für eine Laufzeit ab 12 Monaten

Arbeitsaufträge

1. Der Auszubildende Joey Bernard soll in Zukunft bei Finanzierungskäufen den Abteilungsleiter unterstützen. Helfen Sie Joey die wichtigsten Informationen zum Finanzierungskauf zusammenzutragen. Bei einem Finanzierungskauf kommen zwei Verträge zustande. Tragen Sie die unterschiedlichen Vertragsarten in die folgende Grafik ein.

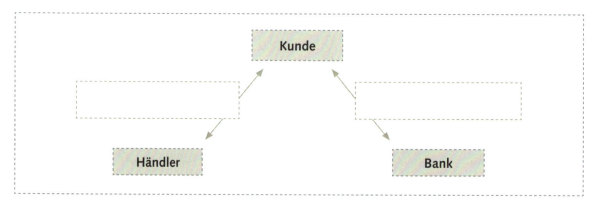

2. Eine Checkliste hilft, nicht den Überblick zu verlieren. Helfen Sie Joey und füllen Sie die nachfolgende Checkliste zum Finanzierungskauf aus! Welche Informationen werden vom Kunden benötigt und welche Informationen sind an den Kunden zu geben, damit der Finanzierungskauf rechtsgültig wird?

LS 8 Einen Finanzierungskauf anbieten und abschließen

Checkliste Finanzierungskauf	
Welche Informationen benötigt der Händler vom Kunden?	Welche Informationen muss der Händler dem Kunden geben?

3. Ergänzen Sie in der Übersicht die Kündigungsrechte und Fristen eines Ratenzahlungsvertrags! Geben Sie auch an, welche Folgen sich aus einer Kündigung des Ratenzahlungsvertrages ergeben.

Kündigungsgründe Ratenzahlungsvertrags		
Kündigung durch den Kreditnehmer		
Zeit	Rechte	Frist
innerhalb von 14 Tagen nach Kauf		
ab 14 Tagen nach Kauf		
Kündigung durch den Kreditgeber		
Art der Kündigung	Rechte	Frist
ordentliches Kündigungsrecht		
außerordentliches Kündigungsrecht		
Folgen einer Kündigung		

4. Ein Kunde der EFS-GmbH überlegt, ein Fahrrad zum Bruttoverkaufspreis von 1.200,00 Euro zu kaufen. Da er nicht über die nötige Summe verfügt, möchte er das Finanzierungsangebot (siehe oben) wahrnehmen.

a) Berechnen Sie den Teilzahlungspreis und die monatliche Rate, die der Kunde bezahlen muss, wenn er eine Laufzeit des Ratenkreditvertrages von 24 Monaten wählt.

LF 10 | Besondere Verkaufssituationen bewältigen

b) Berechnen Sie den Teilzahlungspreis und die monatlichen (gleichen) Raten, die der Kunde bezahlen muss, wenn er eine Laufzeit des Ratenkreditvertrages von 12 Monaten wählt.

c) Welchen Einfluss hat die Laufzeit auf die Höhe der Raten und die Gesamtkosten? Geben Sie dem Kunden zu dieser Frage eine ausführliche Beratung.

5. Eine weitere Kundin (Sabine Meier, Aachener Straße 160, 50858 Köln) der EFS-GmbH. möchte das Fahrrad „Mountainbike XR7" zum Bruttoverkaufspreis von 1.850,00 Euro erwerben. Als Zahlungsart hat sie sich für einen Finanzierungkauf mit einer Laufzeit von 36 Monaten entschieden. Für das Ratenzahlungsgeschäft fällt zusätzlich noch eine Abschlussgebühr in Höhe von 100,00 Euro an.

a) Berechnen Sie den Teilzahlungspreis sowie die monatliche Rate für das Mountainbike XR7.

b) Berechnen Sie den effektiven Zinssatz für diese Finanzierung nach der Uniform-Methode.

c) Füllen Sie die Ratenzahlungsvereinbarung auf der folgenden Seite für die Kundin aus. Nutzen Sie dazu die Ergebnisse aus den Aufgaben 5 a) und 5 b).

d) Welche Rechte hat der Darlehensgeber (also die EFS GmbH) gemäß § 4–6 der Ratenzahlungsvereinbarung, wenn der Darlehensnehmer (die Kundin Sabine Meier) die Raten nicht bzw. nicht rechtzeitig bezahlt.

e) Was fehlt bei diesem Vertrag, damit das Ratenzahlungsgeschäft wirksam werden kann?

Kaufvertrag mit Ratenzahlungsvereinbarung

zwischen

Verkäufer
EFS GmbH
Am Rheinufer 35
50689 Köln

und

Käufer
Sabine Meier
Aachener Straße 360
50858 Köln

§ 1 Vertragsgegenstand
Der Verkäufer verkauft dem oben genannten Käufer folgenden Kaufgegenstand:

_____

(genaue Beschreibung des Kaufgegenstands, Seriennummer, Typenbezeichnung, Fabrikationsnummer etc.)

§ 2 Ratenzahlungsvereinbarung

Der Barverkaufspreis beträgt _____ Euro, zzgl. Abschlussgebühr in Höhe von

_____ Euro. Bei einem Sollzinssatz von _____ p. a. fallen über die Laufzeit

von _____ Jahren insgesamt Zinsen in Höhe von _____ an.

Der Teilzahlungskaufpreis beträgt somit _____ Euro.

Der Käufer ist dazu berechtigt, den Kaufpreis in _____ Monatsraten zu je _____ Euro

an den Verkäufer zu zahlen. Der effektive Zinssatz beträgt _____ p. a.

§ 3 Fälligkeit
Die erste Rate wird bei Übergabe der Kaufsache fällig. Die übrigen Monatsraten sind am 01. eines jeden Monats auf folgendes Konto zu überweisen: ABC Bank, IBAN: DE 813701032

§ 4 Eigentumsvorbehalt
Das Eigentum an der Kaufsache verbleibt beim Verkäufer und geht nicht in das Eigentum des Käufers über bis dieser den gesamten Kaufpreis und die vereinbarten Zinsen gezahlt hat. Die Kaufsache darf nicht weiterverkauft werden.

§ 5 Zahlungsverzug
Sofern der Käufer mit zwei aufeinander folgenden Ratenzahlungen ganz oder zum Teil in Verzug gerät, ist der Verkäufer dazu berechtigt, die sofortige Zahlung der ganzen noch ausstehenden Kaufpreissumme zu verlangen oder sofort vom Vertrag zurückzutreten und die Herausgabe des Kaufgegenstands zu verlangen.

§ 6 Rücktrittsrecht
Der Verkäufer ist berechtigt vom Vertrag zurückzutreten, wenn sich herausstellt, dass der Käufer unwahre Angaben über seine persönlichen Verhältnisse gemacht oder die im obliegenden vertraglichen Pflichten verletzt hat.

Ort, Datum

_____   _____
Unterschrift Käufer   Unterschrift Verkäufer

Lernsituation 9

Ladendiebstahl erkennen und vorbeugen

Die Auszubildenden der EFS-GmbH erhalten von Ihrem Filialleiter folgende E-Mail:

Senden
von: s.deckstein@efs-gmbh.de
an: auszubildende@efs-gmbh.de
Betreff: Inventurdifferenzen

Liebe Azubis,

leider steigen unsere Inventurdifferenzen von Jahr zu Jahr an. Insbesondere bei kleineren und wertvollen Artikeln sind diese erheblich. Das lässt nur einen plausiblen Rückschluss auf die Ursache zu: Ladendiebstahl. Wir müssen dieses Problem unbedingt in den Griff bekommen, um die Zukunft unseres Betriebes zu sichern.

Bereiten Sie daher bitte Folgendes vor:
1. Schulungsmaterial für unsere Mitarbeiter, in denen Sie über typische Situationen, Methoden der Diebe und die richtige Verhaltensweise des Verkaufspersonals informieren.
Die Art der Darstellung überlasse ich Ihnen. Sie können z. B. einen Leitfaden, eine Wandzeitung oder ein Schulungsvideo erstellen.
2. Machen Sie konkrete Vorschläge, wie wir unsere Waren besser sichern können und begründen Sie diese. Beachten Sie, dass wir dabei wirtschaftlich handeln müssen.

Mit freundlichen Grüßen

Stefan Deckstein

E-Mail an die Auszubildenden der EFS-GmbH

Arbeitsaufträge

1. Begründen Sie, weshalb der Filialleiter der EFS-GmbH der Ansicht ist, dass Ladendiebstahl die Zukunft eines Einzelhandelsbetriebes gefährden kann.

LS 9 Ladendiebstahl erkennen und vorbeugen

2. Erstellen Sie für die Auszubildenden der EFS-GmbH das in der Einstiegssituation geforderte Schulungsmaterial.
   Legen Sie dazu Kriterien fest, die bei der Erstellung des Schulungsmaterials auf jeden Fall berücksichtigt werden sollen.

3. Informieren Sie sich über die Maßnahmen zur Diebstahlprävention aus den Kategorien Abschreckung, Überwachung und Warensicherung. Tragen Sie die einzelnen Maßnahmen in die folgende Übersicht ein und beschreiben Sie jeweils ihre Vor- und Nachteile.

Maßnahmen	Vorteile	Nachteile
Abschreckung		
Überwachung		

LF 10 | Besondere Verkaufssituationen bewältigen

Maßnahmen	Vorteile	Nachteile
Überwachung		
Warensicherung		

4. Unterbreiten Sie für die EFS-GmbH konkrete Vorschläge, welche Maßnahmen umgesetzt werden sollten.

_____

_____

_____

_____

5. Die Auszubildenden der EFS-GmbH sollen nun bei folgenden Fällen kontrollieren, ob die Schulungsmaßnahmen Erfolg hatten. Helfen Sie ihnen und beurteilen Sie jeweils, …

a) … welche Methode der Täter angewendet hat und

b) … ob sich der Mitarbeiter richtig verhalten hat. Machen Sie ggf. Verbesserungsvorschläge hinsichtlich des Verhaltens des Mitarbeiters.

Fall 1)
In der EFS-GmbH möchte ein Kunde einen Rucksack kaufen. Verkäufer Luis Meißner beobachtet, wie der Kunde einen Fitnesstracker in den Rucksack steckt. Er reagiert sofort und spricht den Kunden energisch an: „*Wollen Sie etwa den Fitnesstracker stehlen?*"

LS 9 Ladendiebstahl erkennen und vorbeugen

Fall 2)
Eine Gruppe von vier Jugendlichen kommt auf die Verkaufsfläche. Zwei von ihnen schauen sich immer wieder um und befinden sich in einem Gang neben der Verkäuferin Katrin Bonis. Die anderen zwei sprechen Katrin an, die gerade die neuesten Yoga-Matten in ein Regal einräumt. Sie stellen Katrin Fragen zu Trikots, die sich am anderen Ende des Verkaufsraums befinden. Katrin bittet die Kunden, den entsprechenden Fachberater in der Abteilung anzusprechen. Sie geht daraufhin zu den anderen beiden und spricht sie freundlich an: *„Wie kann ich euch weiterhelfen?"*

Fall 3)
Die Kassiererin Lina Löffelschmidt wundert sich, dass sich die Verpackung einer Hantelstange recht schwer anfühlt. Sie guckt nach und findet zwei passende Gewichtsscheiben im Karton. Daraufhin bittet Sie die Kundin, mit in das Büro zu kommen, und schließt ihre Kasse, da gerade wenig los ist und zwei weitere Kassen geöffnet sind.
Die Kundin beschimpft Lina laut und sagt: *„Sie dürfen mich hier eh nicht festhalten, das darf nur die Polizei. Behalten Sie Ihre Stange, ich gehe jetzt nach Hause."* Lina hält die Kundin fest.

Fall 4)
Der Verkäufer Christian Rhode sieht, wie sich ein Kunde eine Packung Schnürsenkel in die rechte Jackentasche steckt. Nachdem der Kunde ohne zu bezahlen durch den Kassenbereich gegangen ist, spricht er den Kunden an und bittet ihn: *„Folgen Sie mir bitte ins Büro!"*. Christian Rhode geht vor. Im Büro bittet er den Kunden, alle seine Jackentaschen zu leeren. Der Kunde tut dies souverän. Es ist keine Packung Schnürsenkel mehr zu finden.

LF 10 | Besondere Verkaufssituationen bewältigen

Lernsituation 10

Einsatz technischer Hilfsmittel im Einzelhandel

Ein Stammkunde betritt zielstrebig die Abteilung für Wanderbedarf. Dort greift er in ein Schuhregal, nimmt gezielt ein Paar Damenschuhe, Größe 39, und Herrenschuhe, Größe 46, der Marke „Trumberland" und übergibt sie auf dem Weg zur Kasse an Lea, die heute in dieser Abteilung aushilfsweise arbeitet.

Als Lea die jeweiligen Preise vom Schuh abgelesen, diese in die Kasse eingegeben hat und den Preis nennt, ist der Kunde erstaunt: „In dieser Woche gibt es auf die Wanderschuhe, Marke Trumberland, doch einen Rabatt von 30 %. Ziehen Sie diesen Rabatt bitte noch ab!"

Lea ist irritiert und gibt zu verstehen, dass ihr eine solche Aktion nicht bekannt sei. Auf ihre Frage hin, wieso der Kunde der Meinung sei, dass es auf diese Schuhmarke einen Rabatt gäbe, antwortet er: „Wenn man auf Ihrer Homepage in den EFS-GmbH Onlineshop geht, dann gibt es jede Woche eine besondere Rabattaktion. In dieser Woche sind diese Wanderschuhe dran! Das müssten Sie doch wissen […]"

© auremar – stock.adobe.com

Arbeitsaufträge

1. Aus welchem Grund konnte Lea möglicherweise nichts von dem Rabatt wissen?

   _____

   _____

2. Wenn ein Einzelhandelsunternehmen Handel auf mehreren Kanälen („Multichannel-Handel") betreibt, bedeutet dies, dass es mindestens über zwei Kanäle für den Verbraucher erreichbar ist. In den letzten Jahren haben sich verschiedene Begrifflichkeiten für Mehrkanal-Aktivitäten von Unternehmen entwickelt.

   a) Für welche Begriffe stehen die drei Buchstaben-Kürzel, wenn man von einem MXO-Modell spricht?

   _____

   _____

   _____

   b) Beschreiben Sie das MXO-Modell, indem Sie die folgende Tabelle ergänzen. Nennen Sie hierbei die verschiedenen Verkaufskanäle, beschreiben Sie diese und gehen Sie auf die jeweiligen Vor- und Nachteile ein.

LS 10 Einsatz technischer Hilfsmittel im Einzelhandel

Verkaufskanal	Multi-Channel
Beschreibung	
Vorteile	
Nachteile	

Verkaufskanal	Cross-Channel
Beschreibung	
Vorteile	
Nachteile	

LF 10 | Besondere Verkaufssituationen bewältigen

Verkaufskanal	Omni-Channel
Beschreibung	
Vorteile	
Nachteile	

3. a) Beschreiben Sie zwei Vorteile, dass Informationen über betriebliche Aktionen in unterschiedlichen Verkaufskanälen miteinander verzahnt werden können!

b) Geben Sie ein konkretes Beispiele für ein Handelsunternehmen an, wie mit Cross-/ oder Omni-Channel-Kanälen Kunden zum Kauf animiert werden könnten.

Einsatz technischer Hilfsmittel im Einzelhandel

Das Verkaufsgespräch dauert jetzt schon über 30 Minuten. Luca berät den Stammkunden Andreas Kleinfeld über die Eigenschaften der bei der EFS-GmbH angebotenen Laufbänder. Nachdem der Kunde schon einige Laufbänder ausprobiert hat und sich über die jeweiligen Hersteller und die Funktionen der einzelnen Laufbänder informiert hat, möchte er nun zum zweiten Mal das Laufband des Herstellers ÖKOSPORT testen.

Der von Luca geschilderte Kundenservice und die Unternehmensphilosophie dieses Herstellers sagen Herrn Kleinfeld am meisten zu.

Auf seine Frage nach weiteren Produktvariationen in Hinblick auf Motorleistung, Maße und Farbe kann Luca nicht antworten, auch nachdem er sich bei dem Abteilungsleiter Christian Rhode erkundigt hat. Bedenken hat der Kunde auch wegen des Ausmaßes des Laufbandes. Er ist nicht sicher, ob das Laufband in sein Schlafzimmer passt! Er verabschiedet sich von Luca mit den Worten: „Vielen Dank für die freundliche und informative Beratung! Zu Hause werde ich mich im Internet über den Hersteller und dessen Angebot an weiteren Laufbändern informieren; außerdem muss ich noch nachmessen, ob es in mein Schlafzimmer passen würde […]

Enttäuscht von dem Ausgang des Verkaufsgesprächs nimmt sich Luca sein privates Tablet aus seiner Tasche und geht zum Abteilungsleiter, Herr Rhode: *„In diesem Verkaufsgespräch hat mir tatsächlich ‚digitale Unterstützung' gefehlt […]"*.

4. **Erstellen Sie eine Mind Map (gegebenenfalls mit einem Computerprogramm) über mögliche digitalen Hilfsmittel im Verkauf!**

5. Erläutern Sie eins der in der Mindmap dargestellten Systeme, welches in ihrem Ausbildungsbetrieb angewandt wird.

6. Beschreiben Sie, wie Luca in der Situationsbeschreibung in der vorangegangenen Seite seinen Kunden fachgerecht mit digitalen Hilfsmittel bedienen könnte. Welche digitalen Einsatzmöglichkeiten ergeben sich darüber hinaus für die EFS-GmbH?

LS 10 Einsatz technischer Hilfsmittel im Einzelhandel

7. Durch die Verzahnung der einzelnen Vertriebskanäle werden insbesondere verschiedene Serviceleistungen für Kunden möglich. Nennen und erläutern Sie drei:

Nennen der Serviceleistungen:	Erläuterung

8. Die drei Serviceleistungen bieten dem Kunden viele Vorteile. Entscheiden Sie, zu welchem Servicesystem die unten beschriebenen Vorteile gehören (Mehrfachnennungen möglich):
   1: Click and Collect
   2: Click and Reserve
   3: Click & Meet
   4: zu allen drei Varianten
   5: Keine der Aussagen trifft auf diese Serviceleistungen zu.

Vorteile für die Kunden:	Zuordnung zu den Servicesystemen (1, 2, 3, 4 oder 5)
Kunden können im Internet bestellen, bezahlen und die Ware dann in dem gewünschten stationären Einzelhandelsunternehmen abholen.	
Kunden sind über Preise, Produkteigenschaften und -alternativen durch das Internet bestens informiert.	
Kunden haben die Möglichkeit, ein im Internet ausgewähltes Produkt im stationären Einzelhandelsunternehmen hinterlegen zu lassen und bei Kauf zu bezahlen.	
Kunden können nur im Internet bezahlen und lassen sich die Ware nach Hause schicken.	
Kunde haben die Gewissheit, dass die Ware tatsächlich verfügbar ist und der Weg in das Einzelhandelsgeschäft nicht umsonst ist.	
Auf Wunsch kann die Bezahlung bei der Abholung an der Kasse des stationären Einzelhandelsunternehmens erfolgen.	
Es entstehen keine Lieferungskosten.	
Kunden können die Beratungsleistungen des Verkaufspersonals zwar nicht nutzen, aber die Ware aufgrund der Corona-Beschränkung anfassen, kaufen und bezahlen.	
Die Abholung von Waren ist für Kunden zeitlich grundsätzlich beeinflussbar.	

9. Beschreiben Sie, welche Bedeutung das Smartphone der Kunden im Kaufprozess hat!
   Berücksichtigen Sie bei der Beschreibung die AIDA-Formel (siehe LF 5, Band 1, Seite 302)!

AIDA-Formel
• Attention
• Interest,
• Desire,
• Action

LS 10 — Einsatz technischer Hilfsmittel im Einzelhandel

Aufgabe Plus

Die Corona-Pandemie hat erstmalig und unerwartet im Frühjahr des Jahres 2020 und dann im weiteren Verlauf von Dezember 2020 bis in den Mai 2021 zu einem bisher noch nie dagewesenen Lockdown für viele Bereiche des Einzelhandels und des Dienstleistungssektors geführt. Aufgrund dieser starken Einschränkungen kam es zu hohen Umsatzeinbußen einzelner Branchen, insbesondere des stationären Handels.

Neben zahlreichen politischen Maßnahmen der Bundesregierung zur Pandemie-Bekämpfung gab es auch in den jeweiligen Bundesländern zahlreiche Bemühungen, die Umsatzeinbußen für den Handel und Dienstleistung abzufedern.

Am 25. Juni 2020 startete der damalige amtierende NRW-Wirtschaftsminister Pinkwart einen Projektaufruf „Digitalen und stationären Einzelhandel zusammendenken"!*

*https://www.land.nrw/de/pressemitteilung/projektaufruf-digitalen-und-stationaeren-einzelhandel-zusammendenken-sonderprogramm (Abgerufen am 07. Februar 2021, um 14.30 Uhr)

10. **Beschreiben Sie, welche Onlinekanäle Ihr Ausbildungsbetrieb während der Corona-Krise genutzt hat!**

LF 10 | Besondere Verkaufssituationen bewältigen

11. Nennen und beschreiben Sie die digitalen Hilfsmittel, die in Ihrem Ausbildungsbetrieb während der Corona-Krise zum Einsatz gekommen sind!

_____

_____

_____

_____

_____

_____

_____

_____

12. Als Auszubildender bei der EFS-GmbH werden Sie gebeten, ein Konzept zur Abfederung der Lockdown-Umsatzeinbußen zu erstellen.

a) Beschreiben und begründen Sie, welche möglichen Kanäle Sie einsetzen würden.

_____

_____

_____

_____

_____

_____

_____

b) Entscheiden Sie sich für max. fünf digitale Hilfsmittel, die Sie hier einsetzen würden und begründen Sie Ihre Auswahl!

_____

_____

_____

_____

_____

_____

_____

LS | **10** | Einsatz technischer Hilfsmittel im Einzelhandel

▸ _____

13. Beschreiben Sie, warum es für die EFS-GmbH sinnvoll sein wird, das Verkaufspersonal im Rahmen der Personalentwicklung digital und technisch zu schulen und weiterzuentwickeln!

Kompetenzfragebogen

Ich kann …	ja	nein	unsicher	nachzulesen auf Seite	Übungs-aufgaben
… das charakteristische Verhalten verschiedener Kundentypen anhand der Mimik und Gestik einordnen.					
… erläutern, wie das Verkaufspersonal auf das Verhalten verschiedener Kundentypen angemessen reagieren sollte.					
… bei schwierigen Kundengesprächen Lösungen anbieten, die ein Verkaufsgespräch zu einem guten Abschluss führen können.					
… durch verschiedene Fragetechniken Kundeninteressen und -wünsche herausfinden und unentschlossene Kunden positiv beraten.					
… Persönlichkeitsmerkmale von Kunden benennen, die Einfluss auf ihr Kaufverhalten haben.					
… in einem Rollenspiel die verhaltensorientierten Merkmale von Kunden erläutern und daraus verschiedene Konsumtypen ableiten.					
… die wesentlichen Zielgruppen einordnen, die in meinem Ausbildungsbetrieb einkaufen.					
… mithilfe der Darstellung des Sinus-Milieus verschiedene Zielgruppen beschreiben und daraus Konsumgewohnheiten ableiten.					
… die Auswirkungen des Smart-Shopping auf den stationären Einzelhandel begründen und entsprechende Maßnahmen ableiten.					
… im Verkaufsgespräch die Beratungsunterschiede von Kunden unterschiedlicher Lebensphasen berücksichtigen.					
… bei Kindern und Jugendlichen die Entwicklungsstufen und Konsumbedürfnisse einschätzen und Grundsätze für eine altersgerechte Ansprache erläutern.					
… erläutern, wie das Warensortiment und die Ladengestaltung altersgerecht auf Konsumwünsche von Kindern und Jugendlichen ausgerichtet werden kann.					
… die altersbedingten Einschränkungen durch die Stufen der Geschäftsfähigkeit und das Jugendschutzgesetz beim Verkauf bestimmter Waren anwenden.					
… bei Senioren die altersbedingten Konsumbedürfnisse ableiten und Grundsätze für eine altersgerechte Ansprache erläutern.					

Ich kann …	ja	nein	unsicher	nachzulesen auf Seite	Übungs- aufgaben
… erläutern, wie das Warensortiment und die Ladengestaltung altersgerecht auf Konsumwünsche von Senioren ausgerichtet werden kann.					
… anhand der Alterspyramide ableiten, wie sich der Anteil der Senioren als Konsumenten in den kommenden Jahrzehnten entwickeln wird.					
… ausländischen Touristen mit dem betriebseigenen Sortiment vertraut machen und auf eine mögliche englischsprachige Ansprache antworten.					
… erläutern, wie Kunden bei zunehmendem Kundenandrang im Hochbetrieb angemessen und souverän bedient werden können.					
… erläutern, wie auf ungeduldige Kunden und Unterbrechungen angemessen reagiert werden kann, ohne Kunden zu verärgern.					
… unangemessene Situationen während eines Verkaufsgespräches beurteilen und vorbeugend abwenden.					
… auf Störungen bei einem Verkaufsgespräch durch begleitende Personen – insbesondere kleine Kinder – professionell reagieren.					
… den Einfluss möglicher Begleiter auf ein Verkaufsgespräch erläutern und das entsprechende Verhalten des Verkaufspersonals ableiten.					
… bei einem Geschenkkauf durch eine entsprechende Gesprächsführung eine indirekte Bedarfsermittlung durchführen und das Gespräch erfolgreich abschließen.					
… ein telefonisches Verkaufsgespräch mit einem Kunden führen, dass das aktive Zuhören als Verkaufstechnik und andere wichtige Verhaltensregeln berücksichtigt.					
… am Ende eines Telefonats mit einem Kunden das eigene Verkaufsgespräch reflektieren und bewerten.					
… erläutern, wie das Verkaufspersonal mit Spätkunden kurz vor Ladenschluss situationsgerecht Gespräche führen sollte und das „lean selling" anwenden.					
… Verkaufssituationen im Hinblick auf das Verhalten des Verkaufspersonals und der Kunden analysieren.					

Ich kann …	ja	nein	unsicher	nachzulesen auf Seite	Übungsaufgaben
… Tipps geben, wie man sich als Verkäufer professionell in schwierigen Situationen verhalten kann.					
… schwierige Kundengespräche führen und zu einem kundenorientierten Abschluss bringen.					
… Gründe für den Warenumtausch bzw. die -rückgabe nennen.					
… die rechtlichen Regelungen beim Warenumtausch anwenden und die Aspekte der mit dem Umtausch verbundenen Kundenzufriedenheit sowie eine mögliche Kulanzregelung bewerten.					
… die Widerrufsregelung bei Fernabsatzverträgen erläutern.					
… die rechtliche Situation einer Kundenreklamation bewerten und ein professionelles Kundengespräch hierzu führen.					
… zwischen zutreffenden und nichtzutreffenden Sachmängeln differenzieren.					
… eine Checkliste erstellen, die die wichtigsten Aspekte einer Kundenreklamation, das entsprechende Verhalten aus Sicht des Verkaufspersonals und die Vorgehensweise der Abwicklung berücksichtigt.					
… erläutern, in welchen Fällen das Produkthaftungsgesetz bei mangelhafter Ware zu berücksichtigen ist.					
… bei mangelhafter Ware zwischen Fällen, die durch eine Gewährleistung, durch eine Garantie oder das Produkthaftungsgesetz zu regeln sind, unterscheiden.					
… den Begriff „Rückrufaktion" erläutern.					
… bei einem Finanzierungskauf erläutern, warum hierbei zwei verschiedene Verträge zustande kommen.					

Ich kann …	ja	nein	unsicher	nachzulesen auf Seite	Übungs- aufgaben
… eine Checkliste erstellen, die die wesentlichen Punkte bei einem Finanzierungskauf berücksichtigt.					
… die rechtlichen Aspekte eines Finanzierungskaufes in Bezug auf eine vorzeitige Kündigung durch Kreditgeber bzw. -nehmer beurteilen.					
… den Gesamtpreis, die monatlichen Raten und den effektiven Jahreszins eines Finanzierungsdarlehens ermitteln.					
… einen Kaufvertrag mit Ratenzahlungsvereinbarung rechtskonform ausfüllen.					
… unterschiedliche Methoden des Ladendiebstahls erläutern und daraus Möglichkeiten einer effektiven Vorbeugung ableiten.					
… Verhaltensweisen des Verkaufspersonals bei aufgedecktem Ladendiebstahl erläutern und diese für ein mögliches Schulungsmaterial zusammenstellen.					
… die Unterschiede und die Vor- und Nachteile der verschiedenen Verkaufskanäle anhand des MXO-Modells beschreiben.					
… erläutern, wie betriebliche Verkaufsaktionen unterschiedlicher Verkaufskanäle durch die Nutzung eines Omni-Channels verzahnt werden können.					
… technische digitale Hilfsmittel für den Einzelhandel gegenüberstellen und kundenorientierte Einsatzmöglichkeiten ableiten.					
… die zunehmende Bedeutung des Smartphones von Kunden im Kaufprozess beurteilen.					
… die Bedeutung verschiedener digitaler Hilfsmittel unter dem Aspekt der Corona-Pandemie ableiten und den Einsatz für den eigenen Ausbildungsbetrieb bewerten.					
… die Notwendigkeit einer professionellen Schulung des Verkaufspersonals im Hinblick auf digitale Hilfsmittel beurteilen.